谨以本书献给
热爱家庭、追寻幸福人生的人

读书虽不能使人生变长，却可以使人生变宽；
成长虽不能让幸福速来，却可以让幸福丰厚。

幸福人生
"梦—家—路"

姚鸿昌 著

清华大学出版社
北京

内 容 简 介

本书是一本将教育、工作、爱情、生活融为一体的智慧书,并且就如何创建和谐家庭、如何学会智慧教子、如何传承良好的家风、如何提升文化竞争力走向人生成功、如何幸福地度过人生的春夏秋冬等问题做了颇具创意的探索。其"高人指点""成家立业""点石成金""乐在其中"和"三做—三爱""三玩—三情""三知—三合""三多—三少"等理念,给正在追寻幸福人生的孩子、家长以及中老年人带来心灵的启迪。

本书封面贴有清华大学出版社防伪标签,无标签者不得销售。
版权所有,侵权必究。举报:010-62782989,beiqinquan@tup.tsinghua.edu.cn。

图书在版编目(CIP)数据

幸福人生"梦-家-路"/姚鸿昌著. —北京:清华大学出版社,2021.1(2024.6重印)
ISBN 978-7-302-56777-6

Ⅰ.①幸⋯ Ⅱ.①姚⋯ Ⅲ.①家庭道德-中国-通俗读物 Ⅳ.① B823.1-49

中国版本图书馆CIP数据核字(2020)第 218399 号

责任编辑:张立红
封面设计:梁 洁
责任校对:李梦婷
责任印制:丛怀宇

出版发行:清华大学出版社
网　　址:https://www.tup.com.cn,https://www.wqxuetang.com
地　　址:北京清华大学学研大厦A座　　邮　　编:100084
社 总 机:010-83470000　　邮　　购:010-62786544
投稿与读者服务:010-62776969,c-service@tup.tsinghua.edu.cn
质 量 反 馈:010-62772015,zhiliang@tup.tsinghua.edu.cn

印 装 者:北京联兴盛业印刷股份有限公司
经　　销:全国新华书店
开　　本:165mm×230mm　　印　张:18　插　页:2　字　数:248千字
版　　次:2021年3月第1版　　印　次:2024年6月第4次印刷
定　　价:69.00元

产品编号:082947-02

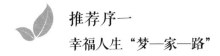

推荐序一
幸福人生"梦—家—路"

姚鸿昌先生是一位人生科学的探索者、发明创造的实践者、家庭文化的研究者、幸福人生的追寻者。《幸福人生"梦—家—路"》是一项非常具有时代意义的人生科学研究成果。

梦想,是一个国家和民族前行奋进的灯塔,也是每一个人的人生中最天真、最美丽、最可爱的愿望和追求。在家庭教育和家文化建设过程中,激活孩子的自然情趣、人文情感、心灵情操,孩子就会有一个"为兴趣和梦想而快乐表演"的童年,长大了,就可以升华为家国情怀,为实现中国梦做出卓越贡献。这就是"梦之美"的情怀。

好家庭是所好学校,好家教成就好家风,好家风创造好人生。在家庭教育和家文化建设过程中,鼓励孩子通过"自己的事情自己做,他人的事情帮助做,不会的事情做中学、学中做(三做)",就可能唤醒爱心、爱好、爱学(三爱),就可以为孩子一生幸福奠定良好的人格基础,因为"爱心是成人者之慧,爱好是成才者之神,爱学是成就者之师"。这就是"家之慧"的文化。

合道而行人发展,合德而为人向善,合心而美人幸福。在家文化建设过程中,引导全家人通过读书、反思、成长而走上"学习化生存、智慧化生活、意义化生命"的幸福人生路。这是融入时代环境、实现人生发展的明智选择。前途是光明的,道路是曲折的,要走好人生路,而不是只走好走的路。在人生的路上，耍小聪明走"捷径"往往会事与愿违。只有合道而行，合德而为，合心而美，不断学习、反思和成长，才能在挑战面前抓住机遇而走向未来。于是有了"路之遥"智慧。

本书是一位思想者、实践者、创新者的心路历程，也是一位学习者、探索者、奋斗者的智慧结晶。唤醒"梦"、建好"家"、走好"路"，事关家族后代幸福，更关乎社会文明水准。其意义不应只以学术眼光审视，更是对和谐社会建设和人生幸福发展的重大贡献。

中国人生科学学会会长　关山越

2021 年 1 月 3 日

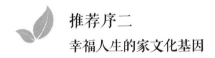

推荐序二
幸福人生的家文化基因

刚开始玩微信的时候,我就发了一条感言:"不平凡的人最大的福报在于修行,平凡的人最大的福报在于家庭!"没想到引来不少朋友点赞。之所以做出这样的思考,是因为当时我正在规划出版《幸福直通车》系列图书。在第一辑受到热烈关注后,我一直在考虑它的第二辑应该包含什么题材。第一辑中《人生九级浪》的作者、著名演讲家李燕杰老师一再建议我,其中一定要有一本家道文化的书,而写这本书的最佳人选一定是姚鸿昌老师。他的这一建议启发了我。中国人有着世界上最独特的幸福文化,那就是幸福的起点源于家。很多人生活条件非常优越,却并不幸福,是因为找不到家的感觉。

在李老师的引荐下,我拜访了姚老师。没想到他是一位工科出身的专业人士,并不是社会学方面的专家,心里不免有些顾虑。但是,多次接触之后,我不得不为他的人生智慧所折服。姚老师从"家"这个最小的社会"细胞"出发,把"家文化"与幸福人生智慧"放大"到学校、企业和社会,他的人生幸福智慧给世人带来思考和启迪。很多家庭只是二人世界很温馨,稍微向外延伸就产生各种矛盾;也有些成年人,虽与父母关系融洽,却不能给配偶一个幸福的家;更有甚者,兄弟姊妹暗地里钩心斗角,或者彻底决裂……

姚老师致力于创建一个以"夫妻和睦为中心、尊老爱幼为伦理、平等沟通为心灵智慧、融入时代环境为方向"的"家"，形成了完整的"幸福人生'梦—家—路'"体系，帮助人们活出丰盛的幸福人生。

有一次和《教育的温度》的作者、著名教育专家林格聊天，他说他发现有很多优秀的家族，无论自己的前辈遭受怎么样的环境打击，他们的后代仍然会再次崛起，其根本原因就是良好家文化培植的可持续的优秀家教。家道文化也同样适用于企业管理，宗庆后当年能打赢一场又一场跨国官司，其中最重要的一个原因就是当时他的企业和家庭都有非常可贵的家文化。

你活明白了吗？这是永续的人生话题。进入人生之秋的姚老师仍然在对自己人生的追问中不断学习、不断成长。如果不是亲眼所见，我很难想象一个拿着不菲的退休金，可以安稳过幸福晚年的人，为了研究和总结家道文化，积极参加各种培训班，在与社会各界人士交流中吸纳着丰富的人生智慧营养，为他所爱的人写出一本又一本书籍。

越来越多的人开始邀请姚老师讲课，他的《幸福人生"梦—家—路"》受到了热烈的欢迎，希望这本书的出版能让那些不能及时听到他精彩演讲的读者一睹为快，并帮助他们建立家庭文化体系，和亲友们一起成长，成为体验幸福、辐射幸福、播撒幸福、持久幸福的人。

张立红

2021 年 2 月 1 日

前言

面对茫茫的宇宙,人类一直在追问:

我是谁?我从哪儿来?我到哪儿去?

《西游记》中的唐僧似乎明白了这个问题。他始终不忘:"贫僧自东土大唐而来,去往西天拜佛求经。""拜佛求经"是"梦","东土大唐"是"家","去往"的过程是"路"。这就是唐僧的人生。

什么是人生?人生就是人的生存、人的生活、人的生命。

什么是好人生?那就要有好的生存习惯、好的生活方式、好的生命价值取向和精神追求。

好的生存习惯是需要在践行中养成的,这就是如何走好"路"的问题。

好的生活方式需要有好的生活环境,特别是好的家庭环境的熏陶滋养,这就是如何找到"家"、建好"家"的问题。

好的生命价值取向和精神追求是需要通过反思去探寻和追求,这就是如何唤醒"梦"的问题。

于是有了幸福人生"梦""家""路"的思考。

其实,每一个人都需要在生态和谐、关系和谐、身心和谐的环境中唤醒"梦",找到"家",走好"路"。

一株小草,耗其全部之力,留下的仅仅是几粒种子,而正是这几粒种子,点燃了生命之火。

生命力的意义就在于让有限的生命灿烂地活,让无限的生命得以延续。

现代社会中，随着竞争加剧，人们已经很难再保持一颗平常心了。芸芸众生在滚滚红尘中追名逐利，熙来攘往，就是没有时间停下来思考：我这样忙碌到底是为了什么？我幸福吗？

在苏格拉底看来，人这一生如果对这些问题不给予思考，那么这一生是毫无意义的，是白来这个世界上走这一遭的。不管你是亿万富翁，还是高官显贵，都不过是行尸走肉。

《红楼梦》里跛足道人唱完《好了歌》后，甄士隐随即也和了一首歌，最后两句唱道：

乱哄哄，你方唱罢我登场，反认他乡是故乡。

甚荒唐，到头来都是为他人作嫁衣裳。

我们的"故乡"在哪里？我们的"家"在哪里？

一个人无论走得多远，最终还要回到"家"这个人生的起点。

如果我们能不忘初心，从"家"出发走好"路"，而不是只走好走的"路"，我们一定可以追寻到"中国梦—我的梦"。

在我记忆的长河中，我时时看见一盏灯，那是父母高擎的灯，是照亮全家的灯，是人生路上的航标灯。是这盏灯，伴随了我的人生路；是这盏灯，带给我快乐和幸福的人生。当我们有了孩子时，我们希望用这盏灯照亮孩子前进的路，在向孩子学习、和孩子一起成长中，追寻到我们的幸福人生。也许，微弱的灯光不足以照清灯下人的全貌；也许，灯光下的阴影映入眼帘的是黑暗。然而，只要举灯人有心，灯下人就会有意，举灯人的心亮着，灯下人的心也会亮起来，而且一定会亮得更美，激励着所有家人幸福前行。

家，是我们人生成长的摇篮，是心灵的归宿，是放松心情的港湾，是一个让梦想成真的地方，是帮助一个人走过人生四季而成就幸福人生的地方。当一个人走过了四季，走过了风雨，走过了星辰，走过了日月……双脚踏过的每一寸土地，都留下深深的印迹——那是记忆深处的家，在召唤……

  我们一直在思考，是什么让我们中华文明源远流长？即使遭受了外族和列强侵略，仍能再次崛起？当我们沿着历史的脉络追根溯源时，我们发现，其重要原因之一是我们有"家"，是"家"这个最小的社会细胞承载了厚重的家文化。家庭的和谐，家教的注重，家风的传承，支撑起家文化建设的大厦，一代代家庭成员在提升家文化素养中，成为家文化基因的薪火传承人。将家文化基因代代相传的家族一定会兴旺发达起来，也会为国家输送一代代的支撑起国家大厦的人才，促进着民族兴旺发达。

  家为小国、小小国，国为大家、大大家。家为国之基，国为家之厦。国以家事为最，晓家者方能治国；家以国事为大，知国者方善理家。家基不牢，国厦将倾；国厦摇摇，家难不已。家旺方能国昌，国败即是家衰。兴国之道，治家之理，仅大小之分。

  "梦"是目标，"家"是起点，"路"是方向和途径，只要我们合道而行、合德而为，就可以在与祖国命运的同行中走上幸福人生路。

姚鸿昌
2021年2月6日

目录

梦之美

人生有梦"情"相伴

人生要有梦,有梦"情"相伴,这个"情"就是"家国情"。一个孩子从小能够在生态和谐、关系和谐、身心和谐的环境中学会"玩",就可以激活自然情趣、人文情感、心灵情操,长大后,就可以升华为一种家国情怀。

第一章 学习,唤醒自己的智慧心灵 /2
 一、第一位"高人" /2
 二、第二次成长 /4
 三、第三者"插足" /8
 四、第四种力量 /11
 五、第五个故事 /12
 六、第六类感觉 /15

第二章 国际化时代的寻梦之旅 /17
 一、赴美印象深,天涯易比邻 /19
 二、难忘的旧金山之旅 /37
 三、《虎妈战歌》有思考 /40
 四、做好我的"中国梦" /44

第三章　圆梦之路：中国梦从"家"出发　/50
一、"输"在起跑线上的哈佛男孩：幸福人生从"家"出发　/50
二、人生可以美得如此意外：家文化与人生成功　/55
三、人生九级浪：把握人生幸福的智慧　/59
四、钱学森：回归起点，圆好一个中国梦　/63
五、幸福人生"梦—家—路"　/65

第四章　读懂人生"四部书"　/67
一、读懂自己心灵这部书　/68
二、读懂孩子成长这部书　/72
三、读懂家庭和谐这部书　/74
四、读懂人生科学这部书　/77

家之慧

人生有家"爱"支撑

创建一个以"夫妻和睦为中心，尊老爱幼为伦理，平等沟通为心灵智慧，融入时代环境为方向"的和谐家庭，就可以唤醒爱心、爱好、爱学。"三爱"智慧为孩子的人生奠定良好的人格基础，支撑起人生幸福的大厦，引领人们走向幸福的道路。

第五章　家为中心，画好人生幸福圆　/88
一、你幸福吗？　/88
二、幸福人生的思考　/91
三、家为中心，画好人生幸福圆　/94

第六章　好家庭　好家教　好家风　/121
一、好家庭是所好学校　/121
二、好家教成就好家风　/127
三、好家风创造好人生　/149

第七章　幸福人生有"秘密"　/153

一、孩子幸福不能"给"　/153

二、爱情幸福不能"痴"　/156

三、婚姻幸福不能"包"　/160

四、家庭幸福不能"比"　/162

五、生活幸福不能"假"　/163

六、学业幸福不能"苦"　/164

七、职业幸福不能"买"　/168

八、人生幸福不能"等"　/170

第八章　提升家庭媒介素养，发展美好幸福人生　/172

一、新媒介时代来临　/173

二、什么是媒介？什么是媒介素养？　/174

三、提升家庭媒介素养，发展美好幸福人生　/176

路之遥

人生有路"合"发展

人生要有路，有路需要"合"发展。这个"合"就是"文化合"。合道而行人发展，合德而为人向善，合心而美人幸福。

春夏秋冬家园美，幸福人生"四季歌"。于是有了"春木有根，植根有'师'；夏火有情，燃情有'家'；秋金有慧，增慧有'悟'；冬水有福，享福有'心'"的人生style（风格）。

第九章　春之诗：幸福人生从春天出发　/196

一、"起跑线"上有反思　/197

二、激活智慧有思路　/199

三、"问题孩子"没问题　/202

第十章　夏之戏：家文化与人生成功　/209

一、"专业对口"难就业　/209

二、有"家"没"家"不一样　/213

三、企业共赢"家文化" /214

四、夏天"火大"调心智 /218

五、人生成功提"三力" /221

第十一章 秋之歌：秋梦童心诗意浓 /227

一、有"悟"没"悟"不一样 /227

二、点石成金悟"人生" /230

三、人生之秋的选择与境界 /230

四、秋梦童心诗意浓 /232

五、感悟传统文化，调整思维模式 /237

六、幸福人生家园美 /244

第十二章 冬之曲：幸福人生乐相随 /258

一、"我要回家！" /258

二、人到老年看活法 /260

三、乐行：生态养生相伴 /261

四、乐思：文化共生相随 /264

五、乐学：关爱人生相通 /266

六、幸福人生缘相随 /267

参考文献 /269

附录 面对疫情的家文化思考 /270

梦之美
人生有梦"情"相伴

  人生要有梦,有梦"情"相伴,这个"情"就是"家国情"。一个孩子从小能够在生态和谐、关系和谐、身心和谐的环境中学会"玩",就可以激活自然情趣、人文情感、心灵情操,长大后,就可以升华为一种家国情怀。

第一章

学习，唤醒自己的智慧心灵

> 幸福人生有起点，出彩人生从"家"开始。好家庭是所好学校，好家教成就好家风，好家风创造好人生。要想走上幸福人生道路，就要注重家庭、注重家教、注重家风。

在古希腊帕尔索山上的一块石碑上，刻着一句箴言："你要认识你自己。"卢梭称这一碑铭"比伦理学家们的一切巨著都更为重要，更为深奥"。

读书反思，成长自己，提升家文化素养，才是明智的教育选择。

读书虽不能使人生变长，却可以使人生变宽；

成长虽不能让幸福速来，却可以让幸福丰厚。

一、第一位"高人"

《易经》上有句卦辞"见龙在田，利见大人"。人生其实是需要"高人"指点的。

对于在人生之春成长着的孩子来说，最幸运的是能有父母为之做第一位"高人"。其实,每个人的人生中都遇到过"高人",就看我们是否有一双"发现"的眼睛。

在读懂自己心灵这部书的过程中,我发现,我人生的第一位"高人"竟然是母亲。其实,她身材并不高,也不认识多少字,却积极参加街道组织的"扫盲班"学习认字。她去学习的时候,我也去凑热闹,这样我很小的时候就认识了一些字。母亲回到家里忙完家务,就拿出识字课本来认真复习。我凑过去和她一起复习,有的字,她还没读出来,我就抢先念了出来。她抬起头,惊愕地看着我说:"看来你学得比我好。你愿意做我的小老师吗?"我满口答应下来。于是,我成了"小老师",妈妈成了"好学生"。这让我不仅认识了更多的字,还产生了一个梦想:长大了我要当老师。

许多年过去了,尽管至今我还不能算是一位合格的老师,但追梦的过程却让我成了一个一生爱学习的人。我发现,当年母亲正是用"示范"和"示弱"的智慧,努力把她的孩子培养成一个个比她更优秀的人。其实,教育往往不是"说"的教育,而是"做"的教育,父母好好学习,孩子才能天天向上。母亲虽然文化基础不高,但她自强不息、主动学习和成长的行动,让她后来的人生也发生了重大转变,她由一位普通的家庭妇女成长为一名中草药专家。数十年来,我一直以她为榜样,走自学成才道路,搞出了多项发明创造和专利成果,撰写了一篇篇论文,出版了一部部著作。

当我们有了儿女后,唤醒了一颗童心,做好了两手准备,一方面坚持向孩子学习,和孩子一起成长;另一方面在人生风雨中奋斗不止,为孩子做人生导师。

此外,我们也需要交往给我们带来惊喜的人。他们可以引领我们唤醒"梦",找到"家",走好"路",在读书、反思、成长、顿悟中活出幸福人生。

我有一位从部队转业到地方的朋友,他工作起来总是那么热情洋溢,不仅活儿干得漂亮,而且常有奇思妙想,时不时搞出个发明创造来,让周围的人羡慕不已。一旦闲下来,他就拿起书来读,读到动情处,就眉飞色舞地表演起来，好像他就是书中的角色。有一次他的夫人让他去买煤，哪想到买煤的人排成了长龙，让刚来的人无奈地摇起了头。只见他排在一位女士后边，然后迅速从兜里拿出一本书读了起来。他读得太认真，竟然不知道前面的人已经向前走了一大截。后边的人看这位傻书生不动，迅速地越了过去，再后边的人也紧接着跟进。于是他被甩在了一边。等忽然醒悟时，他再也找不到排在谁后边了。没办法，他只得重排，不过还好，那位排在他前面的女士买完煤后发现了他，大声喊道："你这傻小子，光知道看书，该你买煤了也不知道交钱，还愣在那儿干什么？快去交钱！"在众目睽睽之下，他尴尬地交了钱，算是没耽误买煤。

正是有这位可爱的傻小子相伴，我也成了爱读书、爱发明创造的人。从他身上，我发现了一种家文化素养：

能替他人着想的善良，

不用他人提醒的自觉，

乐于接受约束的自由。

人生是需要"高人"指点的。最幸运的是人生中能不断遇到给你带来惊喜的人；最幸福的是能成为给他人带来惊喜的人。孩子有你这样一位能给他们带来惊喜的人相伴，也会成为像你一样爱学习、爱创新的人。

让我们在学习中长出一双"慧眼"，去发现我们人生中曾经遇到的第一位"高人"；

让我们在成长中提升一种"慧能"，去给我们所爱的孩子做好人生第一位"高人"。

二、第二次成长

古人有"成家立业"之说，是指男的结了婚，有事业，能独立生活。

其出处为宋代吴自牧所著的《梦粱录·恤贫济老》。文中写道："杭城富室多是外郡寓之人……四方百货，不趾而集，自此成家立业者众矣。"

为什么成家才能立业？因为"家"里有文化，是一片滋养心灵实现成长的文化沃土。"家"是最小的社会细胞，是人生成长与发展的起点。如果能以"家"为中心，画好人生幸福圆，生活在家中的孩子和大人就会以好的家文化素养和家风形象融入社会，就可以在和他人共同发展中活出精彩人生。家是小"国"，国是大"家"。家和才有万事兴。显然，成家立业是人生实现第二次成长的机会。

小亮和妈妈、妹妹生活在一起，小亮的爸爸在外地工作，一年到头很难见爸爸一面。因为家里生活困难，妈妈找到一份在托儿所为孩子洗涮的工作，挣些钱补贴家用。这项工作很辛苦，小亮妈妈为了多挣些钱，不得不加班加点地干活。小亮是个懂事的孩子，他知道妈妈工作辛苦，主动承担起了所有力所能及的家务事，还陪着小妹妹一起玩。由于小亮在家务中花费了大量时间，他的功课受到了影响，本来小亮的学习成绩也不太好，现在下降得更多了。

班主任刘老师在家访时知晓了小亮的家境，与小亮妈妈推心置腹地进行了一次交谈。她说："让孩子从小承担家务，能培养孩子的责任心，长大了也能为国做贡献。您的孩子是非常有前途的。我们一起帮助他健康成长吧！"她接着说，"其实，面对孩子的成长也是我们家长、老师的第二次成长机会。如果每位家长也能抓住机会好好学习，不仅家长的人生会发生大转变，还可以成为孩子的榜样，孩子有可能成为比我们更棒的人。"

听君一席话，胜读十年书。从那天起，小亮的妈妈决心好好学习。她要把自己活成一束光，照亮自己和孩子前行的路。很快，夜校里出现了她的身影，回到家，她和儿子一起读书做作业。因为小亮妈妈学习的内容和小亮所学的课程相似，当她有不懂的问题时，就积极向儿子请教。小亮获得了与妈妈做同学、一起成长的机会。正是妈妈努力学习的"示范"行为和拜孩子为"小老师"的"示弱"智慧，激励着小亮成长。小亮以妈妈为榜样，也变得爱学习、有自信了。妈妈用成长带动成长，家里的书香味更浓了。

小亮的爸爸非常支持小亮妈妈学习，他每个月给家里写两封信，一封写给爱人，一封写给孩子。在这些书信往来中，融汇着感情，彰显着智慧，触动着心灵，温暖着环境。小亮爸爸的信鼓励着小亮母子俩，他们在学习竞赛中都取得了很大的进步。在与爸爸的书信交流中，小亮爱上了写作；在和妹妹制作小玩具的过程中变得心灵手巧，并喜欢上了小发明。

春节前小亮的爸爸回家了。他问到小亮的学习时，小亮却有些不好意思，因为他期末考试的成绩不太好，语文考了90分，数学只得了79分。没想到爸爸看了试卷后不仅没有批评小亮，而且夸他考得不错。在这位父亲心中，孩子考及格就达到基本要求了，就应该获得肯定。但是小亮却说："自己有几道题做错了。"然而，爸爸的回答给小亮带来了自信。爸爸说："没关系，可以再做一遍，把做错的题做对就好了。"于是小亮把卷子找出来，重新做了一遍，他不仅纠正了错误，对于那些做对的题，他还找到了更好的解题思路。他拿着重新做好的试卷让爸爸看。爸爸看后，给他打了个大大的100分。他还对小亮说："考后的100分和考试中得的100分一样好。"

也正是"考后100分同样好的智慧"，让小亮这个没有多少天赋的孩子，却肯于在平时考试成绩较差时不气馁，把不会做的题重新做对，在跟进中，达到了优秀学习的水平。在同学眼中，小亮平时的成绩并不太好，但是到了期末考试，却总能达到优秀学生的水平。

小亮的爸爸在和老师沟通后，也懂得了人生第二次成长的意义。他陪伴着孩子一起跑步，一起打球……努力做孩子心中的"好孩子"，不仅他自己的身体素质得到提升，不太喜欢体育锻炼的小亮也爱上了各种体育活动。学校举办运动会时，爸爸积极鼓励小亮报名参加，小亮平时体育成绩不太好，怕跑在后边让同学笑话。可爸爸却说："名次不重要，重要的是参与，只要跑出比你原来好的成绩，就是胜利。"

小亮理解了爸爸的道理，积极报名参加了四百米赛跑。他四百米赛跑最好的成绩是1分20秒，他的目标是1分10秒。

比赛开始后，他虽然很努力，同学们也都为他加油，但面对几个更强的对手，他渐渐体力不支，落在了最后一名。有的同学看他落在后面又开始笑话他，还说他不自量力；也有的同学认为他能参加就不简单。就在大家你一言我一语地议论着小亮时，奇迹突然出现了：身体瘦弱的小亮一直在紧紧地跟着倒数第二名跑，一点气馁的样子都没有。眼看快要到终点了，小亮拼命一搏，竟然超过了倒数第二名。大家都为小亮鼓掌祝贺。运动会结束后，老师在总结时特别表扬了小亮。她说："小亮是在和自己竞争，在这次比赛中，他的成绩是1分零3秒，比他平时最好的成绩还要快17秒。小亮战胜了原来的自己。他这种用生命意志挑战自己的精神，值得全班同学学习。"

十几年过去了，小亮走上了工作岗位。他不仅在科技领域完成了一项项发明创造，发表了一篇篇论文，而且还担任了校外辅导员，陪伴着更多像他当年一样的孩子健康成长。小亮的妈妈也在陪伴孩子一起成长的过程中提升了文化素养，并在幼儿教育领域做出了成绩，她的故事激励着更多的家长开始向孩子学习，实现人生第二次成长。小亮的爸爸在做孩子心中的"好孩子"过程中，唤醒了童心，提升了成长力；在鼓励爱人，包容差异，优势互补中提升了文化力；在孝敬父母，感悟父母智慧，传承良好家风中提升了生命力。正是用成长力面对岗位成才，用文化力打造个性品牌，用生命力追寻人生目标的第二次成长行动，让他也活出了精彩人生。

成"家"方能立"业"，因为"家"中有"三师"：孩子、爱人、父母。人生第二次成长的意义在于，发现"三师"，提升"三力"。

向孩子学习，可以唤醒童心，提升成长力。用成长力面对岗位成才，人生出精彩。

向爱人学习，可以唤醒爱心，提升文化力。用文化力创建美丽家园，人生能幸福。

向父母学习，可以唤醒慧心，提升生命力。用生命力追寻人生目标，人生能成功。

明天我们的孩子拿什么去竞争？不是一张张成绩单和录取通知书，而是孩子在父母陪伴的过程中获得的成长力、文化力、生命力；是自己的事情自己做，他人的事情帮助做，不会的事情做中学、学中做，在做和学中培养出的爱心、爱好、爱学，支撑起孩子未来人生成功的大厦。而要做到这一点，家长的第二次成长是关键。第二次成长既可以让自己活出精彩人生，也为孩子树立榜样，引领着孩子走上"学习化生存，智慧化生活，意义化生命"的幸福人生路。

三、第三者"插足"

苏格拉底说："没有反思的人生是毫无意义的。"

多年前，我曾获得了一次和家人一起去美国游玩的机会。我们所到的第一个城市是马里兰州的巴尔的摩市。一天，我正带着外孙在街区散步，远远看到一位带着孩子的家长和我们打招呼。我定睛一看，原来是外孙刚刚认识的小朋友丽娅的父亲正迎面走来。他热情地打着招呼：

"Nice to meet you（很高兴见到你）！"

听到他向我们问好，我也有礼貌地回复了一句：

"Nice to meet you, too（见到你我也很高兴）！"

我以为事情就这样过去了。然而，正当我们擦肩而过时，想不到的事情发生了。5岁的外孙突然回过头来，向丽娅大喊了一句：

"Nice to meet you three!"

显然，外孙把我说的见到你我也很高兴的"too"（读/tu :/，意为"也"）理解成"two"（也读/tu :/，意为"二"）了。既然自己的外公第二个问好，他当然要第三个问好了。他竟然用"three"（意为"三"）这个单词自造了一个不通语法的怪句。

外孙这位"第三者"的突然"插足"，让我十分尴尬。

我习惯性地开始纠正外孙的错误，对他说："乐乐，你理解错了……"然而，我的话还没说完，丽娅的父亲立刻制止了我，并蹲下来向外孙竖起了大拇指。外孙在他的鼓励下又用英语向丽娅的父亲道谢，接着又和丽娅一起拉着手向远处跑去。

此时此刻，我被这一场景深深地触动了。站在一旁的妻子悄悄提醒道："看来我们需要反思了。"

我们已经习惯于以正确、完美的标准，以为孩子好为理由，不断地纠正孩子的错误。我们以为把孩子的错误纠正了，他也就变得正确了。然而，正是我们的不断纠正，才让孩子在挑剔中变得不敢说话了。

当孩子的手脚嘴脑全被大人的言行所束缚，就会行动受控不独立，就会丧失自信和自尊，就很难长大成人。

而丽娅的父亲却鼓励孩子用充满"错误"的行动去主动成长，因为他懂得，孩子是在"试错"和"顿悟"中成长的。正是这样一种思维模式，他的孩子养成了积极主动、尊敬他人的好习惯，形成了阳光心态，以及自动自发、目中有人的好性格。

反思使人成长，从那天开始，我不再整天用审视的目光盯着孩子，不再指责孩子这也不对那也不对了，而是以宽容的心态接纳孩子的错误，以赏识的目光发现孩子的智慧点。外孙"吹牛"说，他要发明一种有翅膀的汽车。我认真倾听，还关切地问他为什么要发明这样一种汽车。他说："有了这种汽车，就可以不用来回换乘交通工具，直接从华盛顿飞回北京。"

支持创新,不就是支持孩子的自主成长吗?孩子又怎能不爱学习呢?后来,外孙喜欢上读书讲故事。他走向了主动学习、快乐学习的人生道路。

再后来,受孩子启发,我在一个学术论坛上用美学的思路发表了一篇名为《读懂人生四部书,实现人生四季成长》的论文,引起了关注,还获了奖。这对我也是一种鼓励,于是有了《幸福的起点》一书的规划和撰写。在新书出版时,我特邀"Nice to meet you three!"一语的作者——我的外孙乐乐为全书美编。他认真画完《幸福的起点》一书的全部插图。新书出版后,外孙也得到了他的一笔稿费。这是他人生中第一次用劳动挣到的一笔钱。他发现自己已经成了有用的人。

为人父母者只有学会反思,才能感悟到教育的真谛,也才能和孩子一起走向幸福人生。看来,

我们应当宽容中接纳孩子"试错",而不是狭隘中拒绝孩子"犯错";

我们应当赏识中发现孩子"主动",而不是审视中挑剔孩子"多嘴";

我们应当关爱中付出真爱"鼓励",而不是对立中命令孩子"听话"。

于是有了"三多三少"的家文化智慧理念:

多些宽容中的接纳,少些狭隘中的拒绝;

多些赏识中的发现,少些审视中的挑剔;

多些关爱中的给予,少些对立中的索取。

其实,"三多三少"智慧,不仅能帮助我们处理好亲子关系,还能帮助我们处理好夫妻关系、敬老关系、同事关系、朋友关系。

人生需要反思,"第三者"插足,让我们找到成长新起点。

教育是对人的一种教化,是使生物人成为社会人的一条重要途径。教育的任务有三:①纠正孩子的缺点,帮助有问题的孩子解决问题。②使孩子具有一定的知识、能力和社会道德而成为社会人。③在对孩子进行鉴别的基础上发现孩子的天赋并使之得到充分发展。但目前不少家长和老师把注意力放在了孩子外显和潜在的问题上,用病理学的范式,像医生对待病

人一样盯住孩子的问题不放,而忽视了后两项任务。这种"类医学"式的消极教育使孩子许多正常的积极功能受到限制,自我成长能力下降。

教育在今天这样一个时代不仅是充当反愚昧的武器和人们的外在需要,而且是使人过得更好、更幸福的内在积极需求。但传统教育的重点不是孩子,而是孩子身上的问题。放大孩子的问题,并在证明孩子错误的基础上教育(说教)孩子、控制孩子就成为通行的教育方法,结果使孩子在被动受训中成了不爱学习又不得不苦苦学习的"高分学子"(低分学子)。一旦没有人控制他,他就会立刻松懈下来。一些苦苦学习并以高分考上重点大学的孩子,之所以进入大学后不再认真学习,和他所受到的被动教育有直接关系。一个事物总有两个方面,并不是所有的缺点都可以改正,有些缺点改正了,与之相关的优点也消失了。允许孩子"试错",赏识孩子的"优点",是明智家长和老师的智慧选择。

四、第四种力量

人类文明的历史是一部获取、占有、争夺和创造资源的历史。人类最早认识了物质资源,其后,人类从认识火开始,认识了能量资源的重要,于是获得了更多的力量。第一种力量来自机械代替手工;第二种力量来自电力的广泛应用;第三种力量来自科技的兴起,特别是计算机的出现;第四种力量来自"互联网+"及大数据。

一位长者需要打车出行,眼看着一辆辆出租车从眼前疾驶而过,却一辆也没有停。而旁边的一位小伙子只在手机上操作一下,就很快有一辆车把他接走了。这就是"第四种"力量的魅力。后来,这位长者在反思中也开始借助第四种力量,发展起自己的幸福人生。

一位母亲下了岗,她意识到自己无法跟上时代了,于是把全部精力都用到教育孩子上，希望把孩子培养成名牌大学的高学历的成功人士。可让她想不到的是，她的一切努力换回的却是女儿厌学、迷恋上电脑游戏不能自拔。这让她非常苦恼。

她是在听了一堂课后突然"顿悟"。教育孩子是大人第二次成长的新机会。借助第四种力量，提升媒介素养，或许是实现人生成长与发展的新起点。

所谓媒介，主要指的是报纸、广播、电视、电脑、手机……

正如汽车是人类脚的延伸，媒介则是"人体和人脑"的延伸。也就是说，在互联网时代，"人"是中心，"媒介"是延伸。媒介素养高的人，必然是先做好"人"，再延伸"智"的人。这就要从早期教育开始，重视自然情趣、人文情感、心灵情操的培养，激活孩子的"三情"智慧：情趣智慧、情感智慧、情操智慧。

可是，今天有相当多的家长以"爱"为理由，只逼孩子学习知识，却忽视"三情"智慧的培养。等孩子长大了，由于缺乏人格魅力和"三情"智慧，陷入网络虚拟世界而很难自拔。

显然，媒介素养教育成为我们运用好第四种力量的不二选择。如何正确地、建设性地享用大众传播资源，如何充分利用媒介资源完善发展自我、参与社会进步，成为媒介素养教育的重要内容。

运用好第四种力量，在家庭中实施媒介素养教育，需要有人生科学智慧。第四种力量，给我们和孩子机遇，帮我们人生成长，助孩子人生成功。而提升媒介素养，是用好"第四种"力量的家文化智慧。

五、第五个故事

秋金有慧，增慧有"悟"，郭先生退休后遇到的一件小事，让他找到了人生再成长的新起点。他写道：

　　退休多年，没多少事，我渐渐养成了乘公交车的习惯。有老年卡在身，既不怕没钱上不了车，也不担心没钱进不了园，就这样，我东转转，西转转，不知转了多少景点，不仅没留下什么印象，还增加了不少坏脾气。

　　乘车时，一些风光男女，只顾得打情骂俏，全然不顾旁边站着的老人。下车时，你推我挤，竟然挪不到门口，车就又开了。任凭你怎么喊叫，司机权当听不见，只好下一站再折返。你还别和他讲理，人家一堆话等着你呢："怎么不知道听着点儿广播，早点儿挪窝出来……"回到家里一肚子气没处撒，就冲儿子喊叫。可儿子不仅不说好话，还埋怨个没完："都这么大岁数了，不在家里待着，总去瞎跑，你这不是自作自受嘛！"

　　有一天，我又乘车去转悠。只过了一站，就发生了一件事情，让我一直无法忘怀。

　　当时公交车正要启动，门已经关闭。突然有一对母女气喘吁吁地跑了过来。司机似乎看到了她们，又重新打开了门。眼看着那位母亲一跃跳上了后门台阶，随手也把孩子拉上了车，刚上车，车门立刻就关上了。就在车门关上的一刹那，孩子突然尖叫了起来。

　　"快开门！孩子的脚被夹住啦！"孩子的母亲喊叫着。

　　门瞬间打开了一下，又很快关上，随后，车启动了。孩子的眼里噙着泪花，随妈妈向里走了走，靠在了一根栏杆上。她的妈妈松开孩子的手迅速向前门挤去，把旁边一位老人挤了一个趔趄。老人什么也没说，我却心里不平："明明前门也开着，不从前门上，却非要从后门上。就算你为节约大家的时间，从后门上来了，看到前面人多，不方便挤过去交钱，完全可以让前面的人给你把车票钱捎过去，也不至于为了交车票钱蛮横地挤别人呀！"

那女孩儿用左手扶栏杆，右脚略微抬起。显然，她那被夹过的右脚一定还有点儿疼。但是她忍着疼，眼里噙着的泪花始终没有掉下来。她长得很漂亮，一看就是个懂事的孩子。我悄悄地向她竖起大拇指。那孩子轻轻地对我说："爷爷！我在幼儿园上学。老师说'好孩子受了伤要坚强'。"我点点头。

此时她的妈妈已经挤到前面。只见她抓住女司机的肩膀，一边推搡，一边喊叫："你夹我孩子啦，怎么不道歉？"

突然的"袭击"把女司机吓了一跳，她立刻把车停了下来，回过头大声喊道："你不要命啦！"她接着说："车起动了，完全可以不给你们开门，是我怕你们有急事，好心给你们开了门，你不先把孩子抱上车，自己先跳上来，夹了孩子也是你自己的责任。"

听到女司机的呵斥和解释，女孩儿的妈妈更生气了："什么？你还有理啦！你给我下车，到医院给我孩子看伤去。"

眼看着一场冲突发生，周围人都好言相劝，没想到越劝两个人火气越大。

就在这时，那个女孩儿突然哭着往前挤。她似乎从来没见过这种场面，被吓住了。人们立刻给她闪出了一条道，让她走到她妈妈身边。

只见小女孩儿推开了她的妈妈，冲着那位女司机深深地鞠了一躬："阿姨，对不起，是我妈妈不对，您原谅她好吗？"女司机惊呆了，她的妈妈也惊呆了，周围的乘客更惊呆了。空气似乎一下子凝固了。

只见小女孩儿又哭着说："老师说小朋友不要吵架，吵了架要道歉，我妈妈没上过幼儿园……您原谅她好吗？"

这位妈妈似乎突然醒悟过来，拉上孩子迅速向车门走去，一边走还一边埋怨孩子不会讲理。可那女孩儿仍然委屈地说着："妈妈，我知道您是对的，我知道您是为我好，可我特别害怕您和别人吵架啊！"

看着远去的还不时回头的小女孩儿，我突然感到一种异样的酸楚，小女孩儿那娇小的身影，在我面前霎时间变得高大起来，而且越来越大，几乎要挤出我心灵深处隐藏着的"小"。我什么话也说不出来了。

此时,女司机不再说话,低下头开车,开得很稳,开关门也变得谨慎起来。整车人很安静,互相让着路,一下子没了推搡和拥挤。那颗"童心"点亮了人们心中圣洁的灯。

六、第六类感觉

从生理上讲,人有眼、耳、鼻、舌、皮肤五个感觉器官,并形成视觉、听觉、嗅觉、味觉、触觉五类感觉。而第六类感觉是除了上述五类感觉以外的特殊感觉,这种感觉是意识层面的,佛家称之为"意",并形成"眼、耳、鼻、舌、身、意"的"六根"智慧。

第六类感觉虽不像视觉、听觉、嗅觉、味觉、触觉那么直观,却对人生的成长与发展有重要意义。从对饥饿、口渴的感觉,对即将发生的危险的预感,到突然明白了事物真谛的"顿悟",无不和第六类感觉有关。在某种意义上,第六类感觉是一种"悟觉"。"悟觉"是一种一下子明白了的豁然开朗,是茅塞顿开后的"哇哈"感,是似醒将醒时突然产生的灵感。一个学习成长者的凌晨顿悟,可能正是一项发明创造的灵感开端。曾经听说过有些发明家夜里突然醒来,一下子明白了苦思多日未能明白的问题,并迅速记录下来的故事。我们不得不相信,一位学习者、思考者,在充足的深度睡眠后会突然产生灵感和顿悟,这种灵感和顿悟的意义远比记忆枯燥的知识重要得多。

研究发现,深度睡眠和冥想对产生顿悟具有促进作用。当你用常规思维解决不了问题时,如果你换个角度去考虑,问题就突然解决了,这就是顿悟。如果你想快些顿悟,就应该保证充足的睡眠,适时去睡觉。家长和老师应当明白，只有让孩子得到充分的睡眠和休息，他们的学习才会真正有效，那种熬夜打疲劳战的做法看似多记了一些知识，却在低效记忆中影响了孩子的深度睡眠，也影响了孩子的悟觉智慧。孩子成为不爱学习又不得不学习的知识工具，就很难有创新思维和顿悟灵感。

第二章
国际化时代的寻梦之旅

> 近年来，不少人把目光聚焦在美国等西方国家的文化和教育上。人们纷纷走出国门去学习、去交流、去定居，还帮助孩子走出国门去留学、去考察，期望能实现其成功梦。然而，人们渐渐发现，"美国梦"虽好，但如果没有丰厚的中国"家文化"底蕴，寻梦之旅也会变得难堪，好梦也难圆。不要以为把孩子送出国就可以快速成功……找不到幸福的起点，所有"成功梦"都可能变成黄粱美梦。

人生如棋，棋如人生，一局围棋就像一个人漫漫的人生。布局开始，在人生的棋盘上扎下根基，做好准备；中盘阶段，不仅要发展自己的事业，抵挡对手的进攻，有时还要主动出击，扩大战局；收官阶段，则要深思熟虑，小心翼翼地保持晚节，抵制各种诱惑。每一颗棋子没有功能上的差异，天生平等，这就如同人生而平等，谁都可以充分展示自己的个性，表达自己的思想，追寻自己的幸福人生。人生的经历越丰富，人生的感悟越深刻，人生的过程也就越完美。

人生的过程，其实就是一个学会生存与生活的过程，也是一个历经风险、战胜困难、磨炼意志的过程。不通过学习和成长面对人生的挑战，人生难有光彩和辉煌，也不可能获得幸福人生。

漫漫人生独自行，历尽沧桑到如今。一个幸福的人，就是走好人生之棋的人。

人活着，最关心的问题是幸福。无论人生的信念和目标是获得高分进入名校的学业成功，还是收获财富实现不断升迁的职业成功，或是通过创业而富甲一方的事业成功，其最终目标都离不开追求幸福人生。

那么，幸福是什么，幸福人生是什么，幸福人生的起点在哪里？

爱孩子的妈妈说："我们受了一辈子苦，可不能让孩子再受苦，我们要给孩子一生的幸福。"然而，在你不断"给"孩子幸福的艰辛努力中，你的孩子真的获得幸福了吗？

幸福是什么？每个人都有每个人的答案。幸福是渴望得到满足的感受；幸福是物质生活和精神生活得到了改善；幸福是成功目标的实现；幸福是与你的心上人一起散步，恋爱成婚，生儿育女；幸福是老人健在，我们能天天陪伴聊天；幸福是不做房奴，不做孩奴，走遍天下去旅游；幸福是躲开城市的喧嚣和污染，到风景秀丽的山林中呼吸新鲜空气；幸福是和家人一起去看海，游完泳后在海滩上晒太阳；幸福是孩子考了高分，自己得到了升迁，买彩票中了大奖；幸福是打工挣到了一大笔钱，过年回家去团圆……

也许山里娃和城市孩子的梦不一样，也许处于贫困线边缘的拾荒者和挣到大钱的老板目标不一样，也许重病缠身的老人和身体健康还在发挥余热的退休干部处境不一样，但是追寻幸福的心却人人都有。对幸福的理解，因个人的心智模式和心态不同，人生经历和地位不一样，学识和修养不相同，可能会千差万别，但是享受幸福生活的愿望却人人都不少。

热恋中的年轻人最爱说："我爱你！""我要让你成为世界上最幸福的人。"然而，当你以身相许后，你真的成为世界上最幸福的人了吗？

叱咤风云的追梦人也在说:"我一定要成功。成功就是我的幸福人生。"然而,当一个个成功目标实现时,你真的能幸福吗?而当你成功的梦想受挫时,你还能幸福吗?

当我们从自己的小"家"出发而走向社会这个大"家"时,并不是每个人都能在情感"放大"与文化传承中获得人生的幸福和快乐。当止不住的追梦步伐向前疾驰时,我们发现,我们似乎离"家"越来越远了,有的甚至再也回不到我们的原点——造就我们一生幸福源泉的"家"。

幸福人生其实就是一个"圆",从起点出发,历经人生风雨,创造美丽生活,沿着人生的轨迹实现人生的价值和意义,最终总是要回到原点,才会有圆满的一生。

即使是一时没有回到祖国的海外学子,如果能够常回家看看,也能寻找到自己幸福人生的起点,为一生幸福把好脉。

你找到幸福人生的起点了吗?

一、赴美印象深,天涯易比邻

华罗庚是一位自学成才的著名数学家,20岁时因在《科学》杂志发表卓有建树的论文轰动数学界,并很快进入清华大学工作。他访问过英国、美国、苏联等国,并曾被美国伊利诺伊大学聘为正教授。

新中国成立后,他毅然带领全家回到刚解放的祖国。回国后短短几年,已是研究成果累累。他主要从事解析数学论、矩阵几何学、典型群、多复变函数论等领域的研究,开创中国数学学派,并培养出王元、陈景润等一大批优秀人才。

1984年,华罗庚应邀到美国讲学研究,一位多年不见的老朋友赋诗一首表示欢迎并抒发其思念之情:

人生不相见，动如参与商。
海内存知已，天涯若比邻。

华罗庚在复信时，将诗改为：

参商本一体，误作两道光。
海内存知已，天涯易比邻。

这是借物抒情，除了表达他此番美国之行的感受外，也讲了科学道理。在古代，人们误认为参与商是两颗星，而现代科学已证明，参商实际是一颗星。后两句是说，在科学技术，尤其是航天技术发达的今天，知己者即使彼此在天之涯、海之角，也非常容易相见，他以祖国"家人"的身份欢迎这些留美"家人"常回"家"看看，因为"家"是幸福人生的起点。

"美国梦"是一种相信只要在美国经过努力奋斗便能获得美好生活的理想，亦即人们必须通过自己的勤奋、勇气、创意和决心迈向繁荣，而非依赖于特定的社会阶级和他人的援助。"美国梦"一直激励着世界各地的青年人来到这片土地创造自己的价值，美国也因此成为全球成功人士的摇篮。如今，每年有超过一百万的人成为美国公民，可以说美国是世界上最受欢迎的移民地点。然而随着美国经济的持续疲软和社会问题的凸显，很多人心中的"美国梦"正在破碎。

许多中国人抱着向西方人学习的心态走进美国，学习和掌握了最先进的科学技术，回国后为祖国的建设事业发挥了极其重要的作用。作为中国的文化名片，他们在向西方学习的过程中，也同时以丰厚的中华文化底蕴向世界展示着中国和中国文化，成为中西文化融合、促进人类进步的杰出人才。他们中的突出代表有钱学森、李四光、华罗庚……

如今，国际化人才时代已经来临，全球化脚步正在加快整个世界的变革。提高教育的国际化水平，已经成为增强综合国力、参与国际竞争、促进世界和谐的重要选择。把孩子送到美国等西方国家去留学，已经成为国际化时代的一股潮流。然而，家长和孩子的寻梦之旅会顺利吗？他们的"西方梦"能够圆满实现吗？

每一个人都是一张文化名片，如何展示就看自己有没有"植根"文化底蕴，有没有"家"（家文化）这个基础。有"家"的人，"根"扎得深，"梦"圆得满。莘莘学子正是在与祖国命运的同行中为实现中国梦做出了卓越贡献。而没"家"的人就如同水中的浮萍，无处扎根，也很难找到回家的路。浮萍漂泊本无根，天涯游子君莫问，心似浮萍，漂泊流浪，却还不放弃那遥遥无期的寻觅。一个人没有"家"，没有可以让自己驻足的地方安顿自己的灵魂，是难有幸福可言的。走得太远，找不到回家的路，到头来有可能是空梦一场。因此，我们发现，一些人的"西方梦"正在面临着尴尬和危机。

有人说，美国是天堂，人人都可以圆梦，只要努力，个个都能成功；美国有数不清的机会让你快乐生活，享受人生；美国的教育非常好，福利也非常好，美国是幸福的乐园。

有人说，美国是地狱，人人都有巨大的生存压力，稍一放松，就会掉进贫困的陷阱。美国治安差，说不定什么时候就在枪击案中丧命，美国是痛苦的深渊。

美国是个经济发达的国家，有丰厚的国内外资源供美国人享用。美国掌握着先进的科学技术，有优越的教育文化资源，这使得全世界许多人想去那里"淘金"，去那里学习，去那里参观旅游。

在亲友的邀请和帮助下，我们的美国之旅也拉开了序幕，为了让5岁的小外孙乐乐也能开阔眼界，他成了我们这次美国之行最亲密的小伴侣。

几个月的探寻之旅，让我们获得了体验，开了眼界，与美国人拉近了距离。

正是：赴美开眼界，天涯易比邻。

(一) 巴尔的摩"不太远"

我们美国之旅的第一个落脚城市是巴尔的摩（Baltimore）。巴尔的摩是美国马里兰州的一个海港城市，离华盛顿很近。我们乘坐的飞机是从北京出发，直飞华盛顿的。上飞机后，我们就看到乘坐此次航班的大部分乘客是外国人，后来才发现，在后舱位还有为数不多的几位中国乘客，听说他们有的是去美国旅游，有的是带着孩子到美国上学，还有的是探望在美国生活的亲戚。飞机很快进入夜间航行，两位美国空姐推着饮料车走过来。我要了一杯苹果汁，忘记说"no ice（不加冰）"，结果杯子里放了一堆冰块，喝起来冰得牙疼。爱妻想要热开水，却得到了一杯凉水，由于她胃口不好，不习惯喝凉水，我只得冲着空姐重复地说着："hot water（热水）。"可飞机上似乎没有热水，我的要求被这位漂亮的空姐拒绝了，但我还是不甘心。走到机舱后部，我突然发现一位乘客正在喝热咖啡，这说明飞机上一定有热水。于是我把自己的水杯举起来，向一位空姐说："I'm sorry to bother you. I want a cup of hot water（很抱歉打扰您，我想要一杯热水）。"我不知道是否表达清楚我的意思，但这位空姐很快打开一个热水龙头给我倒了一杯。我慌忙向她道谢，她笑着说了一句："You're welcome（不客气）。"看来我成了这架飞机上唯一喝上了热水的人。

餐后，我靠在椅背上，很快睡着了。要不是听到广播声，我以为我仍在中国，哪想到飞机即将在华盛顿降落了。看来美国并不远，睡个觉就能到。

飞机到了华盛顿。入境人员分成两组，分别排队。一组是美国人，一组是外籍人。美国人那边排队人少，入境很快，可外籍人这边人数多了几倍，入境速度明显变慢，耽误了近两个小时。这让在外边等候我们的接站人员着急了。轮到我们办手续时，入境官的语速太快，我不知道他在说什么，直到他不耐烦地在纸条上写了个单词"mooncake（月饼）"，我才知道他问我是不是带了月饼。由于这位入境官指着单词时按住了后面几个字母，我竟然以为这位入境官在开玩笑，问我是不是带了月亮。我真不知道如何回答他的问题，迟疑地站在那里，心想：我带月亮干什么呢？这位入境官真有意思。这一迟疑可好，入境官在我的表格上画了一个大大的A字，才给我盖章放行。我以为可算过关了，取好行李，直奔出口，哪想到又被强行拦住，非让我们到A口去重新安检。我这时才明白，入境官怀疑我们带了月饼。我明确地告诉他我们没有带，安检人员还是一个包又一个包地重新检查，发现确实没问题，才放我们过去。

从华盛顿到巴尔的摩并不远，一个多小时的车程，在聊天中很快度过。让我们惊讶的是睡了一夜觉，到这里还是夜间，虽然知道有时差，却不情愿接受这个现实，没办法，只好继续睡觉。

巴尔的摩是我们入住的城市。从这里开始，我们正式踏上了美国之旅。

我们的第一顿饭是在餐馆吃的。那是一顿西餐，看着一个个美国人挺着滚圆的大肚子吃得那么香，我也试着吃了一口，没想到咽不下去，或许是油大脂肪高，或许是真的没胃口。看来这钱是白花了。第二顿只好去吃麦当劳，因为在国内吃过麦当劳，比起其他食物还能吃下去。然而想不到的是，这麦当劳吃起来和在国内吃的也不一样，似乎有一种特殊的味道让我很难下咽。看来我在国内吃的麦当劳是中国特色的麦当劳，和这儿的不一样。

好在爱妻是位厨艺高手，从第二天开始，我们就在公寓里自己做饭菜吃，再也不去享受吃不惯的西餐了。

在美国，想买东西自己做饭是非常容易的，只要去超市转一圈，什么都可以买到。美国超市的东西种类多，量大，价格低。在美国还有亚洲超市，中国商品多，还不用说英语；韩国超市里商品有特色，还可以品尝。有了做饭菜的材料，爱妻就能做出一手好饭菜，周围的中国朋友也都跑来品尝。一位留学生一边夹着饺子往嘴里塞，一边高兴地喊着："好久没吃到家乡的饭了，真好吃。这回我又有家了！"

从巴尔的摩看美国，最大的感受是环境好，尴尬也不少。生活在绿色美城几个月，呼吸着新鲜的空气，浏览着美丽的街景，时不时的雨水冲刷，让本来绿色的美城增加了几分清新。人们似乎很少患感冒，连我这个经常患感冒的病体也似乎与感冒绝缘了。此时此刻，你才真正体会到清新的空气对人的健康是多么重要。

然而，让我最受困扰的却是睡觉。我这位容易失眠的人最怕夜里突然被吵醒。一旦被吵醒，恐怕再也难睡着。可入住的头一天，就被夜行的警车吵醒了。等到警车过去，渐入梦乡之时，一个奇怪的声音又出现了，打开灯一看，竟然是一只大老鼠在屋内游荡。

第二天和朋友说，大家似乎都习以为常。别看美国的房屋外墙是砖，里面却大量使用木结构。看来美国木材资源丰富，舍得用这么多的木材搞建筑。可这木头最易招老鼠咬，屋里进老鼠就在所难免了。

对于外孙乐乐来说，来到美国，一切都是新鲜的。孩子的奇思妙想似乎一下子多起来。尽管有时候孩子的想法和说法有些让我莫名其妙，但我还是静静地听着他"吹牛"。我发现，他比在国内话多了。

巴尔的摩是美国马里兰州最大的城市，也是美国主要海港之一。巴尔的摩市名字来源于马里兰州地区封地的所有者——巴尔的摩男爵。本地的早期发展与海运和制糖业密切相关。巴尔的摩市区面积207平方千米，人口225万，非裔占55%。

巴尔的摩美丽的风景令人感到闲适，周围的巴尔的摩人无欲无求，只相信"上帝保佑"。这里有码头，也有贫民窟。

在巴尔的摩，最著名的大学要属约翰·霍普金斯大学了。这是一所世界排名第十一，全美排名第十的著名研究型私立大学，尤以医学、公共卫生、科学研究、国际关系及艺术等领域的卓越成就而闻名世界，这里先后有37人获得诺贝尔奖。整个校园占地面积140英亩（56.7万平方米），四处古树环抱，绿草如茵。校内建筑以19世纪典型学院派风格的红砖建筑为主。校园里四通八达的小路把各幢大楼连成一片，宁静安谧，人文气息浓郁，素有巴尔的摩"精神首府"的雅称。

坐落在约翰·霍普金斯大学旁边的艺术博物馆吸引了许多游客来参观。我们足足在里面转了两个多小时，外孙仍然有些恋恋不舍。之后每次散步到那里，他总要求再进去一次。那一天，他带上相机，拍了一张照片让我看。从照片上，我看出是馆内一件特殊的展品——艺术椅。这个椅子确实有特色：椅背以竹节支撑，椅背支撑着的上方是一块被咬了一口的西瓜造型，孩子们见了都有些垂涎欲滴。椅腿短小粗壮，让人坐上去感觉很稳。最引人注目的是这把椅子还有"脚"，脚上还穿了一双漂亮的鞋子，与椅腿形成完美的结合，让椅子似乎有了人性。乐乐最关注的就是这双鞋子，无意中伸手去摸了一下，但很快又缩了回来。在他看来，要是这把椅子能穿上鞋，就可以和他一起跑、一起玩，这才是关键之所在。

美国不仅生态环境好，人文环境也不错。人们见面打招呼，遇到困难时互相帮助。孩子们无论肤色有多大差异，都能玩到一块儿。只要一出门，嘴边就常说"Thank you（谢谢）""You're welcome（不客气）"。

公寓里住着许多来自各个国家的人，进进出出中，人们总是不时回头看一看后面是否还有人要进出门，一旦有人随后，前面的人总要扶着打开的门等候一会儿，直到后面没有人再经过，其实在国内我已有这样的习惯。在美国，人的独立意识很强，即使是行动不便的老人，也不愿意成为别人的负担。你随手帮助他人，他可能会认为你不尊重他。据说有一个好心的中国人看到一个老太太拄着拐杖一颠一颠地过马路，就直接去搀着老太太的胳膊帮助她。哪想到老太太却非常生气地用拐杖打了那个热心人。因此，如果某个老人看上去确实需要帮忙，你也最好先礼貌地问问对方是否需要。就像此时此刻，我扶着门等待一位老人通过。老人过来后，自己去扶门，示意我可以走了，并客气地说了一句"Thank you"。我当然也要回复一句"不客气"了。由于来之前我只知道"不客气"的英文是

"Not at all"，就随口说了出来。哪想到这位老人奇怪地瞪了我一眼。他好像在说："不就是给我扶了一下门嘛，至于那么显摆吗？"正在这时，旁边一位和我相向而行的小伙也因给他人扶门而接受道谢，听他随口说了一句" You're welcome"，我才慌忙改了说法，也向老人道了一句" You're welcome"。

美国人确实很热情，随便你走到哪儿，迎面过来的美国人往往都是面带笑容。他们会主动向你打招呼，你的简单回复也会让他们很高兴。

一位环卫工正在用机器清理街道上的落叶，看到我们过来，很快停止了操作，微笑着示意我们先过去。伴随着我们的"Thank you"，得到的回复是" You're welcome"。

外孙有幸获得去学校学习的机会。第一天送他去学校，看到那么多肤色不同的外国小孩儿坐在教室里，一下子把他吓哭了。对于他来说，这是一个多么陌生的环境，他心中似乎充满了恐惧，坚持不让我们离开，可我们还是鼓励他留下。看到老师微笑的面孔，看到一个个美国小孩儿向他打招呼，我们才放心地离开。然而在我们离开之后，却发生了一件让我们震惊的事。

一个名叫亚历山大的美国非裔孩子走到外孙乐乐面前，冲着他叽里呱啦说了一阵，可是乐乐一句英文不会说，站在那儿不知所措。这个非裔孩子竟然抡起拳头打了乐乐，乐乐吓得大哭起来。他真不知道自己怎么得罪了这个非裔同学。后来麦哲老师把乐乐带到了一个圆桌子前坐下，知道乐乐不会讲英语，特意请学校安排了博格老师帮助他适应环境。

几天之后，我们随孩子参加学校的农场参观活动。家长们见面，互相打着招呼，气氛十分融洽。当我得知对面一个高个子男人是那个非裔孩子的父亲时，便主动向他打招呼。不知是什么原因，这位家长不像其他家长那么热情，只是冷淡地敷衍了一句，就回过头去了。我本来是想结识一下这个打人孩子的爸爸，探究一下孩子打人的原因。没承想这位家长早有准备，这让我有些遗憾。其实，我不会计较孩子被打，只是出于友好与好奇，主动和他寒暄了几句，告诉他我们从中国来，刚到美国，希望向他们学习。然而，这位家长却摆起了架子，他自傲地站在那里，目光斜视，爱搭不理。这让我有些恼火。

后来，这个非裔孩子竟然和我外孙和好了。两个人一起玩，还成了好朋友。孩子的天真无邪让我感动。此后见面，无论是孩子的父亲还是母亲，我们还是会互相打招呼的。但要想深入沟通，不仅有语言障碍，也有文化的障碍。

一位已经入美国国籍多年的华人对我说："美国人很热情，但是要真正融入美国社会并不是易事。"他告诉我，有些人以为到了美国，办了绿卡，或有了美国国籍，就可以和美国人一样了。其实，在文化上、心理上还会有很多冲突。即使你在这里生活了几代，你仍然感到离家很远。这种乡愁、这种落叶归根的想法，时时都在困扰着你。这里似乎并不是你的家。我笑着对他说："我们的家都在中国。巴尔的摩离家并不远，睡一觉的时间就能到家。"他也笑了，说："我一定常回家看看。"

最后，我将我在美国的生活和对美国的感受总结成下面这些话：

美国挺难进，真进去了也不难；（入境时间比较长，数月生活还方便）
美国环境好，环境尴尬也不少；（绿色美城感冒少，警车夜响老鼠扰）
美国交通棒，出行乘车不赶趟；（严守交规事故少，乘车不便选步行）
美国很安全，最好夜晚少出门；（住宅不见防盗网，惊闻昨夜枪击案）
美国东西多，用品常见中国造；（吃的用的都齐全，用品难寻原装货）
美国很发达，观察视角不一样；（城建交通发展早，建筑之中有特色）
美国人热情，要想真正融入难；（见面谢谢不客气，沟通常遇文化墙）
美国重教育，孩子成长多自由；（孩子普遍爱上学，提升能力做美梦）
美国华裔多，各有各的难念经；（华裔前后左右思，美国圆梦教子难）
美国文化强，文化融合见曙光。（强势文化是主导，文化融合有契机）

(二) 姐姐想回家

公寓里住着不少华人，见面多了，也都认识了。由于从同一个国家来，大家都显得很亲近，不时有机会聊一聊天。

这是一个华人家庭的故事，同为一母所生的孩子，只是因为早期生活的家文化环境不同，人生状态竟然大不一样。

惠生、梦真夫妇俩怀揣梦想到美国留学，毕业后留在美国工作，还办了绿卡。离开中国时他们把女儿晓美留给了奶奶照看。几年后，他们在美国又生了一个女儿晓丽。如今，他们在美国已经安顿下来，决定把大女儿晓美接过来一起住，让她和亲人团聚。

然而让他们想不到的是，大女儿过来后不断与小女儿发生冲突，动不动就欺负小女儿。生活上用的、吃的，大女儿都要和小女儿争抢，气得梦真不断发火，大女儿却不以为然，还不断与妈妈作对。一旦妈妈批评她，她就会哭着说："我想回家。"妈妈说："这不就是你的家吗？"而她却说："我的家在中国。我要找奶奶。"

我见到梦真的两个女儿时发现，大女儿晓美表情阴郁，眼睛里闪着凶巴巴的神情，漂亮的脸蛋似乎布满了乌云。小女儿晓丽却一脸阳光灿烂，话语甜美让人着实喜欢。为什么她们这么不一样？原来，她们的家文化背景不一样。虽然同样是一个母亲所生，但因为出生后三年内的生活环境不同，出现两种结果。大女儿在"奶奶文化"中成长，奶奶的过度宠爱使孙女变得自我意识极强，一旦个人欲望得不到满足，就冲奶奶发火。奶奶爱孙女如珍宝，哪敢向孙女说一句不高兴的话。就这样，孙女变得越来越不可一世。小女儿从小跟着妈妈。这位妈妈不仅爱孩子，还有爱孩子的智慧。她和丈夫经常一起带着孩子去做公益，引导孩子学会关心他人。她经常给孩子讲故事，在孩子的欢笑与哭泣中唤醒了孩子的情感智慧。她带着孩子与其他人一起活动，让孩子有了和他人互动成长、共同发展的机会。

孩子变得积极、热情、富有情趣。

显然，两个亲生女儿由于最初的生活环境不同，发生了文化冲突。那么，如何协调好"奶奶文化"与"妈妈文化"的关系呢？

作为母亲的梦真还是十分努力的。由于她经常看书，又喜欢和其他人交流，很快有了新的思路和方法。

她在宽容中接纳了大女儿的现实表现，不再用她的标准要求女儿，而是引导孩子不断进步，只要有点儿进步就给予鼓励。她带着两个女儿去幼儿园上学时，不再自己推着小女儿，让大女儿只是跟在后面走，而是推一段路就开始向大女儿"示弱"，请求大女儿帮助。每当大女儿把小女儿哄得高兴时，她就热情赞扬。两个孩子后来一起跟着妈妈做糕点，做得很开心，妈妈则和孩子们把做好的糕点一起包装好，带到学校门口去义卖（这是配合学校的公益活动之一），义卖所得全部收入捐给学校，用于帮助残疾孩子。两个女儿在母亲的一步步引导下，变得有爱心，有爱好，又爱学，尽管大女儿的表现还有不如意的地方，但这位母亲却首先肯定大女儿的进步。她让大女儿在她的素质基础上活出了"更好"，而没有用自己的标准逼孩子一定做到"最好"。

两个女儿从冲突到逐渐和好的过程中，我们找到了家文化的魅力。我们完全可以相信，无论是这位母亲，还是她的两个女儿，都会在中国家文化滋养中做好她们的"美梦"，享受到人生出彩的机会。

（三）大家都是好朋友

西方家长往往更重视孩子的独立性与生存能力。他们不片面关注孩子的学业成绩，而是关注孩子能否成为一个独立的人。

中国讲家本文化，美国讲人本文化，两种文化碰撞时，往往不是一种文化战胜另一种文化，而是在互相学习、互相融合中实现共同发展。文化融合过程不是双方自以为是地向对方强势"推销"文化的过程，而是找到文化"谐振点"，实现优势互补的过程。

有一次下雨，美国小朋友一个个在雨中疯跑，有的去滑滑梯，有的故意在有水坑的地方踩踏，在周围溅起一片水花。我慌忙拦住外孙，怕他弄湿裤子，上课不舒服。而美国家长只是轻轻地对孩子说了一句："Be careful（小心）！"并不在意孩子如何玩。他们鼓励孩子在大自然环境中体验生活，而我们往往用说教代替孩子的亲身体验。

在公交车上，一位从中国来的家长板着面孔训10多岁的孩子如何不听话，而在另一边，一位美国父亲微笑着和6岁的儿子平等聊天。美国孩子的大胆交谈和中国孩子的低头不语形成鲜明对照。这就是不同的文化style（风格）。

反思中，我也开始改变自己。

放学回家的路上，我不再无休止地说教，让几岁的孩子好好听课，尊敬老师，不要和同学打架，而是认真倾听他异想天开的发明创造。

有些人会说，中国人有"家"，美国人没"家"，可实际上美国人也越来越重视"家"。从经济上讲，老人不用子女养，国家对老年人生活有保障，孩子到了成年也要独立。但是从心灵上、精神上，美国人仍然需要"家"。他们非常关注家庭教育，也非常爱孩子。他们希望孩子成为比自己棒的人，而我们往往在说教中把孩子变成不如我们的人。美国有个爱家协会，倡导家庭之爱，鼓励将心归家。这种对家文化的关注和需求也为中美文化交流创造了契机。

小朋友Julian的父母邀请我们去他们家做客。我们带着外孙去Julian家，看到Julian一家人等候在门前，迎接我们的到来。Julian的姐姐正巧要出去，听说我们要去，也一直在等候，在和我们交谈了一会儿后，很有礼貌地向我们告别。Julian的爸爸告诉我们，虽然他们有两个孩子，但孩子也需要融入社会中去，所以一到周日，Julian就去Kangdryt家玩，Kangdryt家也有两个孩子，一男一女。正说着，Kangdryt过来了，外孙立刻和这位刚认识的新朋友打招呼。三个孩子很快熟悉起来，嬉笑玩耍，好不热闹。Kangdryt的妈妈还制作了精美的小点心让大家品尝。

美国的家长除了让孩子积极参与学校的集体活动之外，几个家庭之间也会有合作，共同组建成更大的合作家庭。孩子正是在这种"放大"了的"家"中接受着家文化滋养，逐步成为"准"社会人。

在美国，五六岁的孩子虽然还不能正式进入小学读书，却可以享受到国家义务教育的待遇，提前进入学校适应学习。孩子可以在各个儿童班读书学习，绘画表演。不到20个人的小班，竟然有两位老师陪伴，如果有的学生语言上有困难（插班的外籍孩子都会有这类问题），还会有一位老师提供语言帮助。

Kangdryt的父母工作忙，回家比较晚，特意聘请了家庭教师负责接送孩子。这位20多岁的家庭教师很漂亮，据说是大学学历。她开朗奔放，与人相处很热情。每天放学后，她首先接上Kangdryt，然后一起去幼儿园把Kangdryt的小妹妹接上，带着两个孩子顺着绿色的街区走上一段路，就直奔图书馆的儿童阅览室。有一次我带着外孙去图书馆，见到了这位老师正带着两个孩子读书。孩子们指着书中的画问她问题，她微笑着和孩子们一起讨论。看到我们进来，她立刻站起来打招呼，并向我们推荐了几本书。

美国的教育很注重潜移默化，无论是教育日的家校互动活动，还是每一个节日，都是孩子们在玩耍中接受教育的机会。

外孙的小学组织的教育日活动吸引了所有家长和孩子的热情参与。那一天，孩子们一个个准备了拿手戏参加演出。家长、老师和孩子们一起观看演出，为登台表演的孩子鼓掌。也许演出的水平并没有多高，但是所有的孩子都认真地表演，观众也都为台上的表演热情鼓掌。因为那是孩子们自己的表演，哪怕水平还有待提高，但所有的人都认为他们正在走向杰出，支持他们，就是支持未来。

万圣节到了，孩子们都迫不及待地穿上五颜六色的化装服，戴上千奇百怪的面具，提着一盏"南瓜灯"走家串户，向大人们索要节日的礼物和糖果。"南瓜灯"的样子十分可爱，做法也极为简单。首先将南瓜掏空，然后在外面刻上笑眯眯的眼睛和大嘴巴，再在瓜中插上一支蜡烛，把它点燃，人们在很远的地方便能看到这张憨态可掬的笑脸。这可是孩子们最喜欢的玩物了。孩子们正是在这样的活动中学习着交流，体验着成长。

万圣节的重头戏在餐桌上，你既要准备好美食来招待那些前来捣乱的"小鬼"，更要在这个特别的节日为你的餐桌装扮一番。爱妻准备了中国特色的八宝饭迎接客人。小客人来时，外孙也成了主人，和孩子们一起大吃了一通。

每年11月的第4个星期四是感恩节。感恩节是美国人民独创的一个古老节日，也是美国人阖家欢聚的节日。美国人提起感恩节总是倍感亲切。人们在餐桌上可以吃到苹果、橘子、栗子、葡萄，还可以喝鲜果汁，其中最吸引人的大菜是 roast turkey（烤火鸡）和 pumpkin pie（南瓜馅饼）。我和爱妻带着外孙包了很多饺子，带到了学校和其他家长、孩子分享。开始时，大部分家长还没注意到聚餐上有饺子，是 Ester 的爸爸发现了饺子，悄悄地叉了一个带回座位品尝。哪想到还没吃完，就又跑回去取了第二个饺子，嘴里还"Yummy!Yummy！（好吃！好吃!）"喊个不停。其他家长听到有好吃的，也纷纷跑过去取饺子，不一会儿，饺子被吃了个精光。乘此机会，爱妻手拿筷子夹住饺子，传播起中国的饺子文化来。Lydia 的妈妈高兴地说："Chinese dumplings, very delicious！（中国饺子，太好吃了！）"那一天，我们聊了很长时间，尽管语言交流上不断出现障碍，我们只得换一种说法表述，但大家都很高兴。许多孩子和家长成了我们的好朋友。他们说，等孩子长大了，一定要到中国去看一看。

（四）孩子报警 911

美国梦与中国家（家文化）的思考与讨论。

一位刚上初中的孩子随父亲一起到了美国。父亲是位访问学者，要在美国学习和工作一两年。他带上儿子一起来也是希望他成为跨国杰出人才。然而孩子到了美国后，一件让他意想不到的事情发生了。

有一次儿子要和同学乘地铁去玩，父亲知道后一百个不同意。他担心孩子会遇到危险，也怕孩子与陌生的青春期男女一起去玩会出事。他生气儿子不听劝告还和他顶撞，竟然一巴掌打了过去。他本以为儿子会在严厉管教中服软，哪想到儿子认为到了尊重人权的自由国家可以为自己维权，立刻拨通 911 电话报了警。

警方从电话里询问孩子他的父亲是否在身边。儿子把电话给了父亲后也知道闯了祸。这位父亲拼命解释，希望当作一个玩笑。为了确认这位父亲的解释是否合理，警察再次和儿子沟通。儿子看到事态严重，也开始为父亲遮掩，才得以过关。

事后，我和这位家长进行了长时间的沟通。这让我意识到，家长担心孩子的安全是可以理解的，但粗暴"管教"的思路解决不了问题。孩子想与同学一起去体验生活也是可以理解的，但离开了正确的引导而盲目瞎跑确实有危险。

我和孩子也进行了一次沟通。我告诉他，我前天刚刚乘坐过地铁。当我走进地铁车厢时，随便找了一个地方坐下来，一个非裔小伙立刻坐在了我旁边，嘴里哼着歌，还不断抖着腿。我实在受不了，向边上靠了靠，没想到，这个小伙子看有了空位置，也向这边凑过来。我真想赶快到站下车，不再"享受"地铁的难堪。

我对孩子说："昨天的新闻我想你也看到了，前天地铁发生了枪击案。还正是我当时乘坐的那条线，想起来还有些后怕。"

孩子对我的讲述很关注，不断向我询问情况。我最后告诉他："你爸爸对你的担心是可以理解的。在美国，你也要注意自身的安全。"孩子点了点头。

为了满足孩子来美国体验生活的意愿，几位家长联合策划了一次活动，就是利用周末的两天时间带孩子们一起去参观博物馆、动物园、港口等地方。这次活动就由这个想体验生活的孩子做队长，孩子们可以邀请自己的好友一起去。

这个孩子很负责，乘车路线由他安排，购门票、买食品等也都由他用英语去交流，大人只负责安全监控。结果，孩子们玩得都很开心。处于美丽青春期的男孩儿女孩儿，能有机会在家长的安全服务中享受希望之旅，尽情放歌，集体"放电"，对他们来说是一次多么好的成长机会啊！

（五）访美难圆飞机梦

这是一个来自美国的故事。故事的主人公是一个"小留学生"，他的母亲是一位访问学者，要在美国工作两年。这次特意把儿子冲冲带到美国，希望厌学的儿子能在"美国梦"中成为明天的精英。为了解决自己和孩子的后顾之忧，她还特意让自己的母亲也一起来享受美国的幸福生活。

第一天上学，冲冲很高兴，在前边猛跑，全然不顾紧跟其后为自己背着书包气喘吁吁、已经实在跑不动的姥姥。眼看冲冲跑到了路口，一辆汽车开了过来，很明显冲冲已经收不住脚步了。按这辆车的速度，一场车祸即将发生。眼前这一幕让这位70岁的老人惊呆了，作为同行者，我飞快地向前跑去……

惨剧最终没有发生。那辆汽车好像知道有人跑来，立刻停了下来。冲冲安全地跑过了路口，停在那儿向我们招手，好像他是胜利者。

赶上孩子后，我对他说："太危险了，过马路要向那个司机叔叔学习，先停下来看一看。"我接着让他看看自己的姥姥,她正在那儿气喘吁吁、满头大汗地跑着,肩上背着的书包已经掉落下来。"你看,姥姥已经累得不行了,我们一起去帮姥姥背书包吧!"我对冲冲说。冲冲似乎明白了,立刻跑回去把姥姥背上的书包接过来,自己背上后,又向前跑起来。我制止了他:"咱们跑得太快了,这样姥姥会担心的。她要是也像咱们一样跑起来,会累病的。为了姥姥,咱们一起等一下好吗?"孩子点点头。

最终孩子自己背着书包和姥姥一块儿慢慢走着,还时不时问一句:"姥姥,你累吗?"我们齐声赞扬孩子:"真懂事!"孩子在鼓励声中似乎很高兴,很快就到了学校。

…………

下午,孩子该放学了,姥姥提前半个小时就在学校门口等待冲冲出来。然而,让她失望的是,学生们都已走光了,也不见冲冲出来。这可急坏了姥姥。语言不通使她不知道如何询问,只是一个劲儿大声喊着:"冲冲,你在哪儿?"很快,学校意识到这位老人没有接到孩子,非常着急,于是立刻组织全校老师一起帮助找。学校被翻了个底朝天,还是找不到冲冲,只得报了警。警察做了简短笔录后,立刻也投入警力寻找。最终,他们通过电话和孩子居住的公寓联系上了。公寓人员很快发现,孩子正在自己的住所门口坐着呢。

原来,孩子放学后,正有内急,不知道厕所在哪儿,受英语水平限制,他又不好意思询问,只得自己去找,结果从学校的出入口跑了出来。他全然忘记了姥姥来接他,径直向回家的路上跑去,跑到半路,就憋不住了,尿了一裤子。不过还好,他还是回到了家,没有发生意外。他哪里知晓,别人正为他着急万分呢!

孩子出国前就不爱学习,到了美国,一看数学题那么简单,便美滋滋地瞧不起别人。学校考核不像在中国时那样多,家长只得自己考一考孩子,哪想到过来快一个月了,知识上仍没什么长进,气得这位母亲对孩子一通好打。孩子却不以为然，除了玩，学习上比在国内更放松了。

几天后，孩子因为欺负比他小的同学被学校通报，母亲却没当回事，反正自己的孩子没让别人欺负就行。又过了几天，孩子突然变得郁闷，动不动就闹脾气。原来，孩子被同学孤立了。如今，谁也不和他玩，他想去玩的地方，同学们聚在一起孤立他。他想再欺负谁，一群人围上来找他"算账"，把他一下子给"镇"住了。

孩子的姥姥对我说："这可怎么办啊！我就这么一个外孙，他爸爸妈妈都是博士，怎么这孩子就这么不争气呢？"交谈中我知道，孩子出生后，由于他的父母工作和学习都非常忙，照顾孩子的任务就落在姥姥头上。这位老人伺候了大的伺候小的，也非常不容易，但是也正是她的"完美"服务，让外孙失去了体验生活的机会。孩子不会为他人着想，自我意识过强，全家人都得围着他转，从小生活无忧，只知道享受，没有多大的学习兴趣，即使家人逼着学点儿知识，也是满心不情愿。显然，孩子的不良表现，其实是家庭环境造成的。这位姥姥至今很后悔，当初不该一味地满足孩子。

后来，我发现这个孩子爱叠纸飞机，就让他教我，还让几个小朋友一起向他学习。我是希望从发现他的特长开始，引导他爱上学习。他表现得很高兴，并且热情地教着他人。我给他的妈妈提了个建议，最好带着孩子到书店，看看有没有关于飞机方面的科普书。或许，孩子心灵会在爱好中得以唤醒。人很容易在特长延伸中提升全面素质，而"舍长责短"则容易让人走向平庸。然而这位妈妈依旧不以为然。她认为这个孩子太贪玩，叠纸飞机和学好功课没关系，她说孩子的爸爸就为孩子叠纸飞机打过他，还把纸飞机撕得粉碎。结果孩子就是不听话，学习越来越跟不上。

我们发现，"问题孩子"是在家长的思维误导中制造出来的。尽管家长自己很优秀，但没有优秀的家文化支撑，他们很难把孩子"复制"成像自己一样优秀的样子。

"问题孩子"自身其实没问题，有问题的是环境。如果只重视对孩子"管教"和"说教"，却不愿意去"创境"和"唤醒"，孩子很难健康成长。

如果只强调靠我们的力量教孩子知识，却不愿意接纳孩子的特长，结果只会使孩子的问题越来越严重。当孩子的问题越来越严重时，也不知道深刻反思，却还是按惯性的思维在找办法。结果解决了这个问题，又出现那个问题，孩子整天陷在"问题"的泥潭中难以自拔。

显然，要圆孩子的"美国梦"，家长就要改变思路，从创建和谐的家文化环境开始。

二、难忘的旧金山之旅

美国之行，旧金山之旅是亮点。在这个华人集中居住的地方，我们见到了亲人，找到了家，获得了新的成长机会。

飞机一降落，我就迫不及待地给家人发消息："到啦！"我们是带着父母亲的嘱托，带着全家人的衷心问候来探亲的，探望小时候留下深刻记忆、关怀照顾我们的舅父母，探望远在他乡保持着密切联系和深厚情谊的表妹、表妹夫及其两位千金——婷和娅。我们翱翔蓝天，期盼尽快见到家人的激动心情让旅途的疲劳早已消失得一干二净。

作为给家人最美好的回馈礼物，舅父母一家为我们做了精心的策划和安排，约塞米蒂国家森林公园和赫氏古堡的风光之旅让我们享受到大自然神斧天工造就的迷人奇景和人类社会独具创意的艺术智慧。最让我们流连忘返、刻下深刻记忆的是舅父一路陪同、表妹亲自驱车相伴的旧金山经典文化游。没有什么是比家人身贴着身、心贴着心、共同成长更美好了。将心归家，让心飞翔，必将造就我们发展人生、获得幸福的新机会。穿上家人挑选的有"san francisco"标识的休闲衣，穿梭在风光景色和马路人流之中，我们感受的是文化，是温暖，是幸福，是惬意。

渔人码头的港口风光和特色美食着实让我们贪恋；驱车直下九曲花街，让外孙更是兴趣盎然；金门大桥的奇观壮景不仅让我驻足饱览，也对粗如井口的缆绳产生了极大兴趣；最震撼的是登上市内最高点，在电视塔上俯视全城，那才是大视野观察、大环境思维的新起点。

久在城市中忙碌的人，有机会登高望远，不仅让身心得以放松，也可以获得心灵的安慰和提升。人是环境的产物，存在决定意识：视野狭窄只能让人闭关自守、盲目自大；视野扩大，则可以在包容多元文化中找到智慧融合的新机会。旧金山文化的特点是包容，是创新，华人可以在这里自由发挥。如果说美国的科学技术是大树，那么中国传统文化中的哲学精髓则是阳光。中美文化的融合，对世界的和谐发展必然带来启迪。

是啊，我们一直都在寻觅我们的精神家园。脱离城市的喧嚣和吵闹，我们好像回归了自然。

清晨，晨光熹微，城市上空弥漫着薄雾，天渐渐地亮了起来，云层洒上了金辉，东方红彤彤一片。

旧金山风光独具魅力，但最让我心醉的是旧金山湾区的环境艺术魅力，茫茫大海、蓝天白云，在动人的阳光普照下构成一幅最美丽的图画。

一座城市的主题文化，是这个城市独具艺术魅力的核心竞争力。这种文化竞争力突显一座城市的文化特质，并以纵横交错的形式贯穿于城市的经济、文化、旅游、教育、新闻等事业的发展之中，成为城市重要的智慧资源，滋养着这片热土上的人们。这座城市独具创新艺术魅力的生态形象成为一种强大的力量，推动着世界的发展。旧金山湾区文化，值得认知，值得发掘。

在中美文化融合中，美籍华人的地位极其重要，他们既具有中华传统文化的底蕴，又接受了西方先进文化，显然，向他们学习，与他们交流，也是为世界和谐发展做出努力的起点。其实，中美文化是相通的，沿着文化的思路追根溯源时，我们会发现，中华传统文化中的系统思维、阴阳辩证智慧与西方哲学代表人物亚里士多德的整体观是相通的；中华传统文化中的集思广益、智慧整合的"龙"智慧与西方的多元文化观也是相通的，中华传统文化中的仁爱观与西方博爱思想也是相通的。

家文化正是中西文化交流的起点。如何从家文化出发，走上人生发展之路，也许正是人类需要思考的问题。

生命求真悟人生，

生存求善学文化，

生活求美追幸福，

"三生"智慧境中习。

在美国，华人是生命力最为旺盛的一个群落。越江过海的华人在充满磨难的迁徙和艰苦的开拓中，把中华文化远播到世界各地，也包括美国这块大洋彼岸的遥远大陆。

在乘坐大巴车参观尼亚加拉大瀑布的路上，我和几位华人聊了起来。这几位华人是几年前从浙江省过来的，她们都已经办好了移民手续，成为正式的美国公民了。我问她们现在做什么工作，她们迟疑了一会儿，其中一位年龄稍大的女士突然蹦出了一句："玩呗！"后来她告诉我，她们已经游遍了美国的著名景点。她们长得漂亮，经济上显然有支撑，很像是富人家的年轻太太。当谈到各个景点的乐趣时，她们却不无烦恼地嘟囔起来："天天坐车，烦得很！"一位年轻的女士谈到了她的困惑："都说美国是天堂，天堂和人间其实差不多；都说移民美国好，可到了美国也没感到那么好。"她说她每年还回国一两次，因为那里有她的亲人。看来人在外，再大的享受，也不如家好。她们的思乡之情依然浓重。

在美国相识的好友李先生和张女士一家已经在美国生活8年了。李先生从事计算机工作，张女士是医学院的科研人员。自从来到美国定居后，最让他们惦记的是住在中国的老母亲无人照顾。两年前他们终于把老人接到了美国生活，解决了亲人相思相见之难。然而，老人并不习惯美国的生活，住半年就受不了了，天天嚷嚷着要回国，他们只得给她买好机票，送她回去，打算等老人回去住上一段时间，再把她接来。还好，老人年纪还不算大，身体还算好，经得起一年两次的折腾。要是有一天老人这样来回跑有困难了，可怎么办？

我试探着问道："你们已学业有成，工作有经验，何不回国发展？"

张女士回答道："不是没考虑过。在这里我们不过是工薪阶层，尽管生活上过得去，还是有思乡之情的。国内终究有我们的长辈和兄弟姐妹，那是我们的家啊！可回国的工作就那么好找吗？我们是从农村出来的，没什么背景，真怕回去之后遇到就业难题。"

她又补充道："这里环境还可以，听说我们的家乡污染比较严重，也担心回去不适应。"

李先生说："我们的孩子已经10岁了，接受的全是美国教育，如果回国去上学，恐怕他会跟不上课，我们真担心他的心灵会受到伤害。不过，我想我们早晚还是要回去的，毕竟祖国是我们的家。现在先在这里发展几年吧，等孩子大学毕业了，或许会有什么机会，到那时我们一定会回家的。"

三、《虎妈战歌》有思考

几年前，一场关于中西方教育模式的论战兴起于传统媒体和互联网世界，争论的导火索是一本名为 *Battle Hymn of the Tiger Mother*（《虎妈战歌》)

的畅销书。该书作者美籍华裔女教授蔡美儿,以自传式回忆录讲述其如何严格教导两个女儿,并称以强迫为特点的中国传统管教方式远胜西方的散放式教育。一石激起千层浪,《纽约时报》《时代周刊》等各大媒体竞相予以专题报道,讨论的话题亦超越中美教育模式和文化差异范畴,被提升到国家竞争层面。

抛开这场争论不说,美国人关注中国家文化却是事实。家庭教育和家文化问题无论对于中国还是美国来说都是国家战略问题,然而相当多的人却把它看作上不了台面的"小儿科"学问,以致于造成了孩子教育的尴尬和难堪,影响了杰出人才的培养。然而,在中国传统文化中有许多智慧不仅值得中国人发掘和研究,也能满足西方国家的需求。如何把家文化与人生发展的智慧结合起来,并在中西方家文化交融中创造出适宜杰出人才发展的和谐环境,成为各个国家都需要认真思考的问题。

《虎妈战歌》的主人公蔡美儿有两个女儿——索菲娅和露露,图书出版时,姐姐17岁,妹妹13岁。从跨进学校大门的第一个学期开始,她们就保持着门门功课皆"A"的全优纪录。姐妹俩差不多从3岁开始练琴。姐姐索菲娅14岁就把钢琴弹到了世界音乐的圣殿——著名的卡内基音乐大厅;妹妹露露12岁就坐上了耶鲁青年管弦乐团首席小提琴手的头把交椅。在大众面前,她们的举手投足更是彬彬有礼、可爱迷人,被羡慕不已的美国妈妈看作孩子们的楷模。

当越来越多的中国父母将目光投向国外,寻求和接受西方先进的教育理念和方法,并开始反思甚至摈弃中国传统的养育思想之时,蔡美儿——这个"中国式妈妈"获得"美国式成功"的故事,引起了人们的深思。

作为孩子的母亲,蔡美儿给孩子做了十条规定:不准夜不归宿;不准参加学校的小组娱乐活动;不准参加校园演出;不准抱怨没有参加校园演出;不准看电视或玩电子游戏;不准擅自选择课外活动;不准有科目低于

A；除了体育与话剧外，其他科目不准拿不到第一；不准练习钢琴及小提琴以外的乐器；不准不练习钢琴及小提琴。

西式教育在意孩子的自尊和心理感受，让孩子自由成长，培养创造力和想象力，但也直接造成孩子沉迷吃喝玩乐、不勤奋、遇到问题退缩等种种问题。相反，蔡美儿的理念是"不给孩子选择'不努力'的机会"。她似乎和现代众多中国家长一样，认为孩子的学术成就很重要，"全优生"是基本要求，"打是亲、骂是爱"，孩子的前途比自尊心更重要，"我吃过的盐比你吃过的饭还多"，为孩子好就替他们做对的选择，于是才有了她的家庭教育思路和方法。

这种严格管教的思路和方法不仅引起了崇尚人权的西方国家质疑，也引起了望子成龙的中国家长们的质疑。难道这种被质疑的家庭教育思路和方法能造就优秀的孩子？教育真的这么简单吗？蔡美儿严管出英才的成功可以复制吗？

其实，虎妈教子的话题并没有那么简单，激烈的争论反映的是一种对教育的焦虑。20世纪末到21世纪初，美国社会的两极分化和社会竞争迅速加剧，催生了他们担心社会经济地位下滑的普遍焦虑。

在国家层面上，美国的全球地位正在面临众多"亚洲虎"崛起的挑战。正如《纽约客》评论："亚洲虎经济"是《虎妈战歌》一书畅销的背景。

显然，《虎妈战歌》的争论并非是何种思路和方法能把孩子教育成功的问题，而是有更深层次的意义。教育孩子是一门需要学习的艺术，绝不是复制某种方法就可以奏效的。

一个孩子实现成功发展，我们无法否认遗传因素的影响。在这个"华裔+犹太=美国"的家庭中，蔡美儿的女儿索菲娅18个月就认识字母表，3岁阅读《小妇人》简写本并开始学习弹钢琴。从索菲娅呱呱落地起，她就显示出极为理性的禀赋和特别专注的能力，而这些品质得益于她的父母。当时，尚在襁褓之中的索菲娅总是乖乖地入睡，整个夜晚都不吵不闹；偶尔啼哭，也有着格外明确的目的。蔡美儿的另一个女儿露露当然也很有天赋，只不过她和姐姐有不同的性格特点，显示了更多的逆反行为。而蔡美儿的教育思路和方法，也太多地彰显着遗传因素的作用。只不过这种遗传不单纯是生理遗传，而是包括生理遗传在内的心理和文化层面的遗传。

蔡美儿本人就是在严格管教中成长起来的人，其父亲是一位非常成功的科学家，母亲曾以全班第一的优异成绩毕业于圣托马斯大学，并获得了化学工程学位。他们对蔡美儿及其姐妹要求非常严。每天放学之后蔡美儿与三个姐妹都要回家读数学、练钢琴，不可以去玩。正是这种严格的管教，让她有了美好的未来，因此，在感谢父母爱之严的同时，她也把这种严中有爱的管教带给了自己的孩子。这才有了她自己孩子的成功。

蔡美儿的女儿索菲娅和露露实际上是生存在一个老少几代人创建的书香家庭环境之中，这种家族的家文化氛围在潜移默化中影响着孩子人生的成长与发展。而由蔡美儿与其犹太人丈夫结合造就的中西文化融合的文化氛围，也是孩子走向杰出发展的重要因素。在这样的家庭中，孩子不仅享受着父母家族智慧文化遗传的基因，而且也享受着其父母互动交流、讨论争论的智慧要素。孩子父亲开放的思维，引导孩子融入大自然环境中的情趣和情感，不能不说是孩子成长的重要激励源。也就是说，孩子的优秀与杰出，绝不能仅仅归于一位母亲的某种思路和具体方法。

在蔡美儿家族里，有一位直系的先祖蔡武能在朝廷做天文学家，他也是个哲学家和诗人。1644年，明朝面临着清军入关的危境。因为技艺全面、学识渊博，蔡武能被皇帝御封为朝廷的兵部重臣。家族中最珍视的传家之宝，是由蔡武能手书的长达2 000页的专著，该书阐述了中国最古老的经典之作《易经》。

蔡美儿的姥爷也曾是一位儒雅、慈祥的教书匠，为了维持生计，他不得不放下教鞭去卖大米。她的爷爷经营鱼酱的生意，是个好脾气的商人。奶奶在第二次世界大战后做塑料制品的买卖，赚了许多钱，然后，她把盈余都换成了金条和钻石。变得富有之后，她在马尼拉最具声望的社区买了座豪宅。蔡美儿的父亲对移民美国总是充满向往，颇有数学天分、酷爱天文学和哲学的他，对在唯利是图、尔虞我诈的生意场上周旋的家族生意深恶痛绝，本能地反抗家人为他做出的每个安排。甚至在他还是个小男孩的时候，就拼命地寻找去美国的机会。后来，马萨诸塞州的麻省理工学院批准了他的入学申请，他终于"梦想成真"。

尽管蔡美儿"家长强权"的管教方法有争议，然而其家庭的文化背景却让我们不得不重新思考家文化的智慧魅力。

四、做好我的"中国梦"

曾有媒体报道，我国留美学生人数成百倍增长。

《华尔街日报》称，72%的中国留学生从国外大学毕业后，在美国站不住脚。美国的前50强大学中多数每年只招收一两千人，20万中国留学生九成以上与一流大学不沾边。

《纽约时报》指出，1/3 的美国大学财政状况比经济危机前差了许多。即使是常青藤名校，虽然知道接到的申请材料有伪造，但是却盯住了这些学生的学费，其招收的学生素质可想而知。实际上，留美渐渐变成了一种消费。

赴美学生水平参差不齐，尽管不乏优秀者，但有的留学生不过是想出去看看或者镀镀金。他们随便选了几门课程，由于英语水平有限，又不能融入美国社会，很难在美国就业。即使作为"海归"回国发展，也难免因为素质问题而成为"海待"。出不出国并不是最重要的，做好"中国梦"才是至关重要的。

中国特色社会主义进入新时代，这是我国发展新的历史方位。伟大的事业在承前启后中推进，伟大的目标在继续奋斗中实现。党的十九大报告在对决胜全面建成小康社会作出部署的同时，明确了从2020年到21世纪中叶分两步走全面建设社会主义现代化国家的新目标。这一目标描绘了建成富强民主文明和谐美丽的社会主义现代化强国的宏伟蓝图，对新时代中国特色社会主义发展作出战略安排。

为了实现国家富强、民族复兴、人民幸福的中国梦目标，我们需要注重家庭建设、注重家教、注重家风。

美丽中国是滋养我们心灵的精神家园，需要从创建书香家庭开始找到幸福人生的起点，进而在"放大"家文化中创建书香学校、书香企业、书香组织、书香社会，促进社会这个大"家"的和谐发展。

英国哲学家培根说："读史使人明智，读诗使人灵秀，数学使人周密，科学使人深刻，伦理学使人庄重，逻辑修辞使人善辩。"可见阅读对于人一生的成长是多么重要。阅读就个体而言是一种独特、私密的体验，我们可以从阅读中享受快乐，获得知识，得到心灵的慰藉。然而"独学而无友，则孤陋而寡闻"，古今中外喜爱读书、善于读书的人都会在阅读的道路上结伴而行。当下，开茶话会、读书会的热潮感染了很多人，他们在一起交流思想、共同成长。

例如，在世界读书日，河北科技大学报告厅内座无虚席，由河北省新闻出版局、河北省全民阅读活动组委会办公室主办的"读书成就梦想"主题报告会拉开了序幕，大家认真聆听了一个个代表的精彩演讲。他们是一批追寻中国梦的人。

(一) 读书成就梦想的小喜梅：幸福人生"爱"相随

小喜梅的幸福人生从"爱"相随的读书过程中开始。小喜梅出生在一个农村单亲低保家庭之中。一见到字就兴奋、一读上书就痴迷的阅读天赋，让小喜梅如同饥饿的人见到面包一样，早已忘掉了物质生活的艰辛和贫困，在享受书香文化中成为世界上最幸福的人。

一份普通的说明书、一条墙上的标语、一本被老鼠咬破的残书，也许在其他人心中不过是可以随意扔掉或不屑一顾的废品，但在小喜梅心中却是让渴望得到满足的机会。她一遍一遍地阅读着其中的文字，品味着书中的智慧，猜想着残缺不全的段落的后续意思，让自己的心灵在读书中得到最好的滋养，升华得更美。

小喜梅的梦想是成为一个"有用"的人。这是一个非常简单朴素的梦，但对于不爱读书的人来说，其实也是一件很难做到的事。人来到这个世界，父母的爱让我们享受生活，但不一定能真正获得幸福，因为只是被动接受了他人的爱而不懂得爱他人，不懂得在"利他"服务中实现人生价值，这个人可能就是"没用"的。小喜梅虽然没能在人生之初获得经济上的"富养"，却在父亲的精神"富养"和一个个老师的引导下走上了人生成功之路，为一生幸福奠定了牢固基础。她为家乡孩子创建图书馆，实现了"有用"的梦想；她从7岁时踩着板凳轧面条，上学期间就会拆洗和缝制被子，帮助家里的房屋装修，走向社会后传播书香文化受到国内外好评；最终她以优异的学业成绩完成从小学到研究生的学习。

(二) 读书激励人生成长与发展的王法官：为民做主"力"相伴

"当官不为民做主，不如回家卖红薯"，王惠法官是一位通过读书和成长，实现为民做主的智慧法官，给其他领导者和公务人员树立了榜样。

进入法院，让王法官最受触动的是那些民事案件的当事人。他们很多都是中年遭受婚姻危机的女性或是人到暮年却和子女发生继承纠纷的老人。当这些当事人在办公室给她跪下，请求为他们做主时，她的内心受到极大震动。我们的法官多半威严有余，亲和不足，对老百姓的疾苦司空见惯。但是她认为，审判不光是用法律判明是非，还应当有一种人文关怀。这才是真正的为民做主。

王法官是一个爱学习的人。她用读书学习丰盈了智慧，然后创建书香家园。这个"家"从自己的小"家"出发，"放大"到"法院"家园。无论法院的干部员工，还是当事人都是这个书香家园的"家人"。

在她的积极努力下，成立了"半日闲法官读书会"，创办了《裕华法院信息报》，编写了法官文集——《跬步集》……一个团队读书学习，法官干警互动成长，把当事人当家人，为家人提供全方位服务的学习型法院，促进了法院文化建设，促进了社会和谐。

在她的积极推动下，婚姻家庭专业法庭成立了，以"培养专家型法官，为家庭纠纷提供专业指导"为目标，还把"社会性别理论"作为审理婚姻家庭案件的基本理念。正是这种学习和成长过程，让包括她本人在内的所有法律工作者提升了人文素养，提升了为民做主的能力，也帮助当事人化解了一个个矛盾和冲突，为社会和谐做出了可喜贡献。婚姻家庭专业法庭成立 3 年来，共审理了婚姻家庭类案件 1 400 多件，调撤率达到了 92%，也就是说，到这里来办理离婚的，基本上都做到了好合好散。

（三）读书唤醒智慧心灵的刘立红：身残志坚"志"相连

我们常为有此一生而感到庆幸，哪怕我们是带着残疾和病痛来到这个世界，但比起那些不能来此一世的人来说，我们真要感谢天地对我们的厚爱。

刘立红正是一位人生的强者，她先天残疾，从小脆弱，当别人以异样的目光和嘲笑的话语对待她时,她的心灵受到了深深的伤害,但父辈、兄长、老师、同学的关爱,唤醒了她坚强生活的意志,激发了她读书学习的智慧,使她懂得了自强自立,奏响了生命乐章,既成为一名学业优秀的学子,也通过缝补服务实现了创业的梦想。一本《智慧背囊》,让她成为飞上蓝天的鹰,在浩瀚无垠的宇宙中翱翔。

把简单的事做好就是不简单,把平凡的事做细就是不平凡。如今,刘立红创办的"微尘缝补干洗服务部"已经在书香文化中成长起来,吸引了许多人前来读书和交流。她们用读书和成长的实际行动,激励着许多贫困家庭的孩子从心理脱困开始,找到人生方向,实现各自的幸福人生。

(四) 从书香家庭"放大"为书香企业的"打工妹":书香文化"慧"满园

她是一个来自农村的"打工妹",也是一个通过读书而改变了自身命运的人。就业形势的严峻和从业的尴尬,没有阻挡住她前进的步伐。她开始痴迷阅读,并成为一个合格的读书人。读书让她扩大了视野,读书让她融入了时代,读书让她找到了人生方向。她还和家人一起,把自己的家创建成书香家庭,与父母、爱人、孩子实现了互动成长,共同发展。

进入企业后,她没有把自己仅当作职业工具去挑选岗位,而是从一名小小的销售员做起,创造了辉煌的业绩,还带动和帮助她周围的同事一起学习和成长,共同创造业绩,在"营销人生学做人,营销产品学做事,营销服务学相处,营销智慧学创新"中走出了自己的人生成功之路。

几年后,她被推选为企业总经理。她认为企业不单纯是赢利的机器,更是帮助员工实现人生梦想与发展的载体。她决定把自己的企业创建成书香企业,让职工在企业家园中找到家道文化与幸福人生的智慧,在员工成长与发展中,实现每一个人的幸福人生梦。她要为员工的成长与发展,为员工的幸福人生提供服务。于是有了企业共赢"家文化"的选择,有了创建书香企业的过程。

她说:"从'打工妹'到企业总经理,是读书让我完成了蜕变。而如今作为一名企业领导,我需要在提升和完善自身的同时,也要让企业员工同样感受到书香文化的智慧魅力。这样,我们每个人都会在不同层次上开出属于自己的一朵朵智慧之花,等到山花烂漫时,我们企业就会绽放出最美的风采和文化神韵。我相信,每个人每天迈出一小步,这个社会就会迈进一大步。这就是我的中国梦!"

一个社会需要和谐,一个国家需要和谐,一个家庭需要和谐,一份舒畅愉悦的心情更需要和谐。作为生命的个体,也许我们驾驭不了风,但可以驾驭自己心灵的帆。

第三章

圆梦之路：中国梦从"家"出发

> 人生的轨迹其实就是一个有起点、有终点的圆，幸福人生从"家"出发，历经人生的酸甜苦辣，获得了一个个成功，最终还是要回到"家"，才能获得人生的圆满。

中国梦不是在竞争中实现的个人成功梦，而是与祖国命运同行、共同分享人生出彩机会的幸福人生梦。

如今，大批学子从家出发，走出国门留学、访问，寻找实现中国梦的道路。一批批有着丰厚家文化底蕴的人回到了祖国，为实现中国梦做出了巨大贡献。

一、"输"在起跑线上的哈佛男孩：幸福人生从"家"出发

他，1982年出生，2015年已经是世界500强企业联想集团的总裁高级助理。他21岁被当时全球最大的电脑商戴尔电脑公司聘用，先后在3个重要部门任职。他2009年毕业于哈佛大学商学院，曾是花旗银行10名

"全球领袖计划成员"之一,他就是于智博,被媒体称为"输"在起跑线上的哈佛男孩——小学留级,中学排名倒数;9 岁时父母离异,自小由爷爷奶奶带大;16 岁时去美国留学,就读于一所全校只有 50 个人的乡村中学。

9 岁时,因为父母离异,于智博从上海转学到了成都,与爷爷奶奶一起生活。转学时,本应读小学四年级,但参加了当地学校的入学考试,成绩不好,结果又降了一级,从三年级开始读。即使这样,他的学习成绩也不理想。

对于他的学习成绩,父母"睁一只眼闭一只眼",父亲还对他说:"80 分上下就行了,掌握基本知识和理论就够了,为了多考几分点灯熬油不值得。"然而,对他的体育爱好,父母却很支持。正是体育方面的优秀发展成了他自尊心的避风港。作为田径队的主力,每天训练时的奔跑,既让他释放了学业压力,又让他树立了信心。田径场上锻炼的意志和吃苦精神,是在课堂上体会不到的。

现在不知有多少父母还在为孩子"输"在起跑线上而纠结,而《"输"在起跑线上的哈佛男孩》一书却给人们带来启迪。正像俞敏洪所说:"蜗牛只要能够爬到山顶,和雄鹰所看到的景色就是一样的。"

那么,为什么一个"输"在起跑线上的孩子能够追寻到自己的幸福人生呢?

(一) 父母的"家文化"智慧:出国前增厚家文化底蕴

留学之前,于智博的父亲没有像其他家长那样,让孩子上英语班恶补英语,而是告诉孩子,无论走到天涯海角,都不要忘记自己来自何方、根在哪里。出国是学习,学成之后一定要为家、为国服务。在出国前最宝贵的时间里,父母安排孩子到北京拜访各位亲友,让孩子从他们那里得到诸多勉励和祝愿。父亲还带着他一起到太爷爷长眠的地方拜祭。其良苦用心,无非是希望孩子在丰厚的人文财富中汲取力量、感悟亲情,让孩子体会到，他已经是一个可以独立承担责任的男人了。于智博父母对其常说的话就是："好男儿一定要走四方，男人的人生是勇敢地走出来的！"

（二）奶奶的"家文化"智慧：做人比成才更重要

奶奶原名于丽凤，虽然婆家娘家的家境都很好，但她依然追求自立自主的生活方式，改名于立，独立的立，走出家门参加工作。她不仅工作出色，还是一位十分精明的理家能手。

"人不能忘本"和"不能没有隔夜衣，不能没有隔夜粮"是奶奶的两句口头禅。于智博和他人相处时，也养成了这种感恩道谢、利人利己的相处习惯，实现了和他人的共同发展。第二句口头禅来源于奶奶的生活习惯。奶奶虽然出身于一个富裕家庭，但她总是在今天为明天打算，绝不做吃干花净的事。这对于智博提升理财能力、融入市场经济环境、发展事业起到重要的作用。在每晚睡觉前，奶奶总是把于智博第二天要穿的衣服整齐地摆放在衣柜外面。这样，他起床后可以马上穿上衣服出门。从养成这个习惯开始，延伸到做任何事都要提前准备和做好计划，让于智博获得了终身受益的习惯，为一生幸福奠定了基础。

（三）夏令营游学的"家文化"智慧：人生而平等，要活出尊严

在一次夏令营中，于智博发现美国的很多家庭都有两三个孩子。这些家庭的男主人平时工作很辛苦，但一到周末，全家人都会欢聚在一起，开快艇、野餐、滑水、摘樱桃等，活动非常丰富。

于智博还发现，这些美国人外出常常不锁门。在即将结束夏令营游学时，老师要求每个学员给每天为大家打扫教学楼的清洁工写一封感谢信，这让所有的同学都感到惊讶。因为在国内，一些家长在鞭策孩子好好学习

时，常常爱说的一句话就是："你如果不好好学习，考不上大学，就像那些清洁工，去扫大街！"这些不经意的话语，很容易使孩子对这些工作产生轻蔑的态度。而到了美国，这里的老师却要求孩子们写感谢信，以表达他们对这些普通劳动者的尊重。

是啊，人生而平等，每个人都有追求幸福、活出人生精彩的机会。无论你是科学家还是清洁工，无论你是赢在起跑线上的高才生，还是"输"在起跑线上的学困生，都要活出自己的人格尊严、情感尊严、价值尊严。

（四）"大家"智慧：与祖国命运同行

人在国内，不一定知道自己有多重要，而一旦到了外国，你就会发现，你代表的是中国，因为中国就是你的家。有家的人，生活就特别有底气。

16岁的于智博成为美国俄勒冈州中部的密歇尔高中毕业班的一名留学生，这里虽然自然景色不错，但只是一个总共才有350人的小镇。

作为镇上唯一的一所中学，密歇尔高中是俄勒冈州规模最小的高中，全校学生还不到50个人。

语言关是于智博当时所面临的第一关，但他不怕出丑，经常重复同学和老师说的话，多与当地人交流，模仿他们讲话时的口吻和语气。经过两个月的努力，于智博基本掌握了美式英语的发音。

在国内时，曾令于智博最头疼的数理化，在美国的学校竟让他"大出风头"，考试基本上拿满分，还被提拔成数学老师的助教。

于智博是这个小镇上唯一的中国人，许多人对中国是那么好奇，于智博突然意识到，在这里，"我代表的是中国""我就是中国"。于是他一有机会就会充满自豪地向大家介绍中国独有的名山大川、历史文化和令人震惊的改革开放以来的高速发展。当同学们不时发出"真的？""不可思议！""酷！""我要到中国去！"等一系列感叹时，他由衷地为祖国的日益强盛而骄傲。他说："我原本没有发现自己发自内心的爱国情结，到了美国，我才更深刻地体会到我是个中国人，我的根在中国，作为中国人我真自豪！"

2009年，于智博在哈佛大学商学院的求学生涯结束了，他邀请父母来参加他的毕业典礼。由于母亲是单身，曾经有一次被拒签的经历，为了保证离婚多年的父母能够在哈佛有一次相见的机会，见证自己不凡的努力获得的成功，享受一家三口在一起喝咖啡的温情，于智博甚至动员哈佛大学校长给母亲写了一封邀请函，请母亲前往参加毕业典礼。

没有想到的是，远在重庆的母亲还是被拒签了。听到这个消息的那一刻，于智博的眼圈红了，自己多年的期盼成了泡影。父亲得知了消息后对他说："儿子，不要伤心，我们被拒签是因为国家还不够强大，等中国成为真正的大国，我们就不会被拒签了。"

这些话被于智博记在心上。

2008年，美国爆发了金融危机。这一年年底，也是哈佛大学商学院毕业生四处求职的时间。在30%的同学还没有找到满意工作的时候，于智博一下子拿到了5家机构的聘书，分别是花旗集团、三星株式会社、LG电子、苹果公司和美国篮球联盟（NBA总部）。2009年，哈佛毕业之后，于智博选择到花旗银行工作。尽管与其他4家公司相比，花旗银行的待遇是最低的，但是在他看来，这份工作可以锻炼的能力和学到的东西是其他4家公司的数倍。接受培训之后，他被派驻到巴西。在那里，他成功组建了南美银行界第一个专门服务中资企业的金融团队，并被评为最佳新员工。

在花旗银行，广阔的事业前景等着他。然而2010年，于智博毅然做出了一个让很多人觉得不可思议的决定——回国发展。

"在我上哈佛之前，联想集团就邀请过我回国工作，毕业之后，他们再次期望我能够回国做杨元庆先生的助理，因为我的人生目标就是回国发展，使中国在世界上变得更强大，之前的海外公司经历都是回国发展的练兵场。"他说。

对于他的选择,父亲很赞成,他说:"之前的工作,尽管有同事之间的合作,但主要是一种个人英雄主义式的战斗。今后的岗位需要的是协调各方,进而领导多个部门,需要更多的韧性和付出更多的辛苦。"

于智博的故事告诉我们,一个人能否获得人生成功,能否追寻到自己的幸福人生和起跑线上的"抢跑"关系不大。只要从"家"快乐出发,健康成长,就一定可以获得自己的幸福人生。

二、人生可以美得如此意外:家文化与人生成功

他的名字叫周士渊。他说他是"清华所有校友中,败得几乎最惨的人",甚至走出清华园,他也差不多是"整个社会败得最惨的人之一"。按说,一个农家子弟,能考上清华,并且能留在清华,是多么令人羡慕!而令人遗憾的是,他竟然痛苦万分地选择离开这个世界。重度抑郁症的折磨使他陷入了消极和悲观之中,躺在床上翻来覆去,难以入睡,脑袋像要炸了似的难受,生活对他来说已经是恐惧和煎熬。才25岁的他最终选择了自杀,喝下了浓度98%的硫酸后,他失去了知觉。

经医生抢救,他活了过来,但胃已经切去了7/10。此时的他已经是身心一片废墟。回到清华后,他成了一个抬不起头的人。在人生最应当出彩的黄金十年中,他成了有名的重病号——住院两三年,累计病休四五年,身上开了三次刀,九死一生。

正是这样一个败得最惨的人,却在此后的人生中发生了重大转变。他不仅重新站了起来,还发现了人生成功的秘密,找到了通向幸福的阶梯。他用自身的经历告诉人们:人生可以美得如此意外。

如今的他已经是清华大学继续教育学院最受欢迎的讲师之一,登上了

国内许多名家讲坛，成为国内著名的演讲家。

如今的他已经走上健康长寿之路：70多岁的年纪，50岁的身体，30岁的心气，还担任了中国老年学会科学养生专业委员会名誉主任。

他是走上幸福人生之路的优秀领路人。他的著作《人生可以美得如此意外》激励着越来越多的人走上健康幸福的人生成功之路。

（一）唤醒心灵：爱在天地间

一个陷入人生绝境的人能够重新站立起来并活出人生精彩，应当归功于人生"家园"的爱，它唤醒了一个看不清人生目标的人。

在年轻的周士渊陷入绝境不能自拔之时，许多"家人"伸出了爱心之手。

主治医师齐国英大夫不放弃任何希望，为挽救这个年轻的生命做出了最大的努力。当昏睡过去的周士渊听到齐大夫"小周、小周"的呼唤时，他终于睁开了双眼。这是像"家人"一样的慈爱目光，这是对生命的亲情唤醒。

那位可爱的徐大姐深知这位年轻的病人此时此刻的生理需要，特意做了一碗细细的、热腾腾的面，还打了两个鸡蛋。

大便秘结带来的痛苦更是难以忍受。毛节明大夫用手为他一点点抠出了干结的大便。

在人生最困难的时期，周士渊得到了许多像"家人"一般的照顾。同学和总装车间的工人师傅三班倒看护。家中的亲人得到消息也很快从上海赶来。是他们的日夜守护，是他们的一句句安慰和鼓励，让周士渊有了重新站起来的勇气。

对于一个陷入身心困境的人来说，最需要的是"家人"的爱，这种爱往往以一种文化智慧引领陷入困境的人重新扬起人生的风帆。

在复旦大学任教的沙似鹏老师写来了长信，信中几句肺腑之言震撼了年轻的周士渊："过去的就让它过去吧，但将来对你还是一张白纸，你可以画上最美的图画，写上最美的诗篇。"这样的真情对当时的周士渊是多么巨大的鼓励啊！

我国最负盛名的散文家朱自清先生的夫人陈竹隐老人也用孟子的话鼓励道："天将降大任于斯人也，必先苦其心智，劳其筋骨，饿其体肤，空乏其身。"

其实，人生难免遇到逆境、困境甚至绝境，一旦遇到这种情况，幸福似乎就会离自己越来越远。我们需要创建一个像家一样的充满爱的环境，让那些遭遇婚姻家庭矛盾、就业从业困难、学业生涯尴尬的人重新找到幸福的起点啊！

（二）家文化智慧：好学为先

孔子说："知之者不如好之者，好之者不如乐之者。"

这分明是在说，有知识的人，不如爱知识的人；爱知识的人，不如以学习为乐趣的人。

孔子又说："好仁不好学，其蔽也愚；好知不好学，其蔽也荡；好信不好学，其蔽也贼；好直不好学，其蔽也绞；好勇不好学，其蔽也乱；好刚不好学，其蔽也狂。"

这就是说，爱好仁德而不爱好学习，它的弊病是受人愚弄；爱好智慧而不爱好学习，它的弊病是行为放荡；爱好诚信而不爱好学习，它的弊病是危害亲人；爱好直率而不爱好学习，它的弊病是说话尖刻；爱好勇敢而不爱好学习，它的弊病是犯上作乱；爱好刚强而不爱好学习，它的弊病是狂妄自大。

我们的先圣孔子把好学放到了比"仁德""智慧""诚信""直率""勇敢""刚强"等品质更至高无上的位置，是很值得我们思考的。我们拥有一种或几种好的品质其实是容易的，但一定不会全面，而且一定还伴有弊端。而一旦有了"好学"这一品质，就能全面、完美，一旦有哪些知识和品质是我们的弱项，凭着"好学"，我们都可以变"短板"为"长板"，综合素质一定会高。

难怪孔子对他的弟子说:"必有忠信如丘者焉,不如丘之好学也。"

在孔子看来,找到像他这样忠信的人容易,找到像他这样好学的人太难了。

(三)人生成功思路:习性为路

只要能从我做起,从现在做起,培养良好的习惯和性格,人生幸福就有了起点。

《论语》有云:"学而时习之,不亦说乎?"任何知识、技能和为人处世之道,在"学"了以后,都应在培养"习惯"上下大功夫,即"时习之"。如果做到了这关键一条,我们的人生不就快乐、幸福、成功了吗?

《三字经》开篇"性相近,习相远",实际用的就是孔子的名言——"性相近也,习相远也"。

孔子这里讲的是"修身",即性格修炼的重点。"性",是指人出生以前的"天性";"习",是指人出生以后的"习性",也就是我们今天所讲的"习惯"。要改变先天的"天性",难度极大;但幸亏"天性"对我们所有人而言,总体差别不大,即"性相近"。如此一来我们性格修炼的重点当然就应是后天的"习惯"了。

一是"习惯"相对于"天性"容易改变、容易把握;二是既然"习相远",也就是我们人与人性格的主要差别就差在"习惯"上,那我们修身的重点、性格修炼的重点当然就应放在"习惯"二字上了。

那么,如何修炼自己的习性呢?

子曰:"人一能之,己百之;人十能之,己千之。果能此道矣,虽愚必明,虽柔必强。"

这就是说,别人花一分功夫,我自己就应下百分功夫;别人花十分功夫,我自己就应下千分功夫。任何人只要按这样的"道"去走,虽然愚笨，必然聪明！虽然柔弱，必然强健！

当年的周士渊正是靠"知必行，行必恒，恒必达"这样的毅力，从修炼习性入手，彻底改变了自己的命运。

（四）寻找幸福的起点：从"家"出发

人是环境的产物，家是第一个也是最重要的人生环境，在家里培养的所有习惯和形成的性格，对人的一生都有影响，所以，幸福人生应当从家出发，家庭教育的重要内容就是培养习惯。

通过"做"，培养了人的"爱"，于是有了"三爱"理念。自己的事情自己做，唤醒了人生的成长智慧，人就会变得有爱好，爱好是成才者之神；他人的事情帮助做，能实现人生的价值和意义，于是人变得有爱心，爱心是成人者之慧；不会的事情做中学、学中做，就会把学习和养成习惯融为一体，人就会变得"爱学"，爱学是成就者之师。

这种从"家"出发的"三做—三爱"智慧，为人生奠定了道德力、智慧力、意志力的人格基础，成为取之不尽、用之不竭的幸福源泉。

三、人生九级浪：把握人生幸福的智慧

总有一种精神，让我们一生感动；

总有一种力量，让我们勇往直前；

总有一种人格，让我们走向完美；

总有一种幸福，让我们终身享受。

他是一位大智大德的人。从 20 世纪 70 年代起，他就用一双智慧、宽容、慈祥且充满活力与爱心的眼睛注视着华夏大地；他是一位旅行家，曾去过世界上 800 多个城市；他是一位诗人，写下诗歌 3 000 多首；他是一

位书法家，写下了 20 000 多幅作品；他是一位收藏家，收藏了 35 000 多册图书；他是一位作家，著书稿上千万字，其中《塑造美的心灵》一书发行了 1 000 多万册；他是一位演讲家，在"地球村"演讲了 6 000 余场，被称为"共和国四大演讲家"之一。

听过他演讲的人，无不为他的睿智、远见、卓越口才和平易近人所折服。许多年轻人把他称为"点燃心灵之火的人"，许多家长称他为"良师益友"，教育界称他为"教育艺术家"……

我认识李燕杰教授是在 10 年前的一次教育论坛上。当时来自全国各地的专家和教育界人士听说有李燕杰教授到场，心情都非常激动，许多岁数大的人都是听着他的演讲成长起来的。李燕杰教授出场演讲时，会场上不断响起雷鸣般的掌声，他不带讲稿、不喝水，语言流畅如诗如画，让在场的人无不为之感动。

我作为大会发言人之一，也与来自全国各地的专家学者进行了交流。会后李燕杰教授鼓励我说："你应当写一本书，与更多的人分享你的感悟，我亲自给你作序言。"此后，就有了我的一本本拙作的出版，李燕杰教授连续为其中的三本书作了序言。

让我最为感动的，是在《你活明白了吗》一书出版前，正值李燕杰教授重病住院，他在病榻上忍受着病痛完成了这个序言。

为了帮助我这位学生更快成长，他努力创造机会，让我和他同台演讲，让我有机会经常聆听他的教诲，还在他的文章中鼓励道：

鸿昌先生是我的好友，自相识以来，因为在事业上志同道合，所以彼此之间亦师亦友。他一贯倡导最具竞争力的教育——智慧教育。这一点与我不谋而合。他的演讲与教学能启迪心灵，唤醒智慧。他强调"人生其实就是一首诗，而心灵才是这首诗的深刻意境"，"美好人生不仅源于我们生存和生活的环境，更源于主动学习中唤醒智慧的心灵"。他的文字如诗如画，其中许多内容都能引人入胜。

在他的鼓励和支持下,我有幸走进全国各地的文化讲坛演讲先进文化并与广大听众进行交流,这让我受益匪浅。于是有了"家道文化与幸福人生"智慧的探讨与研究,并撰写了《幸福的起点》这本书。

李燕杰出生在一个知识分子家庭,父亲在清华大学师承梁启超、王国维、陈寅恪等大师,母亲是北平女子学院的大学生。父亲教会他要有博学之志,母亲教会他要有博爱之心。

李燕杰三四岁时就在家馆中听父亲讲课,从小就接触了《易经》。家父的好友们不断造访、交谈,让李燕杰从小懂得"但行好事,莫问前程;与人方便,自己方便;善与人交,久而敬之"。正是这种家文化的滋养,为李燕杰的人生发展奠定了人格基础,于是有了李燕杰教授历经人生风雨"九级浪",走上幸福人生道路的过程。

1. 有艰而无苦

李燕杰的父亲在日寇入侵之时,不给日本人做事。父亲失业,他们弟兄失学,全家老小挣扎在饥饿线上,陷入水深火热之中。李燕杰6岁卖报纸,9岁当小工,14岁到工厂当学徒工,十六七岁又到农村开荒,继而又到医院当练习生……这段经历几乎就如同高尔基在《童年》《我的大学》中所展示的遭遇。由于他心态平和,所以受苦而不觉苦。

2. 有战而无伤

在战火纷飞的年代里,他参加了中国人民解放军。在行军途中,时而敌机轰炸,时而炮火袭击,也经常遇到一些灾祸。一些战友牺牲了,一些战友负伤了,他作为幸存者,可以说有战而无伤。每当想起那些牺牲的战友,他都感到十分难过,同时,使他在人生中更加无怨无悔,无私无畏。

3. 有灾而无难

在他八十多年的人生历程中,既遇到了水灾、旱灾,又曾赶上地震、

SARS（严重急性呼吸综合征）等。每当想到那些受难者，就促使他进一步研究天人合一、天人合德、天人合美。

"炎旱历三时，天运失其道，河中风尘起，野田无生草"。智者对灾害冷静对待，战而胜之，泰然处之，这些使他懂得了"远望方觉风浪小，凌空乃知海波平"。

4. 有困而无惑

人的一生不可能不经历风雨，当遇到坎坷或陷入困境时，以什么心态面对是非常重要的。李燕杰曾经遭受造谣中伤，进过"牛棚"，受到非人待遇。然而他却处乱不惊，全面分析形势，既不随波逐流，又不莽撞行事，审时度势，持盈保泰，顺天应人，化险为夷，所以他能做到有困而无惑。他懂得了：涉江湖者，知波涛之汹涌；登山岳者，知蹊跷之崎岖。

5. 有惊而无险

讲学期间，李燕杰教授在卡拉奇遇到了飞机失事，在伦敦遇到车祸，他却能走出险境，继续在海外上百个城市演讲，在各种波折中他的主要体会是身要严正，意要闲定。在他心中，气要和平，量要阔大，志要坚实，所以才能有惊无险。

6. 有风而无波

他在演讲中批判一些丑恶现象，也引起一些人不快，某些人一再掀起各种风波，给他编造许多莫须有的罪名，他都能泰然处之，行若无事，甚至公开宣布，原谅所有对不起他的人。因为他懂得即使受到伤害，也绝不忘记"仁爱"二字，特别不要忘记宽大为怀，所以在他心中有风而无波。

7. 有病而无痛

他的晚年时期，从一个健康老人变成绝症患者，病中他一直保持平和心态，所谓"既来之，则安之"，让正气压倒邪气，用正风压倒邪风，永远保持乐观态度，向抗癌明星孟二冬学习，战胜疾病，战胜生命，挑战极限，做一个抗癌英雄。

8. 有疲而无倦

虽已到了晚年，又在病中，但他淡泊以明志，宁静以致远，仍保持积极向上的心态，并能不断学习，积极工作，"博学而无穷，笃行而不倦"。他每天带病工作十几个小时而不知疲倦。当他看到每天的成果时，不仅有一种晚年成就感，而且亦乐在其中，形成一种独特的晚年人生的享受。

在他的演讲生涯中，他收到15万封信，回信无数。一封信，一颗心，他将永远不辜负大家的期望。

9. 有老而无朽

坐集千古睿智，张扬人间正道。他经常想，"穷经安有息肩日，学道方为绝顶人"。

他将研易、明医、修道相结合，顺天应人，性命双修，天人合一，心物兼赅。

古人讲人生三不朽，要立德、立言、立功。他既是老军人、老干部，又是老教授、老专家，还是老劳模。他时刻保持光荣，发扬光荣，在有限的生命中做到三不朽。

四、钱学森：回归起点，圆好一个中国梦

钱学森在晚年多次提出一个刻骨铭心的问题："为什么我们的学校培养不出杰出人才？"其实，他已经用自身成长的经历回答了这个问题。

杭州钱氏家族为名门望族，是古代吴越国国王钱镠的后裔。钱学森的父亲为吴越国国王钱镠的第三十二世孙。钱氏家族人才辈出，历朝历代皆有俊杰。特别是近代和现代，更有不少卓越人士。如钱穆，近代中国最重要的思想家之一；钱玄同，"五四"新文化运动猛将，倡导民主与科学；钱锺书，他的《围城》和《管锥编》成为不朽之作；钱其琛、钱正英、

钱伟长、钱三强等人，更是为现代人所熟知。

钱镠立有家训，这对钱氏后人影响很大。家训告诫子孙："爱子莫如教子，教子读书是第一义。"因此，钱氏后人重视教育者甚多，出了很多思想家、教育家、科学家。如：钱学森的堂弟钱学榘，也是一位出色的空气动力学家，其子钱永佑是神经生物学家，其子钱永健是曾获诺贝尔奖的化学家。钱家后裔当选各类院士及取得重要学术成就的达百人以上。钱氏家训中还有一句话："利在一身勿谋之，利在天下必谋之。"这应该是钱氏家族忠于国家、服务国家的核心驱动力。

钱学森的父母都是读书人，家中藏书多，钱学森在父母的鼓励下，在书香气十足的家庭中阅读到他所喜欢的各种书。父母不仅引导他读《三字经》《千字文》《百家姓》，也鼓励他读其他文学著作。当钱学森被《水浒传》中的英雄人物感动时，父亲则引导他好好读书，做英雄。母亲通过一个个善举和养花、作画、数学游戏引导钱学森爱上了学习。

钱学森后来熟读了《老子》《庄子》《墨子》《孟子》《论语》及《纲鉴易知录》等众多典籍，这无疑对其"集大成"大有裨益，同时也培养了他的爱国主义情怀。

钱学森说："我小的时候，父亲让我学理科，又让我学绘画、音乐，艺术上的修养对我的科学工作很重要，它开拓了我的科学素养。"

钱学森说："我们的先祖，他的政绩只是'致富一隅'，而我们后人的事业，是使整个中国繁荣富强。老祖宗地下有知，是会高兴的。"

在人生之春，钱学森父母为之创造了书香家庭环境，激活了他的生存生活智慧、情感情趣智慧、心性意志智慧。接着他进入了鼓励质疑和讨论的学校，并有幸遇到多位能引领他成长的学科导师，让他不仅成为有航空爱好特长的杰出学子，也在把特长和能力变为信念和意志的过程中，成为一位与祖国命运同行的智者。正是这种以综合素质为基础的特长生角色，让他考取了清华,获得出国留学的机会。在美国留学期间,钱学森成为世界航空航天专业领域的佼佼者。于是他有了"美国梦"与中国"家"的文化思考。尽管钱学森的回国之路十分艰难,受尽了迫害,但与祖国命运同行的坚强意志和祖国的呼唤与努力,最终使钱学森的回国梦想得以实现。回到祖国后,他不仅在航天事业中做出了伟大贡献,也为中国杰出人才的培养做出了巨大贡献。

五、幸福人生"梦—家—路"

幸福人生从问自己开始。

人活着,无非是两个问题:为什么活,如何活?

人类的文化,正是在这两个问题的追问中展开的。

"为什么活"是信仰问题,它关乎人生的全部目标和最后归宿,也关乎人生成长与发展的原动力和精神支柱。

如何活在人生最佳状态,如何活出人生的尊严,如何活出人生幸福,需要我们进行理性的思考。

人生的全部目标是什么?是以优异成绩考上名牌大学的学业成功为目标,是以职位不断得到升迁、收入不断得到增加的职业成功为目标,还是以辉煌政绩或受众人瞩目的事业成功为目标?其实,这些目标在我们有生之年是有可能实现的,一旦实现,人生就可能失去动力。

我们曾以为物质的丰富会给人们带来快乐和幸福,然而,有些人在物质中迷失,工作和学习都成了一种苦役,抱着"当一天和尚撞一天钟"的心态。人生如果这样,就难有幸福可言。

也许,我们的最终归宿问题会在探讨人生发展和人生幸福中得到解决。

"我是谁"这是每一个人对自己人生的哲学追问。人首先是一个肉体生命，与其他动物无异，是"欲望的动物"。按照心理学家的描述，这种"本我"就像一口沸腾的大锅，它按照快乐原则行事，急切地寻找发泄口，一味追求满足。但人又是和其他动物不同的高级生物，有人生的情感、情趣、情操，有人生的信念和意志，有思想和智慧，有人所特有的心灵世界。作为学习着的高级生物，人类不断让自己从"欲望我"升华为"精神我（道德我、智慧我、意志我）"。

显然，人生除了为肉体活（为肉体欲望活、为金钱活……）外，更要为情感活、为意志活、为思想活、为心灵活、为生命的意义和价值活。这是人之为人的本质。人生的幸福正是在超越人的动物性中不断追寻得到的。幸福人生不仅仅是一种物欲渴望得到满足的感受，更是活出"人生"（而不是"动物生"）的选择和素养。

当人类的生产力发展水平尚低时，人类需要解决的是温饱问题，是思考如何摆脱自然束缚，如何维护好社会秩序的问题，因此，科学与民主问题居于支配地位。而当人类生产力水平达到了相当程度，物质达到一定丰富水平时，人类的生存问题已经得到基本解决，需要解决的问题是如何活得好，活出人生的幸福和美丽，"为什么活"的问题就变得越来越突出。现在，物质生活越来越富裕，人们反而越来越迷茫：有钱就能幸福吗？把钱全让儿孙继承，儿孙就能幸福吗？活着到底是为什么？

从传统文化到科学发展，中华文化源远流长，一脉相承，形成了实现全面协调可持续发展的人生科学。人生科学以中国传统文化的精华为思想理论基础，融合古今中外优秀的伦理道德和哲学思想，形成一门完整的做人理论和实现幸福人生的科学。

天人合一人有"梦"，人杰地灵心有"家"，天地同辉行有"路"。唤醒"梦之美"，找到"家之慧"，走好"路之遥"，成为"美丽中国－幸福人生"乐曲中的天籁之音。

第四章

读懂人生"四部书"

人生需要读懂"四部书":
读懂自己心灵这部书,
读懂孩子成长这部书,
读懂家庭文化这部书,
读懂人生科学这部书。

人生,看起来很长,消耗时其实很短;
幸福,追寻时很远,感觉时其实很近。

知人者智,知己者明,知"境"者活,知世者达。读懂人生"四部书"的过程,就是知人、知己、知"境"、知世的过程,也是明白"我是谁""我从哪儿来""我又到哪儿去"的人生觉悟过程。

问问自己,你活明白了吗?

一、读懂自己心灵这部书

苏格拉底说:"没有经过反思的人生是毫无意义的。"读懂自己心灵这部书就是学习反思人生的过程。

哲学家说,人是生理人,也是头脑人,还是灵魂人。生理人使人走向自然,头脑人使人走向社会,灵魂人使人走向神圣。认识自己的过程,就是一个认识"生理我""头脑我""灵魂我"的过程。

(一)为心灵开个"窗口"

为心灵开个"窗口",就是通过学习扩大视野,让心灵在更广阔的空间放飞。

生存和生活的环境往往是成就一个人一生命运的源泉。当我们看到别人常常是幸运者,有优越的财富和权力背景作依托,有天上掉下来的"馅饼"的好运时,我们却在平凡生活中面对尴尬,在被一次次否决中感叹怀才不遇,在嫉妒、打击中遭受痛苦,在突发灾害面前陷入生命困境。当我们真的陷入这种心理"不平衡"时,我们才发现更大的烦恼接踵而来。我们成了自己不快乐,也不能让别人快乐的人。

心态的选择取决于智慧。学习(也许是读了一本震撼心灵的好书,也许是听了一场生动的演讲报告,也许是进行一次推心置腹的交谈)能唤醒心中的智慧。

我们发现,大视野观察,能"放大"我们生存的环境空间,大环境思维,能改变我们的成功轨迹。当我们通过主动学习调整了自己的心态和行为,用新的观念和形象激励了环境场时,环境场也会变得更和谐,更适宜我们成长,这就有了"环境场激励与激励环境场"的新理念。

(二)与心灵实现"对话"

用智慧点拨自己心灵的"对话"过程,也是一个反思自我、重新找到人生起点的"对话"过程。我们正是在与自己心灵实现"对话"的过程中，不断觉悟人生，让人生活得更有滋味、更有意义、更为精彩。人生的成长和成功，正是在与自己心灵的"对话"中得以实现的。

显然，与自己心灵"对话"的过程，就是一个安静下来，在"独处"中反思、在学习中唤醒自己心灵的过程。

读懂自己心灵很难，塑造一个好的自己更难。读懂自己心灵就是要用纯洁的心去塑造自己，这就要从读书中汲取智慧营养。读懂自己，就是要不断地与自己谈心、与自己对话，甚至和自己"过不去"，非要争个道理辨明是非，在成功的时候总结失败时的教训，在失败的时候查找成功时的经验，让自己时时刻刻都保持一个理性的头脑，才可以更加全面地读天下。只有读懂自己心灵的人，才能真正读懂人生智慧这部大书，因为这部大书的作者不是别人，而是自己。

不愿意剖析自己的人，永远也读不懂自己；读不懂自己的人，更喜欢把自己装在美丽的光环中。即便这种光环根本无法掩盖什么，但它可以炫耀自我，不懂装懂，可图得一时的痛快。然而，当严酷的现实摆在面前时，不能对自己心灵认知，不能与自己心灵"对话"的人，往往会手足无措。于是有了自怨自艾，由偏激转向懒惰，由冲动转向消沉，把一切不如意都归罪于客观事物上。别看他们读别人时那趾高气扬的劲儿，其实那不过是读不懂自己的心虚表象。人贵有自知之明。一个不能自知的人，心灵的深处总是阴暗的。

只读别人不读自己的人，注定成功与自己远离。即便由功利取得的光环能够暂时光顾，也难以补偿心灵残缺的痛苦。他们往往不敢和自己的心灵"对话"，最不愿意"独处"。人生的两个大敌是"痛苦"和"无聊"，而不善于与自己心灵"对话"的人却总是处在"痛苦"和"无聊"之中无法摆脱。在为生存与生活的奔波中，他们不得不整天在"痛苦"中挣扎，一旦真的升了官，发了财，有了"闲暇"时间，却又不知道如何"打发"这种"闲暇"，于是只得用花天酒地去"打发"时光。当深夜来临，他们不得不回到家中安睡时，心灵却又总是安定不下来，难堪和恐惧占据了整个空间，正是人生如梦，何来心灵的安慰和放飞。

头脑思想狭隘的人容易受到无聊的袭击，其原因在于他的智力纯粹服务于自我意欲，自己成了意欲的工具。而与心灵对话的过程，其实正是通过学习，用智慧滋养心灵的过程。这一过程让"意欲我"升华为"精神我"。一个精神世界丰富的人面对"闲暇"不会感到无聊，反而会充分利用这一机会享受自己应有的精神生活，于是他开始创造更多的"闲暇"，去发挥自己所能，并在这种发挥中享受到一种他人享受不到的幸福和快乐。读懂自己需要勇气和毅力，因为读懂自己绝不是一时的冲动与断章取义的剖析，它需要不断叩问灵魂，把自己放在不同的环境中对比自己的理智与冲动、愚蠢与聪明。读懂自己还需要时时处处与人、与事参照，也只有经常分析鉴别，相比之下才不会在内心产生恐慌、形成心理压力，从而诱发竞争的意念。所以，要将读人与省己时时结合起来。如果说读别人是与人类智慧对话的话，那么读自己则是摆脱蒙昧的理智途径。能读懂自己的人，都具有自知之明。

生活中遇事一定要把自己的眼光无限放长远，不断站在别人的立场上想问题，把不同的结论结合起来，才能更好地看清别人，读懂自己，才不至于走生活的弯路！只有读懂自己的人，才有敏锐的目光洞察世间万物。

显然，与心灵实现"对话"的过程，就是"独处"中学习思考，使身心和谐的过程。

(三) 为心灵灰尘"洗澡"

一个人的成长史，也是一个人的心灵跋涉史。在风沙雪夜，泥泞道路上跋涉，心灵难免会蒙上尘灰。如果不及时清扫，不能及时为心灵"洗澡"，难免会污染心灵，影响人生的成长与发展。决定一个人命运的往往不是他所处的环境，而是一个好的心灵世界。经常给自己的心灵"洗澡"，不仅是人生求美的需要，也是身心健康发展、实现人生成功的必然选择。

不要让世俗的污垢和尘埃蒙住你的眼睛，迷惑你的心智。若经常为自己蒙垢的心灵沐浴和洗涤，人的心地就会亮丽如初、圣洁高尚。给身体"洗澡"，可以使人清爽；为心灵"洗澡"，方能心旷神怡。当你的心不堪重负时，何不把一切尘埃拒之门外，给自己寻找一个让灵魂喘息的机会，在冷静的反思中给心灵洗一个澡？活得很累的时候，何不给自己找一个空间，让心灵得到片刻的歇息，然后再意气风发地迎接新的挑战？只有学会给心灵"洗澡"，打扫阴暗的角落，才能清空烦恼。

西方提倡忏悔，其实这就是一个打扫心灵的过程。每个人都是经常更新的，要以变化的眼光来看待，通过忏悔，放弃之前的罪恶和贪念，就能解脱自己，宽恕别人。在中国传统文化中倡导"吾日三省吾身"就是一种为心灵"洗澡"的智慧。

一个人只要有好的心态，又能够学会反省，就会变得十分强大。给心灵"洗澡"就可以让人变得十分强大。

给身体"洗澡"需要水和肥皂，给心灵"洗澡"需要心境和智慧。

我们洗掉了烦恼、洗掉了嫉妒、洗掉了怨恨、洗掉了焦虑，就可以获得纯洁美丽的心灵。

显然，给心灵"洗澡"的过程是一个反思自我、觉悟人生、放弃错误的过程。

（四）让心灵从家"出发"

让心灵从家"出发"，就可以共享人生出彩的机会，共享梦想成真的机会。

人是最宝贵的自然资源，是智慧资源。每一个人，哪怕他再瘦弱，再畸形，再难看，也是成千上万个精子大战中取胜的佼佼者，是智慧延续的种子。因此，人人都要珍爱生命，善待生命。和谐家庭就是热爱生命、善待生命的环境,从和谐家庭走出的人也是热爱生命、善待生命的人。人是世界上唯一有智慧的生灵,人生的意义就是在与自然以及社会环境的和谐相处中,延续人生的智慧。

研究表明,由于人类受所处环境的制约,人的智慧力发展受到了极大的限制。然而,和谐融入生存环境的主动式学习、思维和创新,可以弥补甚至超越这一限制。这使人类实现了自我超越,焕发了潜能,最大限度地实现了人生的价值和意义。显然,寻找到我们的精神家园才是做好"人"的出路,每一个人都能活出最好的自己,这才是人生的意义。

二、读懂孩子成长这部书

孩子是我们的未来和希望,也是祖国的未来和希望,我们希望孩子过上幸福的生活,也希望他们有一个幸福的未来,但是如果不理解孩子成长的奥秘,一切爱心都会毁于一旦。孩子是生理人,更是心理人,孩子的身体需要成长,孩子的精神更需要成长。如果我们缺乏对孩子的真爱,离开了以人为本的智慧教育,"望子成龙"的希望就会变成"望子成虫"的失望。愚昧的爱带给孩子的是"恩宠教育",这样孩子就不可能健康成长。而要实现以人为本,以孩子为本,就要读懂孩子成长这部书。读懂孩子成长这部书的过程就是大人唤醒"童心"再激励的过程,也是认识和发现孩子成长规律,及时抓住孩子成长关键期进行早期智慧教育的过程,同时也是面对孩子的"问题",通过创造和谐的家环境,帮助孩子实现再成长的过程。

(一)唤醒"童心"再激励

童心如花,童心如诗。有谁像孩子那样纯真善良、那样天真无瑕?有谁像孩子那样玩起学习、玩起工作也能乐此不疲?有谁像孩子那样不断做梦、不断探索、不断发现、不断成长、不断创新？如果我们大人也能像孩子那样，重新唤醒一颗"童心"，我们就可以像孩子那样善良、智慧、快乐，人类的麻烦也就会变得少起来。

只有"童心"能够唤醒爱心，只有爱心能够滋润"童心"。与"童心"共振，教育才能放射人文的光辉。

"童心"是对万事万物的敏感与惊奇，是对生活世界的天真与激情，是对人生生命的想象与探索。如果我们大人也能像孩子一样有好奇心、有探索欲，而不是对什么都熟视无睹、习以为常、麻木不仁，我们又何愁自己不成长、不发展呢？显然，只有把自己当孩子，才能帮助孩子长大成人；只有把孩子的生活看作是自己的童年再现，才能使自己日益完善起来。于是有了唤醒"童心"再激励的理念。

大人问孩子："花儿为什么会开？"她希望孩子能够"正确"回答："春天到了，所以花开了。"然而孩子们却说："花儿睡醒了，想看看太阳公公是不是也起床了。""花儿一伸懒腰，竟然把花骨朵顶开了！"

保持一颗"童心"不仅会给大人带来无限乐趣，还能给大人增添无限生机；保持一颗"童心"，才能使大人融入童年的环境，变得年轻而有激情；保持一颗"童心"，才能让爱心凝聚着整个家庭。

唤醒"童心"再激励的过程就是提升大人成长力，帮助孩子实现智慧成长的过程。

(二) 学会"创境"助成长

有人说："人之初，性本善"；有人说："人之初，性本恶"。

有人说："人之初，性本智"；有人说："人之初，性本愚"。

有人说："人之初，性本乐"；有人说："人之初，性本苦"。

其实，世界上根本没有什么绝对的"善人"和"恶人"，没有绝对的"智人"和"愚人"，没有绝对的"快乐人"和"痛苦人"。人的"善"与

"恶"，"智"与"愚"，"乐"与"苦"共存于人的心灵之中。主动式学习，用"善"战胜"恶"，用"智"战胜"愚"，用"乐"战胜"苦"，人就成长为智慧人；反之，强迫式灌输和打骂，人就堕落为愚昧人。

教育其实就是"唤醒"孩子心中的"巨人"，让孩子突破心灵障碍成为智慧人。

在时代环境面前，真正的竞争力并不是大家都有的学历和知识，而是别人无法代替的个性智慧。有人误以为道德教育、理想信念教育和意志力的培养是像知识课那样的"说教"形式，甚至认为花更多的工夫会影响学科知识的学习。而实际上，道德教育、理想信念教育是体验教育，道德和理想信念的培养离不开生存生活体验过程中的修炼。许多失败，并不是败在知识不够，智商不高，而是缺乏信念和意志力。特别是与他人合作过程中，离开了道德力支撑，本来有可能成功的事也会变得失败。显然，没有综合素质基础，即使有特长也很难发挥出来。

教育其实是"烧"的教育——烧出激情，融入生活；
教育其实是"做"的教育——做出榜样，激励环境；
教育其实是"醒"的教育——醒出自信，焕发潜能；
教育其实是"志"的教育——志出少年，活出气概；
教育其实是"迷"的教育——迷出能力，从小创造。

三、读懂家庭和谐这部书

什么样的家庭才是和谐家庭呢？和谐家庭就是能帮助全家人在人生智慧导航中，形成一个生态和谐的家庭生活方式，相处和谐的家庭内部关系，身心和谐的健康成长状态。

每个人都是带着各自的家文化背景融入单位组织和社会的。读懂家庭文化这部书的过程，就是认识家文化的过程，就是认识自身成长的原生环境、重塑和谐家文化的过程。如果单位和学校能重视家文化并在自身组织中创建家文化，就可以引导有家文化的人放大家文化，没家文化的人找到家文化。创建和谐家庭的过程，就是重塑家庭文化环境的过程。显然，家文化是创建和谐家庭、和谐企业、和谐校园、和谐组织的大智慧。

家庭是人生成长的摇篮，是事业成就的基石，是生活力量的源泉和理想的归宿。"国泰千秋好，家和万事兴""家是小国，国是大家"，家庭关系到每一个人的幸福，关系到整个社会的稳定和健康发展。作为社会的细胞，只有家庭和谐，整个社会才会和谐。从这个意义上说，和谐社会需要创建千千万万个和谐家庭。

认识家文化，就是从植根文化起，帮助每个小家和社会大家以文化为底蕴，创建和谐家环境，帮助包括孩子在内的所有家人实现智慧成长。

(一) 找到"谐振点"

找到处理家庭关系的文化"谐振点"，家庭和谐就会变得容易起来。

在处理夫妻文化关系时，"三多三少"智慧是帮助双方走向和谐的最佳"谐振点"，实现夫妻和睦相处，恩爱有加，遇到矛盾也很容易化解。

在处理亲子关系时，"三爱"智慧是帮助大人和孩子走向和谐的最佳"谐振点"，只要我们与孩子之间架起人生智慧的桥梁，我们和孩子就会在心灵成长中成为自己快乐也让他人快乐、自己幸福也给他人带来幸福的人。

在处理敬老关系时，"三感"智慧是帮助我们和老人实现互动成长的"谐振点"。感谢父母心让我们理解了真爱；感恩父母情让我们懂得了孝道；感悟父母慧让我们升华了智慧。我们正是在与父母、长辈的互动成长中帮助老人实现了终身学习，也帮助自己找到了提升生命力的新起点。

当我们从家走向社会时，有"三多三少""三爱""三感"理念支撑，我们也会与领导、同事、下级找到互动成长的"谐振点"。

（二）实现"差异化生存与生活"

对立统一是宇宙的根本规律。所谓对立统一，并不是简单地把事物矛盾归为或者对立或者统一，或者黑或者白，或者正确或者错误，或者好孩子或者坏孩子……而是指矛盾的双方在一定条件下可以互相转化。转化是一个过程，大量事物矛盾并不是两个极端——对立或统一，而是在对立与统一之间的过渡状态。这个状态是一个"差异化生存状态"。这就如同笔触深浅不同的山水画，有黑，有白，而大量的是不黑不白、深浅不一的灰色。也就是说，山水画是有"灰度级"的。现实生活中，我们常为一些小事争个脸红脖子粗，非要争个你死我活、你错我对。但家庭往往不是讲道理的地方，而是讲情感的地方。当我们在家庭中，片面用左脑的逻辑思维能力去处理家庭关系时，我们发现，理争明了，感情也丢失了。因为家庭中的种种矛盾，绝不是简单地分为正确与错误两类，而是正确中有缺点或错误，错误中有正确的地方。我们正是用包含错误的正确行动，实现着互动成长，在差异化生存与生活中，促进着家庭和社会的和谐。

读懂家庭和谐这部书的过程，就是学会从家出发，与"小家人"和"大家人"实现差异化生存与生活的过程。正是这种差异化生存与生活，让我们更全面地把握人生和社会这个大系统，实现创新发展。

我们发现：

夫妻关系和谐是家庭关系和谐的核心激励源；

亲子关系和谐是家庭关系和谐的高效成长剂；

敬老关系和谐是家庭关系和谐的仁爱之师；

社会关系和谐是家庭关系和谐的智慧延伸；

自然关系和谐是家庭关系和谐的心灵境界。

读懂家庭和谐这部书，就是用差异化生存与生活方式处理好夫妻关系、亲子关系、敬老关系、同事关系、上下级关系、自然生态关系。

四、读懂人生科学这部书

读懂人生科学这部书，就是认识人生、完善人生、发展人生的过程。人生科学研究人生现象，揭示人生规律，探索人生智慧，指导人生实践，帮助每个人实现人生的成长与人生的成功。显然，读懂人生科学这部书就是一个认识生命、学会生存与生活的"三生"教育过程。

什么是人生？有人说："人生就是一座桥，桥的这头是生，桥的那头是死，人生就是以什么速度，用什么姿态走过去。"

比尔·盖茨说："也许，人的生命是一场正在焚烧的'火灾'，一个人所能做的，也必须去做的，就是竭尽全力要从这场'火灾'中去抢救点什么东西出来。"

比尔·盖茨从大火中抢救出一个"梦"——让家家都用上电脑，让人人都成为互联网中的一员，让世界变成一个"地球村"。如今，这个梦已经变成现实。

人生是什么？人生就是"人的生存和生活"，就是"生存"与"生活"的辩证统一。一个从来不为生存而操心操劳，从生下来就吃着现成饭、穿着现成衣、住着现成房，并且从来不为自己和别人生存问题上心的人是不会真正理解人生的。尽管他可以有非常富足的物质生活，自认为享受到天伦之乐，可他的精神生活却是枯燥无味的。他不可能真正理解那些为生存而奔波的父母和大多数平民，更不会关注徘徊于贫困线的弱势群体是如何生活的。

人生好像一只小船，世界好像大海。我们驾驶着生命的小船，奔向汹涌澎湃的大海。在激流勇进中，我们绕过险滩暗礁，迎接黎明的曙光。

人生好像一条长路，世界好像景观。我们走在人生的长路上，穿过一片片人生景观。匆忙行进中，我们抛掉遗憾尴尬，迎接着收获的季节。

人生好像一团火焰，世界好像燃料。我们点燃着生命的火焰，照亮勃勃生机的人间。激情燃烧中，我们跳过沉睡死寂，迎接着希望的日子。

(一) 生命"求真"悟人生

抓住人生这个来之不易的机会自强不息，创造生活，提升和延续智慧，就可以让生命得到"永生"。所谓"死而不亡者寿"，正是让精神生命延续的大智慧。

1. 感悟三重生命，创造人生智慧

"你活明白了吗"这是一个永续的人生话题。谁都希望活得明明白白，然而谁都有无数的"不明白"。

宇宙之大，无奇不有，给我们探索"明白"留下了数不清的问题；

心灵之阔，无边无垠，给我们发现"明白"设置了搬不完的障碍。

人有三重生命：自然生命、社会生命、精神生命。

第一重，自然生命，亦即肉体生命：饮食代谢、生生息息、衰老病死，都是生物学层次的。这重生命如人的脚，是后两重生命的基础和"载体"。尊重它，敬畏它，才能谈论人生的意义。但是只有它，却无异于其他动物。

第二重，社会生命，亦即人际关系生命：生活角色，权利义务，社会关系，这是社会学意义的层次。这重生命如人的躯体，背负着人生的诸多意义，帮助人在利他服务中实现着自己的价值。尊重它，敬畏它，才能让人活出自己的尊严和幸福。

第三重，精神生命，亦即灵魂生命：传递真谛，承系天地，永世长存，这是心理学和哲学层面的。这重生命是在与大自然和谐、与人类社会和谐、与人的心灵和谐中呈现的一种人生理想状态，是通过学习和成长而让生命之路拓宽的精神支撑。一个人活着的最大意义不是肉体生命的存活，也不单纯是与他人相处，还在于通过学习和唤醒而使自己的生命意义最大化。

2.实现"三和"延续生命意义和价值

《佛譬喻经》中有这样一个寓言故事：

那是一个寂寞的秋天黄昏，在无尽广阔的荒野中，有一位旅人步履蹒跚地赶着路。突然，旅人发现杂草丛生的古道中，散落着一块块白白的东西。仔细一看，原来是人的白骨。

这些白骨究竟从何而来？旅人正在疑惑思考之际，忽然听到前方传来骇人的咆哮声。紧接着，一只凶恶的老虎疯狂地扑了过来。旅人顿时明白了那些白骨的由来，立刻拔腿就逃。

在惊慌失措之中，旅人迷失了方向，竟跑到一座悬崖的边上。紧急之中，他发现断崖上有一棵松树，而他的背囊里还有一段长长的绳索。于是，旅人毫不犹豫地把绳索系在松树上，沿着绳索攀援而下，逃脱了老虎的利爪。

老虎在崖上狂吼着。"好险啊！幸亏有了这棵松树，幸亏带着绳索，终于死里逃生，救了宝贵的一命。"旅人万分庆幸地拍打着自己的胸口，惊魂稍定。但是，当他往脚下看时，不禁再一次惊叫了起来。原来，他的脚下竟是波涛汹涌、深不可测的大海！旅人被吓出了一身冷汗。更恐怖的是，在那根救生的绳索和松树打结的地方出现了一白一黑两只老鼠，正在交替噬咬那个绳结。旅人拼命地摇动绳索，想要赶走老鼠。可是，他绝望了，老鼠一点儿也没有要逃开的意思。同时，由于他的摇晃，松树的枝丫甚至发出了断裂的咔嚓之声。

这时，他发现在他的前方有几枚红彤彤的野果。他伸手摘了一枚，放在嘴里。"哇，好甜哪！"旅人顿时被甜蜜的滋味陶醉了，甚至忘记了自己所处的危险境地。他再次伸出手,去摘取第二枚野果……

其实,在世俗的人生中,那个旅人就是你。荒野象征着你寂寞的人生;秋天的黄昏比喻人生的孤寂感,你没有心灵好友,甚至夫妻之间也未必能心心相印,你无法倾吐心中的一切,只能孤单一人奔波在人生的旅途中;饥饿的老虎象征着死亡的威胁,你不知道什么时候会突然死亡;悬崖象征着一条不归的绝路;松树象征着金钱、财产、名誉、地位,你想抓住它,作为活命的指望;绳索象征着你的时间,只要那根枝丫突然断裂,你就走向死亡;白老鼠和黑老鼠是指白天和晚上,它们在白天和晚上交替噬咬着你的绳索,最后绳索必然会被咬断,你会堕入怒涛汹涌的深海而死;红彤彤的野果是诱惑你的欲望,它让你忘记自己所处的危险境地,你不知道你正从享乐中走向死亡。

从满目荒凉的原野到红彤彤的野果,是我们浑浑噩噩的世俗生活的写照。只是,你有没有想过,在这个过程中,在枝丫或绳索断裂之前,只要你随时醒悟,你都可以自我救赎,超越死亡。

正因为死亡让生命有限,生命才会变得可贵。当我们开始思考死亡时,我们的人生也就开始变得有价值。面对未来,我们的人生由谁来做主?这是必须考虑的问题。

生命教育是帮助人们认识生命、尊重生命、珍爱生命,促进人主动、积极、健康地生活,提升生命质量,实现生命的意义和价值的教育。它的主要任务是:通过生命教育,使我们认识人类自然生命、社会生命和精神生命的存在和发展规律,认识个体的自我生命和他人的生命,认识生命的生、老、病、死过程,认识自然界其他物种的生命存在和发展规律,最终树立正确的生命观,领悟生命的价值和意义。生命教育的逻辑起点是以人的生命为中心,以个体生命为着眼点,在与自我、他人、自然建立和谐关系的过程中,促进生命的和谐发展。

(二) 生存"求善"爱相随

生存"求善"的过程就是以传统"家文化"为底蕴,以人生成功为目标的文化提升过程。

宋代大儒朱熹早就提出:"无一事而不学,无一时而不学,无一处而不学,成功之路也。"

学习化家庭,就是使学习成为家庭的生存方式,成为家庭的主旋律。家庭成员间的关系不仅仅是亲子关系,还应是师生关系、同学关系。家长,同时应当是老师,是孩子学习的最好范式和榜样。苏霍姆林斯基说:"在一个家庭里,只有父母自己能教育自己时,在那时才能产生孩子的自我教育。"

如今,世界已进入信息时代,国际互联网在全球的普及,使人类直接感受到数字化时代的节奏和旋律。在科学越来越交叉、渗透、复杂,形成"知识爆炸"的局面下,面对排山倒海般涌来的数量庞大、分布极其广泛的种种信息和资料,我们确实眼花缭乱、难以招架。但我们的孩子,却在爱好之神的点拨下,快乐地享受着这顿"美餐"。他们说:"对未来,我们更有把握!"难道大人不应该向孩子学习,和孩子一起成长吗?

生存教育是帮助孩子学习生存知识,掌握生存技能,保护生存环境,强化生存意志,把握生存规律,提高生存的适应能力、发展能力和创造能力,树立正确生存观念的教育。它的主要任务是:通过生存教育,使孩子认识生存及提高生存能力的意义,树立人与自然、社会和谐发展的正确生存观;帮助孩子建立适合个体的生存追求,学会判断和选择正确的生存方式,学会应对生存危机和摆脱生存困境,善待生存挫折,形成一定的劳动能力,能够合法、高效和合理地解决安身立命的问题。

生存教育求善:坚持"三做",培养"三爱"。

1. 在"三做"中提升孩子和大人的生存力

今天,在相当多的家庭中,孩子们往往自己的事情不是自己做,而由爸爸妈妈、爷爷奶奶包办，三四岁了还得家长喂饭，家长给穿衣穿鞋。10多岁了，家长对孩子说"你什么都别管，只要把功课学好就行了"，便剥夺了孩子做家务和"玩工作"的权利。孩子们除了要吃要穿，享受物质生活，其他几乎什么事也不管，什么责任也不担，失去了爱心、爱好和爱学。孩子都快20岁了，所有的生活还得家长安排。上大学没人送不敢去，毕业后找工作得父母陪着。到了结婚时，一切都还得靠父母包办才行。当一个孩子失去了基本的生存能力后，他就不可能有自己的生活，不可能有责任心，也不可能获得真正的幸福，更无从理解生命的意义了。

一个孩子连自己的事情都不能自己做，更甭说他人的事情帮助做了。人其实是在利他服务中实现自我价值的。一个人除了自己的欲望之外，没有对他人负责、对他人帮助的爱心和责任感，是不可能真正实现人生意义的。为什么有的孩子学历很高，学习成绩很好，而一遇到人生困惑时，竟然心理承受不了，甚至走向自杀之路呢？其重要原因之一是他的心中没有他人。他不知道他的生命不仅属于自己，也属于爱他的人，属于自然和社会。正是没有利他服务的体验以及心灵成长，孩子才会漠视生命存在的价值和意义。而我们的家长，往往容易以一种自私的爱对待孩子，却不知道自己的行为正在剥夺孩子的生存能力，为孩子一生的幸福埋下了"定时炸弹"。

2.用"三爱"智慧育杰出人才

"三爱"包括：用诚挚的爱心塑造人格；用痴迷的爱好锻炼能力；用勤奋的爱学养成习惯。

什么是"用诚挚的爱心塑造人格"？是父母对孩子无私的"真爱"，是对"善良"的真诚"唤醒"，是把"爱"作为一门艺术"美"去学习和研究；是用人格魅力培养人格魅力，让孩子成为像自己一样有气概（气质）、有道德力、有意志力的人；是用"做"的行为为儿女伴行。学习儒家的"仁爱观"，帮助你所爱的孩子学会爱，这是"爱心"智慧。

什么是"用痴迷的爱好锻炼能力"？是父母带着孩子一起"为兴趣和

梦想而快乐表演"的思路，是践行"爱好是成才者之神"的理念，是和孩子一起提升学习力、思维力、沟通力、创新力、反省力的过程。学习道家的"自然观"，帮助你所爱的孩子表演人生，这是"爱好"智慧。

什么是"用勤奋的爱学养成习惯"？是"乐学"和严管中的鼓励和训练，是从小开始的性格塑造，是学会"做人、做事、相处、创新"的实践过程。我们最需要培养的是"关心大局，追求成功的做人习惯"；是"从我做起，积极主动的做事习惯"；是"感恩道谢，利人利己的相处习惯"；是"集思广益，智慧整合的创新习惯"。学习佛家的"觉悟观"，与你所爱的孩子之间架起人生智慧的桥梁，这是"爱学"智慧。

（三）生活"求美"追幸福

生活求美"活"中享：享受"三活"，提升"三情"。

什么是智慧化生活？如何实现智慧化生活状态？

生活"求美"的过程是一个智慧化生活的过程。只有智慧化生活，才能帮助大人和孩子获得人生的幸福和快乐。

活在最佳状态，活出自己的尊严，活得快乐幸福，是智慧化生活的体现。

对于孩子来说，生活教育是帮助孩子了解生活常识，实践生活过程，获得生活体验，树立正确的生活观，追求个人、家庭、团体、民族、国家和人类幸福生活的教育。它的主要任务是：通过生活教育，让孩子理解生活是由物质生活和精神生活、个人生活和社会生活、职业生活和公共生活等若干方面组成；帮助孩子提高生活能力，培养孩子的良好品德和行为习惯，培养孩子的爱心和感恩之心，培养孩子的社会责任感，形成立足现实、着眼未来的生活追求；教育孩子学会正确的生活比较和生活选择，理解生活的真谛，能够处理好收入与消费、学习与休闲、工作与生活的关系，使孩子认识生活的意义。

生活"求美"的过程是一个智慧化生活的过程。只有智慧化生活，才能帮助大人和孩子获得人生的幸福和快乐。

1. 享受"三活"实现求美发展

（1）活在最佳状态

你希望孩子们有一个最佳的学习状态吗？你希望自己有一个最佳的工作状态吗？你希望全家老少三代人都有一个最佳的人生状态吗？当"三和"的旋律奏响时，"和谐的关系""和睦的家庭""和顺的事业"成了时代的最强音。

"活在最佳状态"，是人生成功的个性体现。做不到最好，但要做到更好。有什么比有一个和睦的家庭更成功、更有收获呢？有什么比和谐更具有人生魅力呢？有什么比和顺更让人欣慰呢？

（2）活出自己的尊严

活出人的尊严，首先要维护人的人格尊严。任何人，任何时候，都不要因为自己富有的生活、高高在上的权力，就随意践踏他人的人格，限制他人的自由，破坏他人的形象。

活出人的尊严，也要重视人的价值尊严。不要忽视每一位成年人渴望就业、进行工作的权利。不要因为一些岗位平凡就把工作分成贵贱不等。

活出人的尊严，还要重视人的情感尊严。人是情感动物，情感上能否得到尊严也是影响人生的重要因素。一个人情感上受到的伤害，有时会影响一生。一个学习成绩不高的孩子就是因为家长的一句话"你太笨了"，让孩子一生缺乏自信和自尊，走向工作岗位后，也步履艰难，不敢抬起头做人。后来一位领导帮助他解开了心结，这位领导发现他干的工作虽然简单，但他都能认认真真做好，很少能挑出毛病，就鼓励他创造了一种少出错、高效率的新型工作法，支持大家向他学习。这位职工在被肯定中找到了自尊，工作便更主动大胆。

"活出自己的尊严"就要从"知识人"变为"智慧人"。"三爱"激励是全方位塑造智慧的导航船。

(3) 活得快乐幸福

我们既希望自己活得幸福，更希望孩子活得快乐幸福。然而面对人生，我们却发现快乐往往是短暂的，幸福似乎总与痛苦和无聊相伴。孩子们的快乐瞬间被父母期望的压力和学业的枯燥繁琐所挤掉。我们的幸福不得不与工作奋斗的辛苦和获得财富地位后的无所事事相关联。当缺乏人生目标和精神追求的生活日复一日、年复一年流逝时，幸福似乎渐渐和我们远离。

人生的快乐幸福不仅取决于物质享受，更来源于精神的追求。于是有了唤醒"梦"，建好"家"，走好"路"的选择。一个幸福的人生体现在"学习化生存，智慧化生活，意义化生命"的人生状态。

"活得快乐幸福"是人生追求的目标，做个自己快乐也让别人快乐、自己幸福也给别人带来幸福的人吧！这才是人生的真谛。

2. 提升"三情"获得幸福生活

生活求美美在"情"，是一个获得生活情趣、生活情感、生活情操的过程。

高雅的生活情趣是健康的情趣、向上的情趣、文明的情趣、科学的情趣，它反映了一个人有较高的素质和个人修养。

一个有健康生活情趣的人不仅重视身体健康，也重视心理健康。其健康追求的目标是一种更积极、更高层次的适应和发展，是一种身心健康、和谐发展的良好状态。

一个有积极向上生活情趣的人对生活充满乐观、积极的态度。高雅的生活情趣对生活有积极乐观的作用，容易形成正确的生活态度，对生活有理想、有追求。它能够使人产生积极的情绪，催人奋进。

一个有文明生活情趣的人对物质文明和精神文明都非常重视。他们以物质文明为基础，以精神文明做保证，实现着自己的文明发展目标。

一个有科学生活情趣的人喜欢探索与发现，热爱发明与创造，见多识广、耳聪目明、心灵手巧常与他们的生活相伴。他们爱问为什么，并努力去寻找答案，善于质疑，包括对自己原有认知和行为的审视和调整。他们乐于跟在事实后面对既有经验和现实对象重新思考，在生命求真中追求更高的人生境界。他们不怕困难，哪怕是在逆境中也会凭着旺盛的生命意志去追求真理。

人们的生活情感既包括对人的情感，如亲情、友情、爱情、干群情、师生情，也包括对物的情感，如生物情、天文情、山水情、电脑情。

一个在家庭中形成情感依恋并能解决好情感冲突的人，在走向社会时很容易融入社会组织，形成更大范围的生活情感，并能处理好情感矛盾。

寻找愉快情感是一种强劲的推动力。人的情感丰富复杂、时时存在，所以，人的情感对人行为的控制力更大。人的情感通过人的潜意识左右人的行为，在不知不觉中，人的潜意识总是推动人去寻找愉快的情感和避免痛苦的情感。这是情感把握行为的一个普遍规律，这个规律的发现使人类对自己的行为有了更多的理解。

生活情操是身心和谐发展中形成的生活层次，是"致虚极，守静笃"的人生境界，只有在"以身观身"中不断阅读和反省，只有突破心灵障碍而使自己的心灵境界不断升华，才可以获得美好的生活情操。这种生活情操体现在对理想信念的追求、体现在"为什么活？"与"如何活？"的人生思考上。

每个人都有自己的理想。但是，理想到底是什么呢？其实，时代不同，理想的目标指向也不一样。有的人期望自己将来成为文学家；有的人想娶一位貌美的妻子；有的人想发财后买栋别墅，开上一辆好车……这些都是理想。我们的革命前辈，把建立一个富强独立的新中国，让人民过上幸福生活，实现共产主义作为自己的崇高理想。

理想所彰显的是一个人的生活情操。这是作为生活着的人在不同的生存环境、不同的成长过程中，通过学习而获得的一种精神素养。

家之慧
人生有家"爱"支撑

创建一个以"夫妻和睦为中心，尊老爱幼为伦理，平等沟通为心灵智慧，融入时代环境为方向"的和谐家庭，就可以唤醒爱心、爱好、爱学。"三爱"智慧为孩子的人生奠定良好的人格基础，支撑起人生幸福的大厦，引领人们走向幸福的道路。

第五章

家为中心，画好人生幸福圆

> 一个人的人生"无根"或"根"扎得不深，是很难获得丰厚的人生文化滋养的。当"无根"或"根"扎得不深时，不仅难以"立"起来，而且即使暂时"立"起来，也难免在人生风雨的历练中倾倒。

一、你幸福吗？

什么是幸福？我们真的很幸福吗？不少人实现了一个个成功目标，却难以感受到幸福的滋味。有的家庭完全具备了幸福生活的物质条件，却过不上幸福的日子；有的家庭虽然生活有些困难，却过得很幸福。有些贫困家庭在脱贫致富的道路上终于使物质生活条件大大改善，却出现了令人痛苦的迹象，以致让人为之担忧：不远的将来，当他们彻底摆脱物质的贫困之后，真的会获得幸福吗？

幸福是什么？在东汉许慎的《说文解字》中是这样解释的："幸，吉而免凶也，福，佑也。"古称富贵寿考等齐备为福。古文中"幸""福"二字连用，谓祈望得福。显然，在古人看来，吉而免凶，升官发财，健康高寿，光宗耀祖为幸福也。儒家提倡积极进取、奋发有为的人生，向内修身养性，形成仁、义、礼、智、信的良好道德品质；向外要齐家、治国、平天下，求取功名，行中庸之道，不走极端，处理好人际关系等，这样的人生才是幸福的人生。道家主张清静无为，顺其自然，崇尚返归自然，逃避尘世，过原始质朴和自由自在的田园生活。

真正的幸福是不好描述的，只能去体会，体会越深就越难以描述，因为真正的幸福不是简单地罗列一系列事实，而是一种持续的人生状态。幸福不是给别人看的，与别人怎样说无关，重要的是自己的心中充满快乐。也就是说，幸福掌握在自己手中，而不是在别人眼里。然而奇怪的是，不少人却以别人眼中的自己作为标准去寻求幸福。当别人夸她，人长得漂亮，服装也漂亮时，她觉得幸福；当他有权有钱，人人仰慕，能居高临下教训别人，能一掷千金时，他觉得幸福。其实，这种幸福与其说是幸福，倒不如说是炫耀。

你幸福吗？看到生活一天天富裕起来，有饭吃、有衣穿、有学上、有工作干，看到一个个成功目标得以实现，我们似乎没有理由说不幸福。然而真的去调查时，却出现了一个个"神"回答。一位务工人员对记者采访的回复是"我姓曾"，这引起了网友热议。一位收废旧瓶子的老人回答"我耳朵不好"。一位大学生回答"接受你采访，队被人插了！"。一位获奖的人回答"不知道"。人们对"你幸福吗？"的回答总显得有些怪异。尽管也有不乏明确回答"幸福"的被访者，但是网民对"你幸福吗？"的热议却让人不得不思考：什么是幸福？我们真的很幸福吗？

在北京火车站大厅，一位十几岁的孩子在前面匆匆走，后面一大群人跑着赶了上来。这群人一边跑一边喊："你站住！你站住！"那个孩子就好像没听见，头也不回地继续前行。就在他即将进入候车大厅的那一刻，跑在最前面的一位女士终于抓住了孩子的胳膊，使劲往回拉。孩子挣脱了她的手，飞快地跑起来，但很快又被赶过来的人一起拽住。被围在中间的孩子一看挣脱不了，急得大哭起来："你们放了我吧！"周围很快围上来一大群人。有的询问情况；有的劝孩子不要哭，有什么事好好说。

很快，人们明白了，孩子是想离家出走，一家人追上了他，不让他走。第一个追上来的是孩子的姑姑，她说这孩子出走的事，都把他妈妈气病了。

只听孩子说："我烦死了，你们放了我吧！"

孩子姑姑立刻回了一句："你知道你这样做你妈妈会多着急、多担心吗？你就不替她想想？她奋斗了这么多年，挣到的钱不都是给你的吗？她教育（说教）你，不都是为你好吗？你做了错事，给她丢了脸，说说你难道都不行吗？"

"谁替我想啊！"孩子接着说，"整天唠叨'管你吃、管你喝，就是不听话，不好好学习，还给我惹事'。那好，我不用她管了，我自己挣钱养活自己去！"

显然，孩子是在生妈妈的气。

"可是你从来没有出过远门，要是挣不到钱，吃不上饭，不仅家里会担心你，你自己也会很痛苦啊！"姑姑接着劝道。

"那是我自己的事，不用你们管。"孩子倔强地说。

周围的人也开始劝孩子："在家千日好，出门一日难，你还小，自己挣钱没那么容易，还是在家幸福啊！孩子，你是身在福中不知福啊！"

孩子却不以为然："在家里我没有幸福，只有痛苦。看她那难看的脸色，我快乐不起来。好像是我故意给他们惹事，故意不好好学习一样。"

孩子最终被拦下了，但是幸福的思考却没有中断。对于一位受到下岗待业威胁的母亲来说，也许她把幸福的希望全部寄托在孩子身上，为了孩子的幸福，她可以忍受任何的痛苦。如果孩子争气，考出好成绩，考上好大学，她经历多少痛苦也不会在乎。可怕的是，背负着痛苦教育的她也会把痛苦传递给受教育者，这位母亲在拼命"给"孩子幸福的思维中，成了自己痛苦也给孩子带来痛苦、自己不幸福也不能给孩子带来幸福的人。孩子在被教育中忍受着痛苦、远离着幸福，不仅学习不会有状态，还会在痛苦的心情中做出让他人痛苦的傻事来。孩子惹了什么事能让母亲大发脾气？是打伤了同学，还是早恋，或是参与了不该参与的事？我们不得而知。但我们却明显地感觉到，由于缺乏幸福的能力，幸福正在悄悄地远离孩子和大人。在这样的家庭中，或许所有的人都衣食无忧，然而如果问一问："你幸福吗？"孩子的回答是否定的，母亲的回答也是否定的。

二、幸福人生的思考

我们发现，虽然物质文明在不断进步，我们的精神家园却日渐荒芜。网络技术使地球变成了一个村庄，足不出户就可以了解世界上发生的一切，就可以和地球上任何角落的人聊天。但我们却感觉寻找一个心心相印的朋友是那么困难，我们的心常常为孤独和寂寞所蚕食。

现代经济借助科技的轮子，创造了大量的物质财富，以致于出现了物质的相对过剩和巨大的资源浪费的问题，但疯狂运转着的市场轮子却把人们粗暴地绑在它的身上，与它一起运转，一起疯狂。于是我们并没有感到身心的解放，而是感到经济暴力的恐怖。我们似乎离幸福越来越远。

刘斯奋先生曾经这样说过："中国文化是一种现世文化，没有恒定的全民宗教信仰，没有安定灵魂的彼岸世界，没有一套由上帝掌握着的先验天条，只有由现世哲人构筑的一套道德操守和价值观念，一旦时移世易，社会形态发生剧变，就会随同发生坍塌，出现'礼崩乐坏'的局面。"

孔子提出"克己复礼"，既是对"礼崩乐坏"局面的文化修复，也是倡导"仁政"、实施"以德育民"的文化选择。把"依法治国"和"以德育民"相结合，必将促进社会的和谐发展，引导人们走上幸福的人生道路。

"幸福是什么"很难有统一的标准，但幸福的来源却不外乎这几个方面：

第一是来源于物质的满足，比较短暂并且递减。解决了基本的生存生活需要之后，再多的物质满足并不一定能让幸福指数直线上升，过度追求有时还会成为祸害。第二是来源于情感层面的亲情、友情、爱情的满足，这是比物质层面的满足感更稳定、更能持续的一种幸福来源。第三是来源于人生智慧的唤醒及生命价值和意义的思考。

刘先生和王女士夫妇在孩子还小时，总爱考虑这些问题：孩子们现在很幸福，但是他们长大了会有一个幸福人生吗？如果离开了家长和老师，他们没有生存生活能力，能幸福吗？如果我们只是无止境地满足他们的物质生活需求，将来他们会不会身在福中不知福？如何让他们成为一生幸福的人呢？

这些思考让夫妇俩产生了担忧，照这样下去，孩子们会"走出家门不能快乐生活，走出校门不能快乐工作，走向社会难和他人和谐相处"。他们不可能有幸福人生。

于是他们开始改变自己，用自己的再次成长影响孩子。在家里开辟了智慧墙、发明间、动物室、小菜园。带着孩子们参加农村劳动，与农村孩子开展"手拉手"活动。这些看似与幸福无关的行动却让孩子和大人都找到了幸福人生的新起点。孩子从此变得有情感、有情趣、有情操。后来，这个家庭涌现出两名全国十佳优秀少先队员（刘玉玲、刘小梦），还有一位自强不息的残疾人。

刘先生和王女士正是在帮助孩子找到幸福人生起点的过程中，和孩子一起走上了幸福人生的道路。

当基本的物质需求得到满足后，物质财富不一定能按比例增加幸福感。而没有生存生活体验，被优越的物质条件包围着的人，再好的物质享受也只能处于"身在福中不知福"的尴尬之中。

只有关注幸福人生的问题，才能让人生变得光彩靓丽。关注幸福人生就是不只关注眼前的幸福，或者只为眼前的尴尬而纠结，而是从人生成长与发展的全过程去思考如何实现人生的生命价值和意义。无论人生中遇到多大磨难和危险，一个有幸福人生智慧的人都会在奋斗中化险为夷，能以积极的心态、和谐的共同发展智慧去成长，他的人生过程也是幸福的。过上幸福生活往往是一时一事，走向幸福人生却需要一生一世。你可以经过努力衣食无忧，获得学习与工作的成功，却不一定能走上幸福人生道路。

一个能走上幸福人生之路的人，一定有一片沃土滋养着身心，这片沃土就是"家"。家文化环境，能激活我们人生幸福的智慧。"家"就是我们幸福人生的起点，要想获得幸福人生，就要有回"家"的智慧。

"家"，世界上最令人眷恋的地方，无论外面的世界如何风起云涌，在"家"你总能找到一个最舒服的姿势，它带给我们安全、温暖、舒适和便利。

看似简单的生活，一些人能轻而易举得到，但对很多人来说却是一种梦寐以求的状态。从传统单一的居所到现代多功能住宅，家的意义不再仅限于遮风挡雨，它被赋予了更多时尚化、个性化的潮流元素。随着时代环境的发展，智慧之家、文化之家、幸福人生之家成为必然选择。

在过去的几十年里，中国人把对幸福生活的向往寄托于物质生活的改善，如今，随着生活水平的不断提高，越来越多的人专注于打造精神家园。

多次排名世界首富的比尔·盖茨，用聪明脑袋创造了足够的财富，却在建立慈善事业之后不久就宣布退休，因为比尔·盖茨选择了另一种生活，转移更多重心回归家庭。他不再疲于应酬，而是尽情读书，打高尔夫，出游度假，与家人一起享受天伦之乐。因此，宁静舒适的生活远比奢华更让人心动，它能让精神生活更富足，这才是幸福生活的灵魂所在。

三、家为中心，画好人生幸福圆

无论是一个企业、一个学校、一个城市，还是一个社会，要想实现全面协调可持续发展，都不能离开人的全面协调可持续发展，离开了就没了基础。企事业单位和社会，如果能抓住"家文化"这个中心，引导人实现幸福成长，就等于抓住了"牛鼻子"。于是有了企业共赢"家文化"的思路和方法，于是有了军队和老百姓是"一家人"的文化，于是有了城乡共赢"家文化"。"家文化"是提升幸福人生智慧的选择。

一位企业领导发现一位女职工最近总是情绪不高，工作中还出现了质量问题，但她没有简单批评这位女职工工作不负责任、工作不在状态，而是深入到职工家中去家访，最后了解到这位女职工正陷入一场家庭危机中。

夫妇俩这些天正在为孩子闹矛盾，甚至闹到要离婚的地步。孩子学习成绩不好，还和同学打架，甚至把学校用于消防的泡沫灭火器打开，把泡沫喷得满地都是，给大人惹了不少麻烦。

当妈妈的一看孩子考试成绩不好，不是数落就是埋怨，孩子变得越来越不爱学习。如果孩子给家里惹了事，当爸爸的只会打一顿了事，孩子受到打骂，无处宣泄，就把气撒在同学身上。作为孩子的爷爷奶奶，送孩子上下学，伺候孩子衣食住行，也十分忙，看到孙子挨打也非常心痛，就指责儿子儿媳。儿子儿媳对老人物质生活上伺候得也不错，就是不给老人好脸色，而且不断埋怨老人把孩子惯坏了。面对这样的孩子，夫妇俩经常吵架。丈夫指责妻子不会教育孩子，妻子埋怨丈夫整天不着家，只知道在外边喝酒打牌，不管孩子的事。吵到激烈时，妻子气得喊离婚，她以为这样就能吓住丈夫，可丈夫的一句话又把妻子噎了回去："要不是因为孩子，我早就和你离了。"

显然，他们全家人实际上生活在一个失谐的家庭环境中，不仅孩子会出问题，而且还会影响大人的婚姻和幸福，他们把这种家庭不幸福的情绪带到各自的工作之中，就有了这位女职工在企业工作不认真，出现质量问题的事情。

这对夫妇并不是不爱孩子，他们也曾想过许多办法，包括督促孩子做作业、请家教、罚站等，却都难以解决问题。其原因不是孩子出了问题，而是家庭文化环境出了问题。

这是一个以"亲子关系为中心，夫妻关系成陪衬，尊老爱幼只讲物质，放弃自我成长只逼孩子学习"的失谐家庭，从这个家庭中走出的大人和孩子在"放大"自己家庭关系失谐文化的同时，也影响着他们所在的企事业单位和学校的和谐。解决这样的家庭问题绝不是单纯针对孩子的厌学、打架问题，而是帮助和引导失谐家庭重新找到"家"这个起点，并以家为中心，画好幸福人生圆。

(一)"家文化"思考

我们知道，"家"字由"宀"（读mián）和"豕"（读shǐ）组成。"宀"意为"深屋"或"覆盖"，而"豕"意为"猪"。

为什么屋子里有一头猪是代表"家"呢？这是因为猪在牲畜中比较好养，繁殖率高，投入少，产出高，所以，在一家一户的小农经济中，猪是财富的代表。有屋顶遮风避雨，又有一定的财富，构成一个家的物质条件就具备了。

中华民族是一个重视家文化的民族，家本位是以家为社会基础，齐家也好，治国也好，其机制都是伦理道德修身，于是有了依法治国的同时，还要有以德育民的选择，而"仁、义、礼、智、信"则是家国通用的。事实上，一个人如果不爱自己的家，便很难设想他会爱国；如果他不能为自己的家尽义务做奉献，便很难设想他会为国尽义务做奉献；如果不能治理好自己的家，便很难设想他能治好国，这就叫"家齐而后国治""国之本在家"。一个企事业单位，如果只是一味地讲生产、讲工作，而不重视家文化，不重视自己"家人"（干部、员工）的人生成长与幸福发展，就不可能有企业和组织的健康成长与发展。

家庭不但是伦理道德培养基地，也是伦理道德的主要实践场所。一个没有在家文化环境中健康成长的人，在走向社会时也会不断与社会发生冲突，他们往往被人称作"没家教"的人。对于企事业单位、社区、学校来说，完成工作和学习的过程其实也是展示"家教"水平的过程。

值得关注的是，中国的传统家庭多以子女为家庭生活的中心。家庭为了生儿育女、传宗接代而建，而不是为爱情而建，子女成为家庭的中心也就不足为奇。重男轻女的社会，生个儿子，做母亲的还有"母以子为贵"的机会，要是生了女孩，当婆婆的首先一脸不高兴。于是，生育就成了家庭中最重要的事。

人们既尊老，又爱小，却不大看得起自己。老一辈固然功勋显赫，成就辉煌，下一代也要前程似锦，希望无限，不成龙就成凤，算来算去，唯有自己最不行了。对上，当然要孝顺老人；对下，能管教好儿女；至于自己，有老人的功勋和财富可"啃"，有儿女未来的成龙成凤希望，自己行不行已经不重要了。

关注点放到孩子身上，爱的错位也就成为必然。既然孩子是中心，是"命根子"和"心肝宝贝"，"捧在手里怕掉了""含在嘴里怕化了""送出门去怕丢了""放在家里怕偷了"，对子女有求必应，生怕子女不高兴。子女吃喝拉撒睡全由父母承包，连作业也要由父母来做，为了满足子女要求，他们甚至不惜以身试法。孩子在溺爱中渐渐成了"小皇帝""小公主"。

不要以为"爱"（溺爱）孩子就能得到孩子爱的回报。孩子一天天长大后，你会发现，这些没有生活智慧、自我中心意识强的孩子不仅不领情，甚至视父母为仇敌，轻则埋怨指责，重则敢反过来打父母，做恶事。正所谓"小时放纵娇惯，大了负了亲心，费尽千辛万苦，分明养个仇人"。

在以孩子为中心的家庭中，与"溺爱"对应的是"戾爱"。

事实上"戾爱"与"溺爱"不无联系。既然溺爱的结果是"分明养个仇人"，不如提前把子女当成"仇人"。家长对孩子开口就骂，扬手就打，动不动罚站、罚跪、罚不吃饭、罚做100道数学题等，却声称"打是亲，骂是爱"，"无规矩不成方圆""没惩罚树立不起权威"。这实际是另一种错位的"爱"，叫"家长强权"或"戾爱"。有的父母正是在"恨铁不成钢"中把不如意（并不是不优秀）的孩子打成残废甚至打死。有的孩子忍受不了强权，或者离家出走，或者和父母"叫板"，甚至有的孩子把生身父母打死。显然，在以子女为中心的家庭教育中，爱错位让亲子关系越来越紧张，这也是一种家文化的失谐。

什么是和谐家庭？

以"夫妻关系为中心"就要做到夫义妇德，夫妻恩爱，心心相印，和睦相处，这是家庭和谐的核心激励源。

以"尊老爱幼为伦理"就要做到父慈子孝，兄友弟恭。

以"平等沟通为心灵智慧"就要仁者爱人，无长幼贵贱。

以"融入时代环境为方向"就要凡益之道，与时偕行。

(二) 家庭文化关系和谐与幸福人生发展

中华文明五千年，源远流长，一脉相承，没有中断，其重要原因之一是我们有"家"，是"家"这所"学校"承载了中华文化的精髓。因此，

"家"就是一所传承文明和智慧的学校。"家文化"是中华文明的植根文化。集中学习科学知识的学校是"家"学校的延伸和细化，但是，"家"这所"学校"培养人如何做人、如何做事、如何相处、如何创新的责任却一直没有中断。

1. 真爱爱人：夫妻关系和谐是家文化关系和谐的核心激励源

（1）从失谐家文化到和谐家文化

传统中国旧家庭，由于男女不平等，媳妇嫁到了婆家，即使生了孩子，也仍是"外人"。在这种模式下，母子关系必然重于夫妻关系。也就是说，对于一个妈妈而言，儿子是她最重要的情感寄托，丈夫最多排在第二位。这样一来，儿子一旦结婚，做妈妈的将失去自己最重要的情感寄托，她们或者把精力投入到与儿媳的一场无休止的争夺战中，或者在宠爱孙子中得到新的安慰。孩子在父母关系和长幼关系失谐中畸形成长，很容易出现问题。

时代变了，男女都是平等的，从相识到相知，从相知到相爱，从相爱到婚姻，从婚姻到生育，这是一个实现家庭和谐成长的过程，也是奠定一个家庭未来亲子关系、婆媳关系、兄弟姐妹关系的基础。人们往往在结婚前很注意关系的协调，恋爱过程既浪漫又互相包容，既注意个人修养又积极为对方付出爱心，这是一个爱情成长的过程。然而，在不少人心目中，婚姻关系一旦确立，恋爱便停止，爱情也便不再成长，似乎婚姻就是爱情的坟墓。其实，夫妻关系不和谐正是从这一刻开始的，双方似乎看透了对方，也不再顾及脸面和关系，从习以为常的小吵小闹到日益频繁的大喊大叫，从动不动大打出手到时不时拿离婚作话柄。爱情不仅没有成长，反而萎缩了。在这种环境下，如果面对孩子和长辈，问题就更复杂了。孩子模仿大人的行为并在体验中学习成长，长辈是亲子关系的中心。当夫妻关系失谐后，一边是被失谐父母关系扭曲着的童心，一边是被伤害的宠子爱孙的"瞎"心，亲子关系和敬老关系（特别是婆媳关系）是不可能和谐的。

其实，夫妻关系是关键。夫妻关系和谐了，其他关系也随之迎刃而解。因此，夫妻关系的和谐在于爱情的继续成长，在于提升双方的"爱能力"。只要爱情能继续成长，双方的"爱能力"提升了，婚姻的质量就会不断提升，家庭关系就很容易走向和谐。

如果夫妻的相互关系是建立在互爱、互敬、互相信任、互相关心、互相体贴的基础之上，那么就会培养出孩子博爱、诚实、忠厚等品质。相反，如果孩子在父母关系中看到的是冷漠、疏远、互不信任，甚至大打出手，那么，孩子的道德成长将会受到非常消极的影响，孩子会变得冷酷、自私，会妨碍他们培养爱和友情这类重要的道德品质。特别是夫妻离异，对孩子的负面影响往往是难以挽回的。夫妻冲突对孩子心理和性格的不良影响是巨大的，因为家庭的氛围对孩子来说是最为接近社会环境的，这种环境造就孩子的素质，培养他们的某些性格特点。孩子生长在充满矛盾、父母成天吵闹的环境里，家庭气氛里缺乏宁静、和平、幸福、安定，缺少孩子心理健康发展所必需的一切条件，结果会使孩子受到心理创伤和不良情绪的影响，孩子不可能不出问题。

著名心理学家弗洛姆认为，亲子关系是"分"的关系，夫妻关系是"合"的关系。所谓"分"就是以真爱帮助孩子走向独立，而不是以爱的名义控制孩子、溺爱孩子，把孩子当成自己的"共生体"。所谓"合"，就是夫妇双方都要提升"爱能力"，在性格色彩搭配和双方家文化融合中实现成长，而不是只想着改变对方或取悦对方。

其实，相爱是一种选择，婚姻是一种责任，爱情是一种超越。这种超越是从爱的欣赏到爱的亲情的升华。这是从婚姻确立、融入双方大家庭、孩子出生而开始的个人修炼和关系调整的学习成长过程。如果说我们各自在原来的家庭都是好孩子的话，结婚之后，就是第二次做好孩子的过程。显然，以自己的停止成长来换回对方的改变，只能是不切实际的幻想。许多婚姻破裂都始于不能在宽容中接纳对方，甚至一味想改变对方。

人世间，最亲近的关系莫过于夫妻关系。夫妇二者如何达到心心相印，亲密有间，恩爱一生，就需要了解双方各自的心理需求，从而达到和谐美满的状态。和谐家庭的第一关系是夫妻关系，而不是亲子关系。

（2）夫妻文化关系和谐：让爱情之树继续成长

从人性的角度来看，性行为、爱情、婚姻三者是两性关系的三种形式。性行为是人的生物性，遵循快乐原则；婚姻是人的社会性，遵循现实原则；爱情是人的精神性，遵循理想原则。爱情既是一种生理需要，也是一种审美好感。一个看着都不顺眼的人，你很难能爱上他（她）。爱情的审美好感进一步发展，两情相悦就会变为心心相印和性格互补，在志趣、情感、价值观上会出现越来越多的谐振点和共享区，并且上升到一个新的层次，在水乳交融中让婚姻的牢固性变得越来越强。

男女双方的结合其实不仅仅是男女个人的结合，也是双方家文化的融合，人是环境的产物，双方有不同的家庭文化氛围，虽然可能产生冲突，却造就了文化融合的机会。如果在爱情婚姻道路上能把婆家文化与娘家文化融合，不仅能造就超越自身文化的新文化，也让包括未来孩子在内的所有家人找到一次新的成长提升机会。婚姻不仅仅是两个生命结合造就出新的生命的传宗接代过程，更是性格互相包容、性格色彩艺术搭配、文化互相渗透的新的成长发展过程。正是这样一种家文化氛围，让家环境乃至社会环境变得更和谐。

爱情需要有层次，婚姻才能和谐。只停留在性爱阶段的婚姻很难和谐和持久。爱情发展到婚姻，是瓜熟蒂落的结果，但是人们一旦真的生活在一起，过起平淡的日子来，就不会天天都有激情和快感。原来远距离看到的美，近距离看变得丑起来，冲突指责都会随之而来。于是人们会误以为婚姻是爱情的坟墓。其实，婚姻是爱情之树继续成长的新起点。这是把甜蜜式爱情升华为亲情式爱情的过程。爱情之树继续成长，婚姻之花家中开放，生命之果香飘满园。显然，婚姻幸福把握在自己手里。

男人在家庭中被称为当家的、顶梁柱、一家之主，是全家人遮风挡雨的靠山，就应该担当起责任。而女人被要求相夫教子、夫唱妇随，平衡全家人的关系，是全家人疲累时休息的港湾。夫妻有主有辅、有内有外、有恩有情、各尽其责、各随其性、互助互补，共同构建一个和睦的家庭。

需要特别指出的是，当家的男人与相夫教子的女人之关系绝不是主次关系，而是角色不同的平等关系，甚至人性发展中，女人的作用有可能更为重要。正像曾国藩之女曾纪芬所言，"天下兴亡，匹妇尤有责""慈母育儿之功，大于丈夫之济世"。一旦孩子出了问题，并不全是母亲的责任，也有"养不教，父之过"的原因。

如果说，男人用知识和力量改变世界，女人则用智慧和情感改变人，而"家"则是智慧和情感的原生态环境。从这个意义上讲，女人就是"家"。男人和女人的和谐相融，才是家庭幸福的核心激励源泉。

2. 真爱孩子：亲子关系和谐是家文化关系和谐的高效成长力

亲子关系是家庭关系中最稳固的关系，因为它具有不可解除性。现代夫妻关系的稳定性正受到越来越有力的冲击，亲子关系因其血缘关系而不可替代，亲子关系一经产生，就具有永久性，这是任何外力都无法改变的。如果父母与子女之间不能相互理解，亲子关系处理不好，会带来严重的后果。对于孩子来说，家庭是让他们学会人际交往方式和技巧的第一个社会群体，父母对他们采取热情、温和、尊重抑或冷漠、急躁与轻视的态度，直接影响到他们今后与人的交往。亲子间不同的交往方式对孩子的个性、道德与行为会产生不同的影响。无数的研究结果证明，孩子的道德品质与家庭中的亲子交往方式有直接的关系，人许多重要的品质，如同情心、自尊心、独立性等，在许多方面都取决于父母与子女良好的关系。父母与子女之间缺乏爱的关系，缺乏精神上的亲近，则常常是孩子心理发育不全或导致教育缺陷的根源。

天下父母没有不爱自己孩子的，但爱是一门需要学习的艺术。仅把儿女当作自己的"共生体"去溺爱或控制，只不过是一种"高级的自私"；仅以本能的爱去对待孩子，那不过是"老母鸡都会做的事情"。

媒体不断报道的未成年人自残和犯罪问题已经成为我们不得不关注的问题。为什么这些孩子如此冷漠，如此不珍惜生命？当我们追根溯源时，我们发现，他们的行为往往和他们的原生环境有关，和他们早期所受到的"爱的伤害"有关。

很多成年人控制不住自己，或者冷酷地对待自己的配偶和儿女，或者残忍地对待社会上的其他人，一个很重要的原因，是他们无法直面自己有一个"坏父亲"或"坏母亲"的事实。我们的社会特别讲孝道，即便父母虐待了自己，我们也要认为父母是对的。但是，这种理性上的接受不能遏制住他情感上的仇恨，因为父母是不能恨的，所以他们把仇恨转嫁到配偶、儿女或其他人身上了。这种转嫁机制，是很多恶行的基础。这就提醒我们做家长的，再不能把孩子当作自己的私有财产而任性打骂了。因为它保护的是野蛮，伤害的是人的心灵，影响的是家庭的和谐。

显然，我们为人父母者就不能单纯做孩子的"生理父母"，而要通过学习提升自身的智慧，成为孩子的智慧父母和心灵好友，这才会促进家庭关系的和谐发展。

一个人从小到大，从无知到有知，从蒙昧走向智慧，总要遇到几位对自己人生起到重要作用的老师。他们是孩子的智慧启蒙人，是孩子人生成长的伴行人，是孩子走向人生成功的导师和顾问。而这些老师中的第一任老师，就是孩子的父母。只有真爱孩子的人，才可能教育好孩子。

中国现代教育家魏书生说："一个好人的身后，必有一位好长辈给过他终身受益的教诲；一个坏人的背后，也往往有一位不称职的长辈给过他一辈子都难以摆脱的误导。"

一个孩子成了好人，社会受益，人民受益，集体受益，邻里受益，但活得最充实、受益最大的，还是他的父母和他自己。一个孩子成了坏人，社会受害，人民受害，集体受害，邻里受害，但受害最重的，还是他的父母和坏人自己。

民国初年，广东省省长、教育家朱庆澜曾把人生成长的过程分成了三个阶段：学龄前、学业中、走向社会。其中学龄前的家庭教育是至关重要的，是造就一个人一生命运的源泉。他说："小孩子生下来，好似雪白的丝。在家里生活6年，好似第一道染缸。家里6年教得好，养得好，好似白丝染成红底子。到了进学堂，再得好先生，就将那红红的底子好好加上一层，自然变成了大红。到了世界（社会）上，哪怕逼着坏朋友、坏染缸，想把他变成黑色，他那大红的底子，一时总不得变的。如果再遇上好朋友、好染缸，不用说，自然变成真正的朱红，头等的好人了。

"万一在家6年，教的法子、养的法子不好，比如白丝一下缸已经染成黑底子，进了学堂，就算有好先生想把他变成红色，那黑底子总难退得去，就是勉强替他加上一层红色，仍旧是半红半黑的。如果学生再遇着不热心的先生，到了世界（社会）上，再遇着坏朋友、坏染缸，将黑底子一层一层加上黑色，自然变成永不褪色的黑青，永不回头的坏蛋了。"

朱庆澜行伍出身，肩负省长重任，为什么要关注家庭教育呢？他在《家庭教育》一书中写道："中国本是极大极强的国，因何变成这样全无出色地位？并非国不好，实在是人不好。天生人人都是好的，所以不好的缘故，都由于自小未曾受过好的教育。照此看来，要把中国变强，非把中国的小孩子教育起来，中国永无翻身的日子。"

家长应当做到：

（1）孩子心灵畅想时，我们帮他展开双翅，在"钻进去，走出来"过程中，与孩子一起实现兴趣迁移。

张师傅有三个孩子，大女儿叫玉芳，二女儿叫玉秀，小儿子叫玉刚。对于孩子，张师傅最大的心愿是把他们培养成对社会真正有用的人。他在向孩子学习，与孩子共同成长中，成为孩子的心灵好友和人生导师。

在儿女们小的时候，张师傅夫妇俩经常和孩子们一起玩，有时玩捉迷藏，有时玩钻迷宫，有时玩"神人点兵"算术游戏。如果赶上做饭蒸馒头，孩子们只要洗了手，还可以和大人一起揉面团，这样一来，孩子们的"成果"也有机会登上大雅之堂，孩子自然成了家庭的"小主人"、父母的好朋友。他们心里有什么话，总愿意和父母说。

为了培养孩子的生活情趣，熟悉人与人之间的关系，提升孩子的综合素质，只要孩子们一放假，张师傅就带着儿女们回农村老家。在村里，儿女们和农村小朋友一起玩、一起干活，结成了深厚的"手拉手"亲密关系。在互相学习、互相帮助中，孩子们变得更有爱心，更珍惜自己的学习机会。

回来后，孩子们在院子里也开了一块地，把从农村带回来的南瓜种子种到了这块地中，他们也像农村孩子一样施肥、浇水，当种子发了芽后，他们天天看个没完。有时间苗，有时拔草，还真像个小农艺师。张师傅知道孩子们正沉浸在自己的兴趣和梦想中，也和孩子们一起探讨植物种植知识。后来，孩子们看到南瓜开花了，再后来，他们看到南瓜结果了……当一个个大南瓜终于吊在瓜架上时，孩子们高兴得蹦了起来。

伴随着南瓜的成长，孩子们也在成长，张师傅开始用智慧为儿女伴行。他没有简单地把种菜只当作一种乐趣，而是引导孩子们心灵畅想，把种菜过程变为全面培养孩子爱心、责任心和提高学习能力的过程。在"钻进去，走出来"中，培养了孩子对大自然的爱、对农村小朋友的爱，以及对科学知识的爱。后来，玉芳成为十佳少先队员。

(2) 孩子心灵受伤时，我们帮他抚慰调整，在"心灵咨询和服务"过程中，与孩子一起"康复出院"。

张师傅的二女儿是位残疾人。在和谐的家庭环境中，这位身残志不残的少女梦想着将来当一名英语节目主持人。她学习用功，为人和善，经常把她从书中读到的故事讲给同学听。同学们都很喜欢她。但是，行动的不便总会给她带来一个个麻烦，有些淘气的孩子也时不时拿她开玩笑，她变得有些自卑，不爱说话了，经常一个人独自坐着发呆。张师傅意识到女儿的心灵正受着伤害，便经常和女儿一起谈人生智慧。他说："每个人都不可能是十分完美的，有的人在表面有缺陷，有的人在心里有缺陷。无论我们有什么缺陷，都要快乐地度过我们的人生历程。人生，其实就是点燃自己心中的火把，在照亮别人的过程中实现自己的智慧价值。爸爸相信你会成为身残志不残的优秀节目主持人。"

女儿哭了，在父母陪伴中，她变得坚强起来。

后来，她取得了优异的高考成绩。正当她盼望着能进入大学而实现自己的人生目标时，一个巨大的打击出现在面前——因为身体原因，她不能进入大学。

但是，在父母的鼓励下，她没有失望，而是继续为自己的梦想努力着。

这位残疾女生在心灵受到伤害时，由于有父母为之智慧伴行，她变得坚强起来，加上她的文学功底和出众的演讲艺术，她得到了在电台主持节目的机会。许多人在聆听她主持的节目后，重新扬起了人生的风帆，她成了听众喜欢的心灵点灯人。

三年后，她终于被一所语言大学破格录取，毕业后成为一名教外国人学习汉语的老师。

(3) 孩子心灵扭曲时，我们帮他唤醒善良。做不到最好，但一定要做到更好。

张师傅的儿子玉刚因为学习成绩不好经常挨批评，郁闷中的玉刚开始讨厌学习。由于上课搞小动作，他经常被老师"惩罚"，不是被罚站就是罚做算术题，这使他变得越来越烦闷。于是他开始逃学。

张师傅得悉儿子没去上课而到外边玩了半天的消息后，非常生气，当儿子回家后，就对他没头没脑地"大批判"。这下可把儿子逼急了，冲着张师傅说："你打死我，我也不上学了。"听到孩子这么不懂事，张师傅更生气了，拿起棍子就要打儿子。

此时，张师傅的夫人赶快跑出来制止，一场风波才算平息。之后，张师傅冷静下来后与夫人分析，意识到孩子是因为学习成绩不好受到惩罚而出现了心灵扭曲，只有用行动去唤醒孩子，才可能让孩子重新扬起风帆前进。如果家长因为生气就打骂孩子，不仅不能挽救孩子，反而会在孩子心灵深处留下不好的印记。如果家长用"恶""愚""苦"的行为去管制孩子，不仅不能唤醒智慧和善良，还会把"恶"行传递给孩子。许多问题孩子之所以动不动就打架骂人，不就是因为家长气头上的"恶"行影响的吗？

后来，张师傅夫妇在宽容中接纳了孩子的"好"与"坏"两个方面，在赏识中发现了孩子在动手实践方面的许多优点。他们引导孩子、帮助孩子实现兴趣迁移，孩子的学习有了很大进步，而且变得虚心了。因为他的父亲向他道歉，使他懂得了人应当有自省能力。

后来，玉刚虽然没考上大学，却成为企业的一名技术革新能手，有了自己人生的最佳状态。

3. 真爱父母：敬老关系和谐是家文化关系和谐的仁爱智慧师

作为生命，从呱呱落地那一天起，爱就像阳光一样，无时无刻不在普照着我们。生育我们的母亲，用甘甜的乳汁一天天把我们养大，父亲用宽厚的肩膀将我们高高地托起，让我们看见外面的世界，又像大树一样为我们遮风挡雨。父爱如山、母爱如海。在我们成长过程中，给予我们最多的是父母，他们的爱是无私的、无畏的、真诚的、伟大的。因此，我们应该感恩父母，感谢他们给予了我们生命，感谢他们给予了我们人世间最浓的亲情和最深的挂念。一个真爱父母的人就要理解父母心，感恩父母情，延续父母慧。

对儿女来说，真正的孝敬不仅仅是在物质上对老人照顾，更重要的是陪伴老人实现人生第三次成长。

当我们伴随着孩子的一天天长大，而自己也渐渐步入中年时，我们发现，父母一天天老了。此时此刻，他们还在帮助我们照看着孩子，还在拼命奔波挣钱，帮助我们偿还我们买房时欠下的债务。他们在发挥余热的过程中，渐渐进入风烛残年。

其实，对中老年人来说，人生之秋的关键字是"悟"，是反思。如果能创造条件帮助老人继续学习和成长，就可以使他们在反思中让丰富的人生阅历点石成金。不要以为老人和我们有代沟，就难以沟通；不要以为老人只能为儿孙服务而没有自己的幸福人生。当老人进入"悟"的敏感期后，继续学习和成长，就可以为家庭的和谐，为家风、家文化建设做出创新贡献。

(1) 理解父母心

记得上中学时，父亲千方百计为我找一所能寄宿的学校，我竟然误以为他们不喜欢我，要把我推出去；母亲一见我就唠叨个没完，我听烦了，竟然还顶撞过她。直到长大成人，自己也有了儿女，我才突然明白，原来父母当年的行为竟然是一种至真至诚的大爱。

我独立生活能力的提升是从上中学时开始的。让我没想到的是父母为此付出了多挣一个人口粮的代价，那是他们每天操劳到夜晚而不得安睡才换来的让我成长的机会。也正是母亲那被我反感的唠叨，让我理解到母爱如海的真谛。母亲的话语至今回响在我的耳边："要诚实做人，不要拿别人的东西。""路上小心汽车，要在人行便道上走。""不要欺负小同学。"……正是在她的教诲下，我学会了做人、做事和与人相处。

看到我喜欢无线电，母亲从中药铺为我买来了自然铜（一种中药，可以用来制作矿石收音机）。当我把收音机调试好后，母亲也过来和我一起听"小喇叭"节目。从此我成了科技迷，长大之后，还真的走上了发明创造之路，在无线电技术领域做出了贡献。

有一个孩子对我大发牢骚，说爸爸只知道对他嚷叫和打骂，妈妈只知道整天唠叨个没完，简直烦死了。我劝他好好和父母沟通，他却说："我和他们简直沟通不了，他们什么也不懂，没层次。"我愕然了，没想到他这么不懂事理。就算父母再有不对，也是可以沟通交流的，然而从他身上看不出一点儿对父母的理解和感恩。

虽然，沟通过程是一个难堪的过程，早期教育的失误想通过一两次谈话"摆平"几乎是不可能的，但是我还是和这个孩子进行了诚恳的交流。

那一天，我给他讲了一个故事，他听后哭了，哭得那么伤心，紧紧地抱着他的妈妈直喊对不起。这个故事讲道：

一位从小在父母宠爱中长大的孩子，整天无忧无虑地生活着。然而有一天，她的妈妈因为身体不好去医院检查时，发现自己患了癌症。她这时才突然担心起来。她担心的不是自己得了重病，而是她的孩子。她知道自己时日不长，很快会离开人世，孩子将无人照顾。孩子从小被她宠爱得听不进批评，经不得挫折，没有什么生存能力。一旦孩子的爸爸出去打工，孩子连做饭都不会，他能生存下去吗？孩子的爸爸还很年轻，要是给孩子娶个后妈，后妈对他不好，他可怎么在这个家生活呢？于是她做出了一个重要决定，在她时日不多的人生里，要让孩子学会生存与生活，学会面对挫折与逆境，学会与对自己不好的人相处，学会听进去不同意见，甚至粗暴的语言和打击，学会经得起误会和冤枉，哪怕人生遇到再大的不幸，也要勇敢地生活下去。她甚至考虑到孩子的学习，希望孩子无论遇到多大困难，也要好好学习，于是为孩子未来能顺利实现升学而做了一项准备。

可怜天下父母心啊！这位母亲为了儿子的未来，竟然用极其"残暴"的方式开始教育孩子了。

从那天起，孩子每天放学回家，往日香喷喷的饭菜没了，只有妈妈极其凶狠的面孔和粗暴话语："自己做饭去！"这一突然的转变，让孩子实在有些措手不及。逆反中的他也向自己的妈妈大吼起来："我不会做饭！你去给我做！"然而这位妈妈也变得"心狠"起来，不仅不去做饭，还逼着孩子跟她学习做饭。孩子不学，她又打又骂。孩子无奈了，只好随妈妈去学做饭。后来，他真的学会了做饭，还懂得了先给妈妈盛饭。妈妈偷偷擦起了眼泪，她是心疼孩子啊，要不是自己很快要离开人世，她怎么也不会这样虐待孩子。

就在她完成了"虐待"亲生儿子计划后，她不留遗憾地离开了人世。因为她教会了儿子基本的生存能力，锻炼了儿子抗逆境、抗不公、抗恶语伤害的能力。尽管当时的儿子并不理解她的用心，甚至还有些恨她，但是他在母亲的特殊引导下变得有了责任心，更抓紧好好学习了。

在母亲离开的日子里，尽管父亲外出打工，他也能自食其力生活下去。在有了后妈之后，由于他懂得照顾人，后妈对他也很好，这让他处理好了家庭关系。特别是责任的担当和逆境的锻炼，让他不仅有了动力、毅力和能力抓紧时间好好学习，而且取得了好成绩，考上了重点中学。

就在一家人为学费着急时，父亲把一个小盒子递给了儿子。

儿子打开盒子后，一个惊天的秘密被揭开了。原来当年妈妈为了孩子的明天，不仅帮助孩子学会了生存与生活，而且把给自己治病的钱攒起来，留给了儿子。

正是在这一刻，儿子终于理解了妈妈的一番苦心。

其实，我们的妈妈都是这样的人，她们爱我们之心有时无法用言语表达，有时甚至还会让我们误解。

故事打动了这个孩子的心，孩子好像突然长大了。从那天起，他与父母之间的关系似乎一下子变好了,还主动帮助父母分担家务。他说他对不起父母,他要听父母的话,好好学习。看到儿子的变化,父母的眼睛里闪烁着泪花。

(2) 感恩父母情

这是一个十分感人的故事:

几年前,在一个著名的风景区,南来北往的游客们正在通过缆车上山赏景。缆车一到,许多人就蜂拥而上,定员十几个人的缆车竟然装进了几十人。人们无法想象,正是这不经意的违规,酿成了重大事故。

此时,一辆挤满了人的缆车徐徐上升,车里的人期盼着缆车赶快到达山顶好去快乐赏景。然而就在那辆缆车升到百米高空的时候,突然听到天空中啪的一声巨响,缆绳断了。只见那条缆绳像狂舞的长蛇,在空中飞舞,脱离了控制的缆车箭一般地砸向了谷底。人们不愿看到的惨剧发生了。

救援队组织起来开始寻找遇难的人。当他们终于来到了出事的地点时,一下子惊呆了,缆车已经摔得粉碎,所有的乘客都没了呼吸,有人连臂膀和腿都断裂了,真是惨不忍睹。突然,传来一个小孩子的哭声,他们发现,一个不到3岁的小孩子正在使劲摇晃着大人的身体:"妈妈,天亮了,快醒醒,爸爸,天亮了,快醒醒,我怕。"但是她的爸爸和妈妈再也醒不了了。

救援队员明白了,就在那缆绳断裂、缆车下坠的一瞬间,小女孩的爸爸和妈妈一起用双手把孩子拖举起来。在砸向地面的时候,爸爸妈妈离去了,却给这孩子留下了生命。

天下所有的父母亲都是一样的,他们在关键时刻总是用爱的奉献保护着孩子。让我们在感恩父母中学会爱吧。

(3) 感悟父母慧

我们在"父母伴我行"中成长为大人,父母为我们做出了榜样和无私的奉献,一个有良心的人是绝不会忘记父母的养育之恩和教诲之情的。然后,我们在"我伴儿女行"过程中帮助孩子成长。爱只能用爱去培养,孝敬老人正是爱的品德的传扬和延续。

父亲辛苦劳累了一辈子,终于退休了。我们本以为他可以歇下来颐养天年了。哪想到他变得更忙了。不仅继续在岗位上发挥余热,而且还为学生改稿审作业,直到他认为满意为止。他还带学生搞研究,并把研究成果写成一本本新书,指不定什么时候,他又坐上飞机去出席论坛,还做起了学术报告。这让我这位做儿子的自叹不如。我劝他说:"您不愁吃不愁穿,别干了。"他立刻瞪起了眼:"难道你干工作就是为了解决吃穿问题?"我知道自己说错了话,赶忙向他道歉,并补充道:"我是怕您累着了。"没想到他又回怼我说:"整天闲着没事就不累?生命在于运动嘛!"

有一天,他改好了一份材料后就打电话通知他的学生来取,哪想到对方正忙着抢救病人,父亲立刻说:"你别来了,让我小孩儿送去吧!"对方一听是"小孩儿"给他送,也就不再争执了。然而,等我把这份材料送过去时,他惊呆了。站在他面前的竟然是比他父亲还要大的老人。他有些口吃地说:"不……不是说小孩儿送来吗?怎么劳您大老远跑来呢?"我立刻笑着对他说:"没错,我是我父亲的小孩儿啊,是他让我给你送来的。"他突然挠着头不好意思地直道歉:"怪我,怪我……我老师快九十岁的人啦,我怎么就没反应过来!"

父亲终身快乐学习、快乐工作的人生态度不仅激励着我们做儿孙的学习和成长,也让他的学生们享受着陪伴式成长的快乐。他不仅把自己活成了一束光,照亮了我们前行的路;而且在把丰富的人生阅历点石成金的过程中，出版了一本本著作，完成了一项项科研成果。从他身上，我们懂得了生命的意义就在于让有限的生命灿烂地活，让无限的生命得到延续的人生道理。

母亲说："男人是'梦'，女人是'家'。"父亲的"梦"做到哪里，她就把"家"安在哪里，于是我们有了"路"——快乐学习、快乐成长的"路"。

母亲喜欢逛商场，她其实也不买什么东西，就是看看热闹，和人聊聊天。前不久陪母亲一起逛商场，我都累得不想动了，可她却还是那么精神，非要给我买件衣服。自从穿上母亲给我买的衣服后，朋友们都说我年轻了10岁。我去广州讲课时，特意穿上了她给我选的服装。回来后我把讲课照片给她看，她笑得合不拢嘴，还说："以后你演讲，我来给你'包装'。"

回到家后，母亲就走进厨房做起了饭。我穿过客厅和卧室，从阳台上向窗外一望，父亲正在后院里赏花吟诗，还时不时整理着花卉枝条。一缕阳光映射过来，照在父亲花白的头发上。他显得那么健康、热情、慈祥、可爱。院子里的花草在他的精心照顾下显得格外美艳茁壮。

对儿孙的成长和家庭教育，无论是父亲还是母亲，都有他们独特的见解和理念。他们教育孩子首先要做个善良的人。不能没"家教"，不懂事理，要做个知书达理之人。最重要的是，他们一生老老实实做人、认认真真做事的行动，才是我们不断前行的榜样激励源。

(三) 家为中心，画好人生幸福圆

人的成长，以及对幸福人生的追求，离不开家庭环境的改善。

家庭中不和谐的语言，伤害着孩子的心灵，也伤害着家庭和谐。对这些不和谐语言进行分析，通过学习改变说法的过程，就是改善语言环境的过程。

伤害家庭和谐环境的语言及危害

A. 批评常用语	分析结果
你怎么这么笨啊!	误导孩子伤自信。
你看人家小聪,门门功课都那么好!	横向比较易伤自尊。
我管你吃管你喝,你敢不听我的话!	只做生理父母会影响孩子心灵成长。
你走吧!别再回家,我不要你了!	孩子把气话当真会失去爱心。
你气死我了!简直和你爸爸一个德行!	情绪宣泄中的不当比较会伤害整个家庭和谐。
你到底还想不想上学?	不当问话会误导孩子更厌学。
谁让你瞎说的?	指责中的伤害带给孩子的是失去对别人的信任。
你这老毛病怎么就改不了?	如果孩子意识到自己的毛病真的改不了,那么就不会改了。
这孩子就是不懂事,也不知道叫人!	孩子会在逆反心理中变得更不懂礼貌。
再不好好学习,将来你就是扫大街的命!	荣辱观倒置不仅不会激励孩子好好学习,而且还会扭曲孩子的心态。
你要是再考不好,就别吃饭了!	无效的警告会让孩子当耳旁风。
你怎么这么没规矩?	孩子仅为躲避指责而守规矩,就会成为不自觉的人。
我已经说过你多少遍了,你怎么总没记性?	手足无措中孩子不会真的培养出责任心和记性。
你就知道瞎摆,怎么就不知道收拾?	孩子充满错误的探索行为一旦受挫会影响未来创新。
就知道哭,这么没出息!	不当指责或许能改变孩子的行为,却培养不了孩子坚强的性格。
我早就对你说了,不是这样的,我说对了吧!	如果父母总是对的,孩子就不会独立成长了。
你这贱骨头,光知道惹事!	一个失去自尊的人会变得越来越调皮。
他打你,怎么不打别人?	不问青红皂白地埋怨孩子会使孩子的心灵远离父母。
他打你,你不会打他吗?	以牙还牙的报复心一旦形成就会出现恶性循环。
……	……

B. 表扬常用语	分析结果
今天算你有进步，可别三天打鱼两天晒网啊！	居高临下的表扬加警告不会调动孩子成长的动力。
这次考得还不错，可千万不许骄傲啊！	吝啬表扬或者提醒式的表扬大大削弱了赏识激励的分量。
儿子这次考了好成绩，走，到饭店撮一顿去！	孩子会误以为为父母拿了高分，父母宴请孩子。
只要你保持这个成绩，过年时给你买辆电动车！	物质刺激可能很有用，但持久的动力并非如此。
我儿子不爱说话，像个大姑娘，但学习特好！	误导孩子以学习好为荣，疏于培养相处能力。
考得不错，有本事门门都考好了再来说！	父母不知足会让孩子很伤心。
我们儿子是最棒的，一定要超过他们！	最棒不是父母说出来的，而是孩子体会到的。
屋里收拾得不错，要是学习这么认真就好了！	肯定中的否定与不满足不会成为激励孩子学习的动力。
我们儿子就是聪明，不用费劲就考这么高的分！	只看结果不重过程的教育不会提升孩子的智慧力、意志力。
机灵点儿也对，打"小抄"可别让人发现。	扭曲心灵的夸奖引导了孩子的投机心理。
真懂事，上车先给妈妈占座位。	从培养社会人出发，给老人让座比给妈妈抢座更有益。
吃得真香，可别撑着了。	看似限制实为鼓励的食欲纵容会伤害孩子的身体健康。
别吃撑着了，也不知道给奶奶留点儿！	看似惦记老人，实为鼓励孩子贪吃，会让孩子变得自私。
……	……

C. 沟通常用语	分析结果
你不做完作业，就不许出去玩！	命令式沟通不会培养出真正的自觉。
妈妈求求你了！	无奈的请求让孩子看到了大人的软弱而更放纵。
别哭了，让奶奶踢这块石头，谁让它把宝贝绊倒了！	过度宠爱中的错位责任追究会使孩子缺乏自省能力。

续表

C. 沟通常用语	分析结果
我们是不行了,就看你了,你可得好好学习!	失去与父母共同成长的机会,很难激励孩子成长得更好。
你居然敢说你爸爸,这还了得!	失去平等沟通氛围的家教只能使家庭不和谐。
你爱妈妈还是爱爸爸?	一个不该问的问题会让孩子在尴尬中面对失谐的父母。
爸爸好还是妈妈好?	一个不当的比较会让孩子心灵产生错位。
听老师的话,可不要和老师顶嘴!	区别不开质疑和攻击会使孩子从小变得世故。
你没看我正忙着吗?一点儿眼色都没有!	错过沟通的机会,就很难再追回教育的机会。
一个女孩子怎么和男孩子一样疯跑!	不加分析地埋怨不会让孩子知道怎样做是对的。
去一边儿去,别碍我事!	在孩子教育过程中,中心不是家长而是孩子。
我可是为你好啊!	愿望代替不了过程和结果。
别和那个坏孩子在一起!	指导孩子学会相处比远离家长心中的坏孩子更有意义。
和你一块儿走的那个男生是谁?	过度敏感会遭到反感,反感中的教育往往是无效的。
爸爸这样爱你,你可要争气啊!	当"爱"附上某种条件时,爱的过程就变了味。
不许再和他来往!	与人沟通的能力是孩子在自身体验中锻炼出来的。
别胡说八道!	一个被父母认为是胡说八道的孩子会进入成长误区。
别为自己学习成绩差找借口!	越是不让孩子找借口越会强化"借口"意识。
光知道玩电脑,你怎么就不知道好好学习?	一个失去现实世界心灵好友的人很容易陷入虚拟社区。
再去网吧,我非把你赶出家不可!	许多网瘾孩子在这种尴尬中真的离家出走了。
……	……

D. 生活常用语	分析结果
你问我，我问谁啊！	为什么不抓住这样好的机会和孩子一起学习呢？
大人说话，小孩子别插嘴！	孩子只有意识到在人格上和大人平等才会成长起来。
你是野地里捡回来的！	当失落感笼罩孩子的心灵时，所有关爱都会不起作用。
这么难看，你怎么还喜欢？	用大人的审美观否定孩子是对孩子心灵的伤害。
闭嘴，小孩子问那么多干吗？	压抑孩子好问的天性就会限制孩子思维能力的发展。
给你好吃好喝，还有什么不知足的？	如果把孩子看作人，就不应当只关心孩子的生理需求。
你什么都别管，只要把学习搞好就行了！	一个没有生存和生活体验的孩子即使学好了也是书呆子。
下不为例，再犯我非收拾你不可！	简单粗暴的无效警告能对孩子产生教育效果吗？
你一定要进入年级前十名！	过高的期望往往带来的是无望。
你怎么就不明白我的苦心呢？	埋怨孩子不如学会爱孩子的艺术。
不要领同学来家！	失去相处能力的锻炼也许会对孩子未来造成尴尬。
当个小组长有什么了不起！	其实，培养孩子爱心的起点是把简单的事做好。
别问这些不要脸的事！	提问是成长中的正常表现，关键是如何引导孩子。
等你爸爸回来再收拾你！	无能的警告教育不出有智慧的孩子。
……	……

虽然家长都爱孩子，但我们正是在不知不觉中用错误的语言习惯纵容着自己，也污染着家庭环境，使孩子用极强的"放大力"误会家长的"原意"。如果真爱孩子，就让我们学会说话，创造出家庭和谐的语言环境氛围。

换个说法，关系会更和谐

A. 批评常用语	换个说法好
你怎么这么笨啊！	如果还不懂，那么咱们再一起讨论，你会明白的！
你看人家小聪，门门功课都那么好！	咱们不与别人比较，只要活出最好的自己就行！
我管你吃管你喝，你敢不听我的话！	你有啥想法可以说出来，咱们讨论后再决定。
你走吧！别再回家，我不要你了！	看到你犯错误我们很难受，我们愿意帮你。
你气死我了！简直和你爸爸一个德行！	你的行为让我们太伤心了，希望你能改变。
你到底还想不想上学？	你可能学习上遇到困难了，能和我说一说吗？
谁让你瞎说的？	我相信你是个诚实的孩子，说错话，改正就好。
你这老毛病怎么就改不了？	我看你最近有进步，坚持下去会一点点克服的。
这孩子就是不懂事，也不知道叫人！	我发现你对客人很有礼貌（抓住点滴进步）。
再不好好学习，将来你就是扫大街的命！	我想和你一起讨论如何面对未来和怎样提升学习力。
你要是再考不好，就别吃饭了！	这次没考好，你愿意和妈妈一起分析原因吗？
你怎么这么没规矩？	咱们先请爷爷入座……咱们小点儿声，别影响他人。
我已经说过你多少遍了，你怎么总没记性？	我再提醒你一次好吗？我相信下次你就会记住的。
你就知道瞎摆，怎么就不知道收拾？	又搞小发明呢？真好，玩完了收拾整齐就更好了。
就知道哭，这么没出息！	你一定又遇到伤心事了，坚强起来，困难会过去的。
我早就对你说了，不是这样的，我说对了吧！	做得真好，妈妈早就相信你一定会成功的。
你这贱骨头，光知道惹事！	走，咱们一起去面对，看怎么解决更好。
他打你，怎么不打别人？	他为什么打你呢？是不是从咱们自身先找找原因？
他打你，你不会打他吗？	不要欺负别人，但是别人欺负你时，你也要有些防范意识。
……	……

B. 表扬常用语	换个说法好
今天算你有进步，可别三天打鱼两天晒网啊！	我们为你的进步庆贺。
这次考得还不错，可千万不许骄傲啊！	总结一下其中的经验，肯定会保持这种优秀的。
儿子这次考了好成绩，走，到饭店撮一顿去！	考了这么好的成绩，别光自己高兴，该请请妈妈了吧！
只要你保持这个成绩，过年时给你买辆电动车！	你上学路太远，学习挺辛苦，给你买辆电动车吧？
我儿子不爱说话，像个大姑娘，但学习特好！	你学习不错，如果再主动帮助别人学习就更好了。
考得不错，有本事门门都考好了再来说！	这门考得不错，照这样，其他门功课也准能考好。
我们儿子是最棒的，一定要超过他们！	要多向别人学习，你一定会成为最优秀的学生！
屋里收拾得不错，要是学习这么认真就好了。	哇！这是谁收拾的屋子，真漂亮！
我们儿子就是聪明，不用费劲就考这么高的分。	我看得出来，成绩的背后是你的智慧加辛勤的汗水。
机灵点儿也对，打"小抄"可别让人发现。	我们希望你用诚实和真知考出你的好成绩。
真懂事，上车先给妈妈占座位。	咱们把座位让给那位老爷爷吧，你看他都站不稳了。
吃得真香，可别撑着了。	爱吃的东西也不要吃太多，你肯定也懂健康知识。
别吃撑着了，也不知给奶奶留点儿！	儿子是懂事的孩子，咱们先给奶奶送去一份。
……	……

C. 沟通常用语	换个说法好
你不做完作业，就不许出去玩！	你先抓紧做作业，做完了，爸爸和你一起玩。
妈妈求求你了！	你这样要挟妈妈就不对了，这事绝对不能做。
别哭了，让奶奶踢这块石头，谁让它把宝贝绊倒了！	自己起来才是好孩子，小心点儿就不会绊倒了。

续表

C. 沟通常用语	换个说法好
我们是不行了，就看你了，可得好好学习！	给妈妈当小老师吧，妈妈也喜欢上学习了。
你居然敢说你爸爸，这还了得！	你批评爸爸打麻将是对的，我会像你一样学习沟通。
你爱妈妈还是爱爸爸？	你是爱爸爸和妈妈的好孩子。
爸爸好还是妈妈好？	谁都有自己的特长和优势，我们互相学习吧！
听老师的话，可不要和老师顶嘴！	如果对老师的做法有意见，可以单独与老师交流。
你没看我正忙着吗？一点儿眼色都没有！	妈妈正在忙着做饭，你愿意帮妈妈点儿忙吗？
一个女孩子怎么和男孩子一样疯跑！	愿意把你的好玩的故事给我讲讲吗？我觉得你这样做可不安全。
去一边儿去，别碍我事！	如果你愿意，可以在旁边观察，一会儿讲给我听。
我可是为你好啊！	我们是爱你的，也非常愿意与你讨论你的成长问题。
别和那个坏孩子在一起！	帮助学习差、调皮的孩子进步也是一种智慧魅力。
和你一块儿走的那个男生是谁？	我们愿意听你讲真情故事，或许我们会有共识。
爸爸这样爱你，你可要争气啊！	看到你越来越争气，爸爸很高兴，你很懂事。
不许再和他来往！	我相信你有选择真朋友的智慧。
别胡说八道！	我认为这样说不对，是不是再考虑一下？
别为自己学习成绩差找借口！	咱们从自身找找原因吧。
光知道玩电脑，你怎么就不知道好好学习？	有机会教爸爸学学电脑，我发现你很爱学习。
再去网吧，我非把你赶出家不可。	送给你三件礼物：意志力、智慧力、道德力。
……	……

D. 生活常用语	换个说法好
你问我，我问谁啊！	这个我也不懂，咱们从书上找找答案吧！
大人说话，小孩子别插嘴！	你的看法也有道理，咱们再一起听听大家怎么说。
你是野地里捡回来的！	我们给你讲讲你从哪儿来。

续表

D. 生活常用语	换个说法好
这么难看，你怎么还喜欢？	人各有各的审美观，你能说说你欣赏哪儿呢？
闭嘴，小孩子问那么多干吗？	问题还不少，咱们多看看书，会找到答案的。
给你好吃好喝，还有什么不知足的？	看来我们与你心灵沟通少了，咱们以后多交流。
你什么都别管，只要把学习搞好就行了！	学习好的同时能联系实际，有生活体验才是好孩子。
下不为例，再犯我非收拾你不可！	我相信你会对自己的过错承担责任，去道歉吧！
你一定要进入年级前十名！	只要你继续这样努力，你还会有更大的进步。
你怎么就不明白我的苦心呢？	看到你懂事，我意识到你理解了我们对你的希望。
不要领同学来家！	和同学友好交往也是一种美德。
当个小组长有什么了不起！	认真把小组长做好了也不简单。
别问这些不要脸的事！	你已经长大了，这方面的科学知识该给你讲讲了。
等你爸爸回来再收拾你！	你遇到了什么问题？我们帮你想办法。
……	……

第六章

好家庭　好家教　好家风

> 当孩子出现问题时，往往不是孩子本身不好，而是他所生活的家文化环境出了问题。注重家庭、注重家教、注重家风，既是对传统文化的继承，也是实现人生成长与发展的起点。

一、好家庭是所好学校

家赋予人们神秘的智慧和圣洁的力量，使人与人之间的距离缩短，使心与心之间的联系丰富和完美。在这样的家庭中，家长和孩子，每一个成员，都是快乐的。反过来，在"失谐"的家庭中，原本的亲缘温馨定会被阴郁所覆盖。在一座也许是华丽的建筑里，相距很近的人们，心灵却孤独地漂泊四方，寂寞地浪迹天涯……在这样的家庭中，成员之间的关系是尴尬的，而他们又都是"有问题的"。

1. 婚姻爱情遇尴尬

一对夫妇经常当着孩子的面吵架，情绪激动时，妻子大喊"离婚"。

丈夫冷漠相向："如果没有孩子，我立刻走！"其实在这个女人心中，又何尝不是如此呢？为了孩子，她在痛苦地"熬"着日子，哪有幸福可言？

婚是没离成，可关系却摆清了：夫妇双方爱的是孩子，而不是对方。

我们知道，传统中国旧家庭，母子关系重于夫妻关系。夫妻关系如何并不是最重要的，重要的是养护好孩子。这必然会造就无爱的婚姻。

2. 婚姻幸福需要提升"爱能力"

《爱的艺术》中说："我们这一生要做的事情很多，但最重要的事应该是了解和掌握爱这门艺术，因为只有这条路径才能使我们感到生命的意义，感到自我的存在，感到周围人的存在，并体验到克服困境的艰辛和欢乐。"

弗洛姆认为爱情是一种与人的成熟程度有关的感情，是可以学到手的一门艺术。如果不努力发展自己的全部人格并以此达到一种创造倾向性，那么每一种爱的试图都会失败；如果没有爱他人的能力，爱情生活将得不到满足。每个人都应当问问自己，见过多少真正有能力爱的人呢？

现实生活就是这样无情，一对对爱得死去活来的男女，立下海誓山盟，走进婚姻殿堂，等待的却是痛苦不堪的矛盾冲突，以致没多久就走向离异。究其原因，除了性格冲突、家文化冲突外，双方自身的"爱能力"不足，却又不会提升这种能力成为重要因素。爱情中有性爱，也有情爱和慧爱。显然，无论原来的选择有多么不合适，在结婚后提升"爱能力"，是发展婚姻幸福的重要选择。这就要学习，要成长。放弃自我成长，只埋怨自己瞎了眼、找错了人的人，即使再次结婚，也难有幸福婚姻可言。

弗洛姆批评道："很少有人认为，人们本可以学会去爱。大多数人认为爱情首先是自己能否被人爱，而不是自己有没有能力爱的问题。仅仅建立在交易和性爱基础上的爱情是不可能持久的。婚姻使他们越来越熟悉，信任却一天天在远离，敌意、失望和无聊接踵而来。"

人们一方面渴望爱情，另一方面却把其他的东西，如成就、地位、名利、权力看得重于爱情。婚姻出现尴尬就在所难免了。

婚姻是一首诗，孩子是这首诗的深刻意境。幸福婚姻不仅仅取决于健康的生理体魄，更源于结合者的人格魅力和心理素质。

结婚是一件大事，是一项系统工程，这就要求从策划、评估、设计、施工……全过程都要有监理。监理不到位，很难说在哪个环节会出现问题，造成无法挽回的损失。我和他（她）合适不合适，首先要看对不对眼（能不能"来电"），如果看着都不顺眼，只为应付"男大当婚，女大当嫁"去凑合，或是不看人（人品）只看相貌，不看人只看人的地位、财富，婚姻从一开始就错了位。即使是双方都看得上对方，大有一见钟情之喜，要想确定婚姻关系，其实还需要做全面评估。

● **性格冲突维系无爱婚姻**

小李（男）和小杨（女）是同班同学，两个人学习成绩都好，大学毕业后同时成为知名导师的硕士研究生，又一起出国留学，于是他们相爱并结婚了。小李性格内向，不善言辞，是个老实人；小杨性格外向，又比较任性，是个直率人。尽管双方都知晓彼此的性格特点，却被学业成绩的相似、外人评价的相貌般配所掩盖，忽视了性格冲突和自身的承受能力。他们的婚姻生活并不幸福。小杨在她的原生环境中就形成了任性、个人意识强的性格，结婚后也是说一不二，一切都得按她说的办。小李老实而木讷，以为一切听媳妇的就是爱，有什么想法只要媳妇一反驳，就不说话了。一个在任性中包办着一切，却不时为丈夫的不争气而烦恼；一个在木讷中压抑着自己向媳妇施爱，却换不来媳妇的好感。小李父亲病重，小杨不同意小李带孩子回家看望父亲，小李只好自己回家去看望了父亲。回来之后，小李意识到这日子没法过了，一气之下，离家出走了，这让小杨承受不了了。她心想，自己对丈夫这么好，怎么丈夫就这样无情呢？

显然，这对夫妻的性格冲突已经为他们后来的生活埋下了隐患。结婚之后小李误把对妻子的一切服从认作爱，小杨在丈夫的"错"爱中变得任性，以致意见错了还不自知。双方都缺乏"爱能力"，让婚姻越来越不和谐，这样发展下去，不是离异就是维系无爱的婚姻。

其实，对于小李来说，在家务事和涉及双方老人之事时，多和爱人沟通，既明确表达自己的意见和理由，又能在意见不同时找到更好的解决办法，也不至于在一次次错爱中使矛盾累积到不可收拾的地步。对于小杨来说，自己多反思，多给木讷的丈夫表达意见的机会，多维护一下丈夫的自尊，也不至于出现丈夫离家出走的状况。由此看来，提升"爱能力"对双方都是十分重要的婚姻课程。

● 离异背后的性格较量

小张性格多疑，与学历较高的小王结婚后，总爱胡思乱想：小王长得这么漂亮，难道没和别人相爱过？会不会现在还有情人？尽管小王一再说明，自己婚姻大事考虑晚是因为父亲鼓励她好好学习，希望她成为知识水平高的研究生，而自己学习成绩又好，愿意多学些，考虑婚姻问题才晚了。但小张仍怀疑她有什么问题，有一次竟然问她和小刘什么关系。小王意识到丈夫偷看了她的电脑，那不过是开学术会议认识的人，根本没有他所想的那种关系。

小王是个性格刚强而又容不得别人瞎猜忌的人，她愤然写下离婚书，让小张签字。直到这时，小张才傻了眼，可为时已晚。两人还是分手了。

小张的多疑遇上小王的刚强性格，双方又缺乏有效沟通和宽容接纳，让本来可以挽救的婚姻走向失败。

性格的冲突是婚前需要考虑的问题，但婚后的成长也是重要的"爱"的课程。

● 提升"爱能力",挽救不幸婚姻

一位孩子才 2 岁的母亲正面临即将离异的婚姻危机,她十分困惑和焦虑,工作也受到了影响。然而,《她幸福》作者王薇华老师的一堂"女性智慧魅力与家庭和谐"课让她的心灵受到了震撼,她开始反思自己的人生,还认真阅读了老师推荐的新书。在接受了老师提供的一次次心理援助后,她渐渐明白了自己婚姻出现问题的原因。

她本人是个好学上进的人,在城市长大,家中条件比较好,自己性格也比较好强,而她的爱人是位在农村长大且性格较内向的人。他进部队当了几年兵,复员后到事业单位工作。因为性格的差异和家文化环境的不同,两个人在婚后出现了冲突。对于丈夫来说,家里勤俭惯了,再出手大方也难免落个"小气"的印象;而作为妻子,爱学习,工作忙,再对婆婆好,也难免落个"不顾家"的印象。

其实,"勤俭家文化"与"好学上进家文化"融合,是家庭幸福的新智慧,可他们却在错觉中放弃了两种家文化的融合,在冲突中远离了提升爱能力的机会,造成婚姻危机。后来,在王薇华老师的指导和帮助下,女方首先进行了反思。她从改变自己开始,读书成长,做好婆婆的"好女儿",做好丈夫的好妻子。结果,她的行动影响了丈夫,也影响了整个家。丈夫看到妻子的变化,也主动要求来听课,情况发生了好转。伴随着一次次培训和心理援助,这对夫妻终于和好了。

3. 懂"分"会"合"好爸妈

在家庭中,对于孩子来说,母亲是"家",是故乡,是大自然,是大地和海洋,而父亲则是"梦",是引导孩子走向世界的人,通过父亲的权威和有条件的爱让孩子走向独立。

弗洛姆认为,一个好的母亲不会阻止孩子成长,也不会鼓励孩子动不动求援。母亲应当相信生活,不应该惶恐不安并把这种情绪传染给孩子。

她应当希望孩子独立并最终脱离自己。纪伯伦说:"你的孩子,其实不是你的孩子,他们是生命对于自身渴望而诞生的孩子。他们通过你来到这个世界,却非因你而来,他们在你身边,却并不属于你。"因此,一个好母亲应当懂得和孩子"分",鼓励孩子渐渐走向独立。

弗洛姆还认为,父爱应当受一定的原则支配并提出一定的要求,应该是宽容的、耐心的,不应该是咄咄逼人和专横的。父爱应该使孩子对自身的力量和能力产生越来越大的自信心,最后能使孩子成为自己的主人,从而能够脱离父亲的权威。一个成熟的人最终能达到他既是自己的母亲,又是自己的父亲的高度。他发展了一个母亲的良知,又发展了一个父亲的良知。母亲的良知对他说:"你的任何罪孽、任何罪恶都不会使你失去我的爱和对你的生命、你的幸福的祝愿。"父亲的良知却说:"你做错了,你就不得不承担后果;最主要的是你必须改变自己,这样你才能得到我的爱。"成熟的人使自己同父亲和母亲的形象脱离,却在内心建立起两个形象,如果一个人只发展了父亲的良知,他会变得严厉和没有人性;如果他只有母亲的良知,那他就有失去自我判断力的危险,就会阻碍自己和他人的发展。造成神经机能疾病的一个原因可能是一个男孩有一个十分慈爱,却又很娇惯自己的母亲,同时又有一个性格懦弱或者对孩子不闻不问的父亲。在这种情况下,小男孩会牢牢抓住同母亲的联系,发展成一个十分依赖母亲的人。长大之后,他也会企图在所有人身上寻找"母亲"的形象。面对婚姻和爱情,他们找的往往不是爱人,而是"小妈"。反之,如果母亲性情冷淡、麻木不仁或十分专制,孩子就会把对母爱的需要转移到父亲身上,这样的人往往极服从于法律、秩序、权威、原则,却没有能力或希望得到无条件的爱。

如果一个人只爱她的孩子,而对于其他人无动于衷,在弗洛姆看来,她的爱就不是爱,而是一种共生体的联系或是一种更高级的自私。也就是说,这种对孩子的爱是出于孩子是自己身上掉下来的"肉",溺爱也好,控制也好，都是在自私地爱着自己。那种只对孩子溺爱和控制，不懂得和孩子"分"，不鼓励孩子走向独立的母亲实际上不懂得真爱。这种高级的自私，不仅造成孩子永远独立不了，也使自己摆脱不了痛苦。面对儿女婚姻，她们仍然舍不得放手，以致孩子的爱情婚姻也脱离不了亲子共生的阴影，形成以亲子关系为中心，夫妻关系可能成为陪衬的后果。失谐的家庭关系影响着自身幸福，也影响着后代的幸福，儿女也会把这种原生家庭的情结带到新家庭中，伤害着下一代孩子的成长。

弗洛姆认为，有能力爱别人的人必定爱自己，真正的爱是内在创造力的表现，包括关怀、尊重、责任，爱是积极追求被爱人的发展与幸福。这种追求的基础是人的爱能力。

二、好家教成就好家风

家庭教育不仅仅是大人教育孩子"听话""好好学习"的空洞说教，也不是充当学校老师的"助教"，督促孩子完成好功课，取得好成绩，而是用学习提升素质，用个人成长带动全家人共同成长的自我教育过程。

（一）从注意范围"窄小"谈起

据媒体报道，一项"小学生注意品质调查报告"带给人们许多思考。这是一项针对 3 103 名小学生展开的调查。这项调查关注了注意力品质的四个基本影响因子：注意广度、注意稳定性、注意的分配、注意的转移。

所谓注意广度也叫注意的范围，指的是同一时间里能清楚地注意到所关注的对象数量。

注意稳定性是个体在较长时间内将注意集中在活动或对象上的特性，例如在学习方面，具体体现在考试、写作业等任务中，能够保证较长时间注意力集中地完成一件工作。

注意的分配也就是通常所说的"一心二用",例如在学习方面体现出的一边听课一边记笔记的能力。

注意的转移考查的是学生的主观能动性,当他们有了新的任务,是否能主动把注意力由一个对象转移到另一个对象上,例如在学习方面体现在不同学科作业之间的转换等任务。

调查显示,45.2%的孩子存在注意广度"窄小",存在缺失,这正是"丢三落四,毫无秩序"等外在表现的重要原因;有79.4%的孩子出现不同程度的不注意细节,在日常生活中粗心大意;表现良好的仅有20.5%。

对于家长普遍关注的孩子注意力是否持久这个问题,调查也得出明确结果:超过50%的小学生在受到不良干扰后,衍生出了如做作业速度慢、做做玩玩等问题,还有55.5%的孩子做作业时容易感到疲劳和厌倦。

调查还显示,相较于"粗心""不专注"等老问题,与注意转移因子相关的外在问题更为严重。有71.8%的家长抱怨孩子在看电视或者玩游戏时,好像听不到自己说话。

家长们更重视注意稳定性,而对其他注意力品质的重视程度往往不够,尤其对学生注意广度的提升没有足够重视。而这些注意力品质将直接影响孩子的学习能力水平。

两个家庭一同去旅游,自驾车上坐着两个孩子,一个8岁,一个5岁。孩子们非常高兴,他们看着窗外的风景和一辆辆开过的汽车不时发出欢笑声。而且他们似乎对车更感兴趣,争相喊叫着汽车的品牌。一会儿这个先喊出"奥迪",一会儿另一个喊出"宝马"。

一位家长突发创意:"孩子们,我们来算算术吧,看谁算得快。"孩子们"嗯"着,却仍把目光盯在一辆辆疾驰的汽车上。

"我给你10元,派你去超市买一盒冰糕,冰糕的价格是2元,超市的阿姨应该找给你几元？"家长出了第一道题。他心想，这么简单的题，8岁的哥哥一定会立刻答出来。可奇怪的是，5岁的弟弟却抢先答了出来："8元。"显然，哥哥并不是不会答这个题，而是注意力还没有及时从研究汽车品牌转移到答题上。（注意的转移）

这让8岁的哥哥很尴尬。他着急地说："再考一道。"

于是家长出了第二道题："我给你5元钱去买冰糕，冰糕价格是3元，超市阿姨应该找给你多少钱？"这次8岁的哥哥不甘落后了，立刻回答说："7元"。弟弟慢了半拍，但他对哥哥的回答似乎很惊讶，轻轻地说："2元"。显然，这一次哥哥抢答错了。哥哥的惯性思维还停留在给他10元，只注意到冰糕价钱变为3元，却没有注意给他的钱变了，于是答错了。（注意广度）

在此后的题中，哥哥渐入佳境，答得比弟弟好多了，而弟弟后来竟然玩起别的，不再答了。（注意稳定性）

人是生活在环境中的，环境中的物体之间往往都是有联系的，这就要求观察者能有注意广度。注意广度比较大的孩子所掌握的知识含金量往往更高。

社区里两个3岁左右的孩子常常在妈妈的陪伴下一起玩。第一个孩子认识好几百个字，妈妈常让孩子在其他人面前表演，引来一片赞叹。而第二个孩子只认识几十个字，但都是妈妈陪着他玩时认识的。这个孩子在玩水时，妈妈在地上画出了水流图并改写成了"水"字，在玩石头时，妈妈写出了"石"字，在不同辨色的对比中教他认识了"黑""白""黄"等字。孩子虽然认字不多，但见到字就想去读。他所注意的不仅仅是字本身，还专注着与字相联系的场景。后来，两个孩子都上小学了。认字少的孩子特别爱学习，认字多的孩子后来反而厌倦起学习。

我们发现，注意稳定性强的孩子在做作业、考试、干"工作"时，能长时间集中注意力去完成好。因此，培养注意稳定性需要从早期教育开始。

儿子不到2岁时，家里曾发生过这样一件事。有一天，女儿正帮着妈妈做饭，儿子正在自己玩。当饭菜摆上桌时，女儿叫弟弟过来吃饭，可儿子就是不动，总在注视着地上的什么东西。着急的女儿一把将弟弟往饭桌上拉，儿子哇的一声大哭起来。

人们往往认为，对于一个不懂事的小孩子来说，叫他过来吃饭就得听话，没什么可说的，但我却忽然意识到儿子的一个童真美梦可能被打搅了。我赶忙对女儿说："小弟弟正在搞研究，看看他在研究什么。"就这样，我带着女儿一起蹲下来，看儿子在观察什么。原来，他正在注视的是一只瓷老鼠，我记得是在买碗时送的，要不是儿子瞧它，我还真没仔细看过。老鼠制作得还挺精致，一双炯炯有神的小眼睛透着亮光，耳朵的轮廓依稀可见，似卧非卧的姿态像是要逃跑的样子，只是尾巴不知怎么没有了，那个地方露出了一个小眼儿。

儿子的注视说明他对这个小玩意儿产生了兴趣，这正是发展他的观察、专注能力和爱好的好机会。我们忘记了吃饭，和他一起研究。女儿轻轻地抚摸着小老鼠，又随手拿起来往自己脸上放，然后又向儿子那边推。儿子好像很害怕，直往后躲。我们继续陪他观看。儿子好像不害怕了，也开始用手去摸，后来又试探着拿起来，但最终没敢往脸上放。我看出他还是心有余悸。又过了一会儿，奇迹发生了，儿子开始拿着一根小棍儿往尾巴处的小眼儿上安。我顿时眼睛一亮：儿子肯定是发现了这只没尾巴的小老鼠不完美，他要给老鼠安上尾巴。直到我真的配合他把小棍儿在尾巴处插好，他才高兴得鼓起掌来。

这顿饭吃得虽晚，但我们珍惜孩子的每一次专注观察世界的机会。

注意的分配是多方位专注素养（一心二用，一心三用，耳听八方，眼观六路），如一边听讲，一边理解，一边记录要点。

儿子上一年级了，老师留了不少作业。他翻开书本开始做作业，我一看吓一跳，真怕学习压力太大让孩子一开始就厌恶起学习。可他却打开了录音机，熟练地放上磁带，让录音机播放着好听的歌曲。他一边跟着录音机里的歌声哼着，一边写起了作业。我提醒他："先专心做好作业，别一心二用。"可妻子立刻制止了我。看着儿子边听边唱边做作业的高兴样儿，我发现自己想错了。事实证明，孩子正是在快乐的环境中把作业完成得更好了。（注意的分配）

注意的转移是改变专注点的主动适应能力。如语文课后能迅速把心思专注到数学学科的学习上，做完语文作业后能迅速钻进数学领域高效学习。孩子如果对所学的功课都有兴奋点，不仅能做好前一项作业，也会在兴趣和兴奋中主动把另一项作业做好。但是如果孩子对学过的功课不感兴趣，缺乏兴奋点，第一份作业会在被动应付中磨磨蹭蹭，第二份不同的作业也因无兴奋点和兴趣而做得磨磨蹭蹭。

为什么孩子会出现注意力问题？除了先天因素外，孩子早期成长过程中的一些因素也是重要原因。

1. 分娩异常导致的注意力问题

由于产力、产道和胎儿等任何一个因素异常，造成分娩过程受阻碍，胎儿娩出困难，称为异常分娩，俗称难产。难产时，不少母亲不得不选择剖宫产。

比起顺产的婴儿来说，异常分娩对孩子是有不利影响的。

比如，异常分娩中由于产程延长，使得胎儿脑细胞缺氧或头部受伤，影响孩子大脑发育。南京某医院对 50 例出生前曾有窒息的学龄前儿童测验发现，其中 32% 的孩子是智力迟钝、白痴、痴呆。

某医院儿科曾经接诊过一个孩子，已经 8 岁了，鞋带穿不好，写作业也是歪歪扭扭，甚至考试时把上面的答案写到下一题的空档里，结果成绩一直都不好，家长为此伤透脑筋。最后在别人的提醒下，带孩子去医院检查，发现是感统失调。后来得知，这个孩子是一个剖宫产儿童。

专家们指出，一个孩子如果采用了剖宫产，由于出生时没有经过产道的挤压，往往缺乏感觉上的一些必要刺激，导致孩子容易发生情绪敏感、注意力不集中、手脚笨拙等问题，甚至发生感觉统和失调的比率也比一般孩子要高。如果一个剖宫产的孩子，到了两三岁以后还有吃手和咬笔头等习惯，除了心理焦虑的因素外，就要警惕是不是有感统失调的问题了。因此，如果你的宝宝选择了剖宫产，那么请从出生后，就开始对他加强训练。

2. 爬行不足易导致多动

爬行对儿童发育的影响非常重要。许多有学习障碍和情绪困扰的儿童往往没有经历正常的爬行阶段。例如，在满一岁前，没有好好爬行或爬行得很少。有些家长有洁癖，怕脏，而不让孩子在地上爬。有些大人由于忙或为了省事，大部分时间把孩子放在学步车上，无形中剥夺了婴儿学爬的机会，或祖父母长期抱着婴儿而大量减少学爬行的机会。有些家长，在婴儿开始学爬不久，就让婴儿提早学走路。这些孩子上学后，许多都表现出脾气暴躁、好动不安、眼神飘渺等特征，进而造成过分敏感和学习不专心等问题。

爬行是低等动物演化过程，是人类个体成长过程中所必须经历的阶段。低等动物沿着地面和水面移动，依赖四肢爬行，同时依靠颈背肌肉收缩来维持头部的自由活动和眼睛的稳定搜索，在脑干部把视听觉和肌肤感觉跟地心引力做低层次统合整理，才能做较简单的寻找、防御性反应。爬行和颈部强劲有力是生存所需的低层次反射动作的基础。高层次大脑功能的发挥，需要以低层次感觉统合协调能力为基础。

人类大量使用成熟大脑做精细判断和思考，是在七八岁之后。一岁以前的爬行把低层次感觉统合整理的基础打好，儿童阶段一直在玩攀、爬、跑、跳的游戏，就是磨炼低层次感觉统合协调能力并令高层次精细判断与思考之间实现衔接。学习能力弱和情绪处理能力弱的儿童，如果跟别人玩不到一起，或逃避游戏，就表示低层次感觉统合协调能力的基础没有打好，高层次大脑功能的发挥就会受到限制。

人类的视觉天生是不稳定的，婴幼儿最喜欢看车窗外移动的景物。任何跳动的东西比安静的东西更能引起他们的注意。但随着年龄的增长、活动的增加，婴儿学习将视觉盯住较远的地方，视觉也逐渐稳定下来。稳定视觉后，便能做左右及上下移动，这也是阅读的开始。但是爬行不足的幼儿，视觉不易成熟，这些幼儿即使到了4岁左右，视觉仍不稳定，便无法做平顺移动，所以看书会跳字、跳行，严重到无法阅读，做算术也很难正确掌握数字，做功课眼睛容易疲倦，造成学习能力不足。

婴幼儿期间，听觉对大脑的发育影响最大。早年的婴幼儿听觉较弱，承受不了频率太高、强度太大的声音。环境噪声太多，父母脾气大，经常大声责备，都会造成婴幼儿在听觉上形成自我保护，养成排斥或拒绝听别人说话的习惯。这样的儿童渐渐长大后，听力不佳，容易忘却，不懂得和别人沟通，脾气古怪，上课不专心，学习上自然会因此障碍重重。

注意力的集中特别是长大以后的视、听性质学习，受前庭觉的影响非常大。前庭觉的主要功能是接受来自脸部正前方的视、听、嗅、味、触信息，过滤及辨识后再传入大脑，使大脑不至于太忙碌，注意力才能集中。

因为前庭觉是大脑门槛，整个身体的触觉、关节活动信息必须在此过滤以选择重要的信息做回应，所以，前庭觉必须和平衡感取得完全协调，才能正确辨识身体的空间位置，这便是所谓的前庭平衡了。前庭平衡是利用内耳的三个半规管及耳石来探测地心引力并控制头部在活动中的方位，以及保持身体的平衡。

人类的翻、爬、坐、站、跑等学习无一不和重力感有关，掌握重力感的便是前庭网膜。前庭网膜不但可掌握身体的操作，更可协助身体和周围环境的协调，也就是正确掌握平衡感、方向感、距离感。因此，前庭网膜的协调或者掌握功能不足，所有的重力感、平衡感都会因此失常。

前庭随时在告诉我们头和身体的方向，我们的视觉信息才有意义。所以前庭信息处理不良的儿童，视觉便很难跟着移动的目标，也很难将双眼由一点移到另外一点。眼肌和颈肌上的信息反应处理也会发生问题，促使眼球的移动不平稳，常会以跳动方式去抓住新目标，造成儿童在阅读、玩球和画线上有困难。

3. 被动学习降低突触连接质量

孩子刚出生时大脑的重量约340g，但脑细胞有2 000亿个，是35岁成年人的两倍。出生一个月后大脑的重量是刚出生时的两倍，5岁时激增到成人大脑重量的90%，即1 450g，孩子大脑发育的速度大大超过了身体发育，这是因为被神经元突触缠绕的神经回路正以疯狂的速度被制造出来。

神经元突触是脑细胞中连接信息的神经传递，可以说是对人类大脑发育起决定性作用的部分。神经元突触的连接网的疏密，很大程度上决定着人对事情的推断力等。

2~3岁时神经元突触达到最大值，这就是很多专家认为0~3岁是大脑发育的重要时期的原因。通过这样的过程，大脑发育状态被确定下来，接受外部环境提供的经验并将其内化。

这时如果外部传授的经验或刺激不足的话，大脑会通过"砍树枝"来除掉神经元突触。21个月时神经元突触将会减少40%。

但是，这时的"砍树枝"却是正常过程。在持续的刺激下幸存下来的神经元突触的连接更加坚固，孩子的大脑会变得更加聪明。这也是把这种自然"造型过程"称作"砍树枝"的原因所在。

也就是说，3岁之前是人的大脑发育十分迅速的时期，3岁之后，那些外部刺激不足所形成的突触将被砍掉，只强化发展那些持续刺激着的神经元突触。当孩子一天天长大后，如果只是片面地教孩子某几种知识而忽视孩子融入环境的全方位刺激，孩子就容易在被动学习知识中失去主动探索和体验的机会，从而影响突触连接的数量和质量。

突触数目的多少影响着人的大脑学习和记忆功能的强弱，成年人大脑的功能会经常发生变化，强化学习和记忆某种东西时，突触的数目就会增加；相反，当突触数目减少，记忆的东西又会忘记。这种医学上所称的突触可塑性现在被认为是人的学习过程和记忆功能的机理。提升专注力，不仅需要通过学习增加突触连接的数目，更需要在融入环境多方位刺激中强化突触的连接质量。

4. 缺乏早期教育智慧影响孩子成长

从十月怀胎到出生后 1 岁，是孩子神经元新生与发展并建立起基础架构的重要时期；1～3 岁时，脑细胞猛长，神经元体积增大生成突触与更多神经元连接，完善架构；3 岁之后是在形成的系统架构基础上大脑迅速发育的重要时期。早期教育就是融入环境中激活视觉、听觉、触觉、嗅觉、味觉、体觉的过程，也是全面激活情趣、情感、情操智慧的过程。在孩子成长的一个个敏感期，给孩子创造机会体验生活、专注事物，对孩子成长是有利的。如果缺乏早期教育智慧，孩子很可能错失良机。等孩子长大了再发现孩子的注意力问题需要矫正，往往事倍功半。

（二）关注镜像神经元

镜像神经元是 20 世纪末脑神经科学的重大发现，它能够使生活和家庭教育中许多知其然而不知所以然的问题得到科学解释，在家庭教育中有广泛的应用价值。围绕镜像神经元出现的一系列理论表明，镜像神经元从一定意义上讲，就是"教育神经元"。镜像神经元不仅让我们对家庭教育基本原理有了重新理解，而且能够引导我们更好地实施家庭教育。

1. 什么是镜像神经元？

科学家发现，人脑中存在一个镜像神经元系统。它如同"魔镜"一样，能迅速理解别人的意图、情感及社会意义（所见即所思）。

镜像神经元是20世纪末由意大利帕尔马大学的研究人员首先发现的。美国加州大学洛杉矶分校的一名神经外科教授和他的同事，首次实现了对人类大脑中镜像神经元的直接记录。镜像神经元能够像照镜子一样通过内部模仿而辨认出所观察对象动作行为的潜在意义，并且做出相应的情感反应。这个发现一经公布，立即在全世界科学界引起巨大反响。科研人员把这样一种具有特殊能力的神经元，称作"大脑魔镜"。

镜像神经元是大脑中的一些细胞，它们不仅在我们自身执行某个特定动作时被激活，而且当我们看到别人执行相同的动作时也会被激活。因为镜像神经元，我们人类才成为（有情感的）人。神经科学家认为这种"镜像机制"正是我们能够"读懂"他人思想，并且能够对他人感同身受的机制，也就是我们如何"感受到"他人的疼痛，如何将咧着嘴笑与扮鬼脸区分开来，如何将微笑与假笑区分开来的原因。

镜像神经元系统可以在大脑重复别人的动作（例如，我们伸出舌头时，出生不久的婴儿竟然也能像我们一样伸出舌头；别人打哈欠时，我们也跟着犯困打哈欠等），使人能直接理解他人意图、情感及社会意义，使人一眼"看"出我们真正想理解的"道理"（顿悟）。

一位年轻人声称一直找不到工作，为此而烦恼。他找一位老师咨询，这位老师一看他凶巴巴的样子和眼里闪出的冷光，似乎就明白了一切。谁愿意接纳一位令人害怕的人呢？老师进一步验证了自己的直觉判断，这位年轻人从小生活在一个失谐的家庭中，父母经常发生冲突，打架打得死去活来。他整天面对的是爸爸凶狠的目光和无情的打骂。在这样的一个原生家庭中，激活的是他心中的怨恨和无奈。

一位小学生做作业十分拖拉，他的妈妈为此着急万分。孩子非常逆反，有时故意不抓紧做作业。为什么会这样？原来孩子早就看懂了，无论完成多少作业，一旦有空闲，他的妈妈就会加码让他多学点儿东西。

他已经没有时间和别人玩了。孩子看懂了妈妈，可妈妈却没有看懂孩子，还在给孩子讲大道理，说学习好了可以上大学，有好工作。可孩子早就明白了，像他妈妈这样有学历的知识分子不是照样下岗待业吗？他最爱问的问题是"我什么时候能退休？"，因为他早就知道，退休才可以不再有学习和做功课的压力。

2. 教育新思考

陈建翔教授在他的文章中写道："儿童是宇宙的精灵。儿童教育中存在无数的未解之谜。儿童是怎样认识世界的？为什么有的孩子聪明，有的孩子不那么聪明？优等生与差生的差别在哪里？孩子的'无师自通'是怎么回事？天才儿童是少数，还是多数？为什么现代学校教育制度下，孩子们容易呆若木鸡……"他还指出："镜像神经元就是一种特别神奇的脑神经细胞，它能够像照镜子一样，直接看明白事物的本质特征；而不需要像人们过去所猜测的那样，要经过复杂的推理过程。你之所以成为万物之首，你之所以具有人类智慧，很大程度上要归功于镜像神经元。"

人有两种基本的思维系统：视觉——顿悟思维（我们可以称之为"母思维"）和概念——推理思维（我们可以称之为"子思维"）。视觉——顿悟思维（"母思维"）在个体的生命成长中尤为重要，它是创新的源泉，是概念——推理思维（"子思维"）的基础。世界上真正的天才，都是"母思维"极其发达的人。显然，孩子自己看见了什么，比成人教他什么更重要；孩子不是在你的说教中成长的，而是在他看见的环境中成长的。

(三) 镜像神经元与家庭教育

陈建翔教授的研究表明，镜像神经元对于家庭教育具有广泛的解读性，能够解释众多的家庭教育现象；镜像神经元在家庭教育中的应用，将促进家庭教育的变革与创新，带来一个全新的家庭教育"镜像时代"。镜像神经元对家庭教育的启发价值，涉及家庭教育基本原理方面的重新理解。

1. 孩子们看见的，就是他们思维的（"所见即所思"）

我们通常把人的眼睛看作"感官"，即感性器官；我们并不认为眼睛是"理性器官"，具有"理性分析"的能力。

镜像神经元的发现，使我们不得不对自己的眼睛"刮目相看"：眼睛不仅是外界万千事物的"感受器"，而且由于它与镜像神经元的直接联系，而变成了一种"理性器官"。它本身具有判断和领悟的功能，即理性能力，它在"看见"事物的同时就产生了对事物内在特性和深层关系的领悟。也就是说，人的视觉有思维能力。思维，从"看见"的瞬间就同时开始；他所看见的，就是他所思维的，所以叫"所见即所思"。

著名美学家鲁道夫·阿恩海姆曾说，人类有一种对本质的直接直觉能力，使"我们在个别事中一眼便'看'出了我们正想理解的'道理'，与此同时又直觉到它在其他事物中也必定如此"。这种一眼看出本质的能力，不正是镜像神经元的特有能力吗？

孩子们的视觉和思考紧密相连，由镜像神经元带来的"镜像革命"，其实是孩子眼睛里的革命。

2. 孩子们的思维，首先是顿悟型的"母思维"（"所见即所悟"）

镜像神经元原理告诉我们：人的视觉有思维能力，但这种思维不是一般理解的"思维"，而是一种顿悟的思维，所以叫"所见即所悟"。

过去我们曾经把思维分为"形象思维"和"逻辑思维"，这种分法固然有一定道理，但不足以显示二者之间的真正差别——原生性思维与派生性思维的差别、"母"与"子"的差别。

我国家庭教育和基础教育存在的一个普遍问题，就是没有充分认识到"母思维"的作用和地位，过早地、片面地、畸形地培养了儿童的"子思维"。一方面，在孩子们的早期经验中，感性活动贫乏，视觉意象欠缺，他们过早进入了主要依靠抽象推理的学科学习。这使得许多孩子面对高度抽象的词语、定理和公式，由于没有相应的感性材料做支撑而无法理解，造成"学习困难";另一方面,更多孩子的思维只会从抽象到抽象,鹦鹉学舌,形式僵硬,缺乏想象力,更遑论思维的创新。这种状况延续到高等教育,使得学生的思维严重脱离感性现实,变成了"纯语法游戏",一篇几万字、十几万字的论文,从语法上讲很"规范",没有明显缺陷,但内容空洞,形式枯燥,没有有效的信息,更没有思想。这种缺乏"悟性"的思维会大大降低创新能力。

3.孩子们的眼睛里,藏着一位饱经沧桑的伟大的教育家("所见即所教")

当孩子们看见(某种现象)的时候,教育作用已经"自动"地发生了,这属于无声无息的"首次教育",此时教育他们的,就是那个进化了至少五万年的镜像神经元系统。

镜像神经元使得每一个孩子都无一例外地成为"天生的学习者"。这就是说,在他们的身体内部,天然地具备主动学习、高效学习的生物学基础,它一旦与外部事物相接触,就自动"启动",变成学习机制。也就是说,在学习上,每个孩子都是无师自通的。

遗憾的是,我们有不少人认为孩子的头脑就是一块"白板",需要有人"教",从外面"输入"(灌输)现成的知识,孩子才能"学"到知识,做好功课(输出知识)。教育就是"输入和输出"。

镜像神经元的发现使我们懂得了,教育就是让孩子看到更多、体验更多,成为具有自学能力和创造天赋的人才。

(四)"母思维"与"子思维"

孩子的教育首先是"母思维"的唤醒,并在此基础之上延伸逻辑思维("子思维")。

我们今天的孩子教育所面临的尴尬是:

轻"母思维",重"子思维",造成所掌握知识的含金量低。

轻"家教育",重"校教育",造成单纯以分数多少论高低。

轻"人唤醒",重"人管教",造成孩子被动学习而乐商低。

(五) 如何唤醒孩子的"母思维"

1. 睡眠(恍兮惚兮)

对于忙了一天的成人来说,睡觉可以消除疲劳,恢复体力和精力。可对于一个出生不久的婴儿来说,何需每天睡 20 个小时的觉呢?

对于刚出生的婴儿来说,其实他的大脑也是宇宙的全息,与宇宙场存在着沟通。即使他的眼睛还看不太清,耳朵还不太灵,手脚还不能有意识触摸这个世界,却可以靠他的镜像神经元系统与宇宙生命场"对话",并纳取宇宙生命素。婴儿的梦虽然和大人不一样,但同样可以超越自身的有限而感知到宇宙的无限。在安睡中"做梦",其实正是激活镜像神经元的开始。于是有了"恍兮惚兮"的理念。

其实对于大一些的孩子也是一样。充足的睡眠不仅仅能恢复一天学习的疲劳,更重要的是进入梦乡与宇宙场沟通的过程有助于孩子产生更多的"顿悟"。可不明白这个道理的人却靠多熬夜少睡眠来苦学知识,虽然获得了更多的知识("子思维"),却丧失了更多"顿悟"的机会,伤害了自身的"母思维"能力。这是得不偿失的。

显然,婴幼儿早期教育的开始就要创造其安睡的条件。母亲情感陪伴中的安睡,对孩子来说是激活"母思维"的起点。孩子在安睡中进入梦乡,打开了通向宇宙的灵通之道,让人有了精、气、神。

母亲的情感陪伴既是"身"的陪伴,也是"心"的陪伴,并从"身"陪过渡到"心"陪,几岁之后,孩子就可以在分床后仍继续享受"心"陪,让"心"的情趣和情感与大自然和谐、与人类社会和谐。

2. 观察(见多识广)

孩子有一双看穿世界的眼睛,用来观察大自然和人类社会,是阳光下的心灵触动,是与大自然和人类社会的心灵沟通。早期教育最重要的内容是创造环境，让孩子看到更多。引导孩子仔细观察，家长就会成为孩子眼中的最美风光，孩子眼中的最美妈妈、最棒爸爸。总之，孩子只有见多识广，才能全面激活情感、情趣、情操智慧，只有在观察时兴趣专注，孩子才能变得心态阳光、自动自发、目中有人、心中有趣。孩子的专注力也会得到培养。

3. 倾听（耳聪目明）

初生的婴儿，听力尚迟钝，但随着大自然的各种声音以不同的频率、强度、方向传入婴儿的耳中，孩子的听力就会在乐音声场的刺激中被激活，并与环境场发生谐振。谐振点多，谐振频谱宽，谐振强度适当，孩子的镜像神经元就被激活得全面、动心。

孩子对优美的乐音感兴趣，并能辨识不同的频率、强度，人就聪慧。正是，看中倾听景更深，融入场景心变美，只看不听难免愚。所谓耳聪目明，其实正是在认真观察和仔细倾听中造就的美好积极人生。

4. 体验（心灵手巧）

俗话说"心灵手巧"，科学研究发现，手巧才会心灵，手指与大脑之间存在着非常广泛的联系，这就相当于聚焦在指尖上的智力开发。手是认识事物的重要器官，手的活动可以促进大脑的发育；手是智慧的源泉，多看，多动手，宝贝的大脑才能更聪明。

孩子的体验包括用口咬、说唱、触摸、写画、跑跳、搂抱、游戏等。不要怕孩子在体验中犯错，要给孩子在"成功"中找到自信的机会，要给孩子不受指责获得自尊的机会。

5. 创新（心想事成）

孩子在做的体验中变得主动起来，总琢磨着进行新的探索。这是心里想着创新的萌芽，这是喜欢鼓捣的创新过程。鼓励孩子多想、多问、多鼓捣，孩子的创新能力就会增强。伴随着一个个小小的"成功"，孩子会享受到心想事成的快乐。

（六）如何延伸孩子的"子思维"

融入自然学认字：孩子在玩水、玩石头中认识的"水"和"石"不是孤立的文字符号，而是符号的情景再现，是含金量高的知识。

参与生活学算术：鼓励孩子做家庭小主人，引导孩子用好压岁钱与零花钱，并及时记账结算，融入生活中的数学，就会使数学教育变得有趣味、有意义。

鼓励孩子参与好活动，引导孩子在观察、专注、提问、合作中实现成长。

（七）智慧早教有思路

如何实施智慧早教呢？有了镜像神经元理论，我们的思路敞开了。

1. 越是趋向自然的教育，孩子们的天赋越容易得到发挥

镜像神经元理论是孩子具有高度天赋、无师自通的有力证明。这一点，应该是毋庸置疑了。问题只是在于，通过什么样的途径，用什么样的办法，才能更好地引导和发挥孩子们的学习天赋？

研究表明：越是接近自然状态的教育，越容易令孩子们发挥天赋。在比较自然的教育下，家长应该注重孩子们的"自发性""领悟力"和"创造力"。"自发性"是指孩子们不需要大人帮助或督促，自己在那里专注地琢磨什么，或者有模有样地"表演"；"领悟力"是指孩子们在没有大人教授的情况下，能够"突然"把不同的东西联系起来，找出它们的共同点，或者发现事物现象"背后"隐藏的东西；"创造力"是指孩子们在"自发性"和"领悟力"的基础上，说出了什么、唱出了什么、写出了什么、画出了什么、做出了什么、表演出了什么，只要是他自己想出来的并且是有新意的，都属于孩子的"创造力"。

"自发性""领悟力""创造力"，是表明孩子天赋状态的三个维度，也是考察镜像神经元是否发挥作用、是否活跃的三个最基本的方面。这都体

现在孩子的日常生活中。一旦家长观察到孩子的这些行为，就应该高度注意，因为这很可能显露了孩子的某些天赋。在此基础上，家长可以有意识地对孩子的行为进行鼓励，提供必要的条件，通过或"明"（有意）或"暗"（无意）的方式，把孩子的天赋慢慢"牵引"出来，成就他们生命中最宝贵的因缘。

2. 重新解读和实践"身教重于言教"

有些家长天真地认为，说教是解决孩子成长问题的唯一方法，他们过分依赖言语的作用而忽略其他因素，甚至在他们打孩子的时候，以为只要说上一句"我这是为你好呀！"就可以取得孩子的谅解。其实，家长打孩子时凶狠、丑恶的表情，已经向孩子说明了一切。父母平时的面部表情、是否微笑、动作姿态，甚至他们的敬业精神、待人接物、人格修养等都是不说话的教育。

3. 视觉的启蒙训练，比早期的知识教育更重要

研究表明历届美国总统中大部分有过童年迁徙的经历。童年迁徙的经历究竟给他们后来的成功带来了什么神奇的影响，这还需要进一步的研究。但是，可以肯定的是，童年迁徙的经历，有助于镜像神经元系统的充分发挥，使得人们不仅见多识广，而且有更高的直觉智慧。

我国家庭教育，特别是幼儿家庭教育存在的一个大问题，就是不重视感觉训练，缺少审美教育，恰如前面所述，孩子们与生俱来的"母思维"还没有充分发展起来，就过早地进入了以抽象的语词、符号、公式为内容的知识训练，片面发展了"子思维"，结果思维的意象材料匮乏，导致发展"后劲"不足。

4. 更好的教育，是改变孩子们看见的一切

"孟母三迁"说明了环境教育的重要。家庭的每一个角落都会"说话"，都在随时与孩子"交流"。要注意儿童居室的基本色调、墙面、贴画、装饰物、书架、灯光等所表达的教育含义。

当今的环境教育，已经不仅是指传统意义上的环境影响，还包括电视环境、网络环境和手机环境。它们作为孩子们成长的电子化、虚拟化空间，在孩子们价值观的形成、人格的养成等诸多方面，起着越来越重要的作用。教育需要真诚和信任，需要友善和尊重，需要良好的环境与人际关系。"养眼"（让孩子看到美好的、新鲜的事物）应该是"养孩子"的主要功课之一。

（八）给父母的早教建议

1. 早对孩子说"不"

对孩子教育，一方面要宽容，但同时，对其出现的较为严重的错误也要及时制止。真爱孩子的父母要学会早对孩子说"不"，让孩子有所敬畏，并不是想干什么就干什么。

（1）耍赖的小明

单亲妈妈带着小明上街，小明非要去玩具店。进到玩具店后，看到汽车要买汽车，看到滑板要买滑板，不买就在地上耍赖打滚，妈妈拗不过孩子，只好掏钱。同事劝她说："孩子一耍赖你就让步，这对孩子的成长不利。"这位妈妈也明白，孩子的玩具已经不少了，可孩子还是总要这要那，她收入不高，却总怕亏待了孩子，所以不会说"不"。在放纵中，孩子变得越来越任性。这一次，有同事劝导，她决定对孩子说"不"了。只见她不再看孩子耍赖，而是径直向前走去，很快消失在孩子的视野之外，孩子一看妈妈动了真格，突然一骨碌爬起来，去追他妈妈，站在不远处守护孩子的同事也笑着跟了上去。从那以后，孩子不敢再耍赖了。（说"不"有方法，生气斥责不管用，拿出行动是关键。）

（2）抢玩具的小亮

独生子小亮在家里被奶奶宠爱，变得任性而霸气。在和小朋友玩时，经常抢夺别人的玩具，弄哭别人。上了幼儿园后，妈妈最担心的是孩子爱抢夺玩具和小朋友处不好关系，但幼儿园王老师却劝她放心。

在幼儿园里，小亮突然发现小红的玩具好玩，上去就抢了过来，小红大哭起来。王老师走过去轻轻地蹲下来，她握住小亮抢走的玩具，但并没有抢夺回来，而是轻轻地对小亮说："这是小红的玩具。如果你喜欢，可以和小红商量换着玩，但不能抢夺别人的玩具。"小亮不管王老师怎么说，仍用力想把玩具从王老师手中夺回来。王老师既不着急，也不恼怒；既不硬夺过来，也不松手，嘴里反复说着刚才的话，就这样一直僵持了十来分钟。这阵势小亮还是头一次遇到，以前家人谁也不会这样对待他。他终于坚持不住了，"哇"的一下哭了起来，放下了手中的玩具。王老师立刻紧紧地把他抱在怀里，让他痛快地哭。后来，小亮渐渐停止了哭泣，王老师笑着对他说："小亮是个好孩子。你看这个玩具是你自己还给小红呢，还是我替你还给小红呢？"小亮说他自己送。从那天起，小亮就不再抢夺别人的玩具了。(说"不"不强硬，以柔能克刚，温柔的拒绝加情感关怀，纠错效果好。)

总之：

教子少说"不"	（孩子被审视被挑剔，伤自尊害自信）
说了就坚持	（孩子一要赖就让步，就会威信全无）
说"不"有原则	（孩子成长试错机会受阻，素质降低）
平静无情绪	（孩子遭受情绪宣泄，爱心变成仇心）
说"不"懂艺术	（体验感受，引导行动，贵在坚持）
否定有原因	（以理服人，以情感人，以行带人）
说"不"跟"可以"	（否中有是，引导反思，共同成长）
不能讲条件	（坚持原则，自然惩罚，积极鼓励）
母亲"不"太多	（性格完美爱挑剔，自我中心害人）
唠叨遭反感	（孩子反感难改错，爱心变成冷漠）
父亲"不"太硬	（性格强硬爱强权，简单粗暴伤心）

打骂遭敌对　　　　　　　（孩子对抗拒正道，和谐变成反抗）
面对孩子情　　　　　　　（爱孩子是一门需要学习的新艺术）
学会再成长　　　　　　　（家长迎来人生第二次成长新机遇）
因果有关系　　　　　　　（孩子是父母影子，出问题有因果缘）
教子有智慧　　　　　　　（学会创境唤醒，智慧教子悟人生）

2. 早与孩子形成情感依恋

依恋，是婴幼儿与其双亲间一种特殊、持久的感情联结，属婴幼儿早期重要情绪之一。婴幼儿和其依恋的人接近，会感到舒适和愉快；遇到陌生环境和人时，双亲的存在使之感到安全。依恋感建立后，婴幼儿会感到无后顾之忧，更加自由地去探索周围的新鲜事物，愿意与别人接近，从而对今后的认知发展和社会适应产生良好影响。

随着年龄的增长，这种依恋将逐步发展成一种安全依恋。它不仅促进婴幼儿智力的发育，而且更容易使婴幼儿在成年后产生自信心和对别人的信赖，建立良好人际关系，并在将来依恋自己的家庭、社会团体和后代。

依恋主要在后天环境中形成。如双亲能满足婴幼儿的需要，和他经常交流，给予各种愉快的刺激，依恋容易形成。如果双亲不能很好照料婴幼儿，不注意与其进行感情交流，很少提供各种刺激，甚至因夫妇失和而使婴幼儿失去安全感，就会出现各种不安全依恋或无依恋。这些婴幼儿易在童年时出现心理行为问题，成年后也多不能正确面对现实或与人建立良好的人际关系。

依恋是婴儿寻求并企图保持与母亲或亲近的人的身体联系的一种倾向。依恋主要通过啼哭、笑、吸吮、喊叫、咿呀学语、抓握、偎依和跟随等行为方式表现出来。依恋是婴儿和抚育者之间的一种积极的、充满深情的感情联系。它对形成儿童的个性特点有重要影响。

人是社会性动物，和他人建立关系是生存的必须，并将帮助我们走过漫漫人生路。对那些不善于处理人际关系的人来说，他们可能变得对他人充满怀疑和敌意，学业也可能出现问题。

虽然你不能把所有责任都推给父母，但早期的关系就像一个模板，会给以后的生活打上烙印。总之，早和孩子之间形成情感依赖，对孩子一生的发展都会有益。

3. 早给孩子做人生榜样

身为父母，担负着教育子女的责任，要成为一个好的教育者，必须做到言传身教并举。有些父母，虽会言传，却不善身教，不知道以身作则的重要性。父母时常要求子女对人诚实，自己却常常撒谎；要求子女遵守纪律，自己却常常"加塞儿"买东西；要求子女讲卫生，自己却常常饭前便后不洗手。诸如此类的言行不一现象，将会损害父母在子女心目中的形象，降低其言教的作用。

孩子耳灵眼尖，父母的一言一行，他们都看在眼里，记在心上。他们人小心大，渴望模仿父母的言行，成为像父母一样的人。但是，做父母的却常常忽略了这双小眼睛，有时在不知不觉、有意无意之间起了坏的示范作用。孩子看到了，就会照葫芦画瓢。这种例子，在生活中不胜枚举。比如，孩子看到父母常常骂人，自己也就学着骂人。反之，如果经常看到父母帮助别人做事情，自己就会乐意帮助小朋友或邻里的长者做事情，这叫上行下效。可见，榜样的教育，尤其是父母的身教是家庭教育中重要的一环。父母学做孩子心中的"好孩子"，孩子就会成为健康成长的"小大人"。

4. 早激活孩子情趣智慧

我们一直都在寻觅，哪里是孩子的精神乐园。脱离开城市的喧嚣，让孩子融入快乐成长的大自然环境，孩子才有了幸福的起点。

记得童年时，我常常在弯弯河旁玩耍，抓鱼抓虾、蹚水打闹，还在河边的沙滩上建筑城堡。大人们一边给我们讲着故事，一边教我们认识几个字。后来，一看到"水"字、"沙"字就有一种说不出的快感。在家乡的小屋前，我们一起用高粱秆制作马车和房屋，围着草垛互相追逐。伴随着这种自然情趣学习知识，知识也变得活了起来、有趣了起来。

如今，看到不少孩子虽然也去旅游，却很少停下来专注地享受一会儿自然，激活不了那种融入美景的情趣，自然景观也变得眼花缭乱。孩子们放学后不再跳皮筋、踢毽子，而是先回到屋里做作业。周围的美景立刻变得黯然失色，情趣也悄悄地消失。唯一能调动起情趣的是电视动画和电脑游戏，虚拟世界的快感让孩子的心变得越来越不切实际。与图文声像并茂的虚拟空间对比，做功课变得越来越没意思，因为枯燥的知识早已和真实自然的体验远离了。

5. 提升孩子的乐商

孩子有情商（善）、智商（智）、乐商（乐）。幸福人生不仅要提升孩子的情商和智商，也要提升孩子的乐商。提升乐商需要从早期教育开始，习得性乐观是起点。但是如果缺乏心理学智慧，孩子很容易形成习得性无助，孩子的乐商也就会大大降低。

场景一：妈妈要上班，孩子哭着不让走。妈妈哄孩子说："妈妈不走了。"孩子就不哭了。过了一会儿，妈妈看孩子玩得开心，悄悄地走了。孩子突然发现妈妈不在，立刻又哭了起来。但哭也没用，于是他不再哭了。

第二天，妈妈上班要走，虽然孩子仍然不愿意，开始哭泣，却没有大哭。之后，孩子在妈妈走时，不再哭了。

妈妈以为孩子变得懂事了，其实孩子已经形成了习得性无助，因为他已经意识到他对妈妈的离开无奈了。在习得性无助的心理下，孩子的乐商必然降低。

场景二：妈妈要上班，孩子哭着不让走。妈妈回来抱他亲他，并解释妈妈要上班的道理。（此时，孩子的哭泣起了作用，妈妈回来了，但在妈妈讲道理之后，孩子也意识到妈妈的需要，觉得妈妈可能还是会走的。）

后来，妈妈当着孩子的面还是慢慢地离开了，孩子虽然哭了，却再三嘱咐妈妈早点儿回来。妈妈答应着安慰孩子。

这一天，妈妈遵守给孩子的承诺，特意早点儿回来了。她一进门就拥抱孩子，还带回玩具小熊猫。后来孩子常抱着小熊猫玩，还演"上班"和熊猫告别。

显然，这位妈妈给了孩子把控的机会，孩子不会无端陷入无助感，获得的是习得性乐观，孩子乐商必然也高。

三、好家风创造好人生

家风是什么？家风是家庭和家族传承下来的风尚和作风，是延续着的家文化智慧，是家庭成员长期形成的生存习惯、生活方式、生命价值取向和精神追求的总和。

在中国近代史上，曾国藩家族的家风很值得关注和研究。

曾国藩是中国近代史上备受人们关注的风云人物。一个普通的农家子弟，以并不超绝的资质，挽狂澜于既倒，扶大厦于将倾，成为"中兴第一名臣"。他"文能应试，武能打仗"，既舞文弄墨，又舞枪弄棒，缔造出一支强悍无比的湘军，在湖湘共赢"家文化"中实现了人生大成功，也为家族代代出英才埋下了伏笔。这使人们不得不去思考，曾国藩的治家之道有什么值得我们今人可借鉴的思路和方法。

1. 曾国藩之家的家文化智慧

曾国藩家族，自其父曾麟书开始至今，总人口378人，已绵延了八代，200多年。前四代共97人，其中秀才、国子监生、优贡、举人、进士共20人；后四代共281人，其中大学生以上学历者164人。曾氏家族以耕读孝友传家，不愧为湖湘文化世家的典型代表。曾国藩曾说过："吾不愿代代得富贵，但愿代代有秀才。"他所追求的"秀才"，不是传统的读书做官的仕人，而是能够明白事理、才德双修的君子。

曾国藩之家的家文化智慧最值得关注的是修身"八德"、齐家"八宝"、家训"八本"。有好家风支撑，曾氏家族涌现出一大批人生成功者。

(1) 修身"八德"：勤、俭、刚、明、忠、恕、谦、浑

勤，指勤劳，勤以养生，勤劳致富，勤生慧。

俭，指节俭，俭以养廉，节俭保家，俭生廉。

刚，指刚强，刚强立身，万难不屈，刚生志。

明，指明白，明白事理，有胆有识，明生理。

忠，指忠诚，忠诚处事，取信于人，忠生信。

恕，指宽恕，待人宽恕，胸怀广阔，恕生缘。

谦，指谦虚，谦虚谨慎，稳妥办事，谦生敬。

浑，指含浑，为人含浑，不露锋芒，浑生安。

勤生慧，俭上廉，刚生志，明生理，忠生信，恕生缘，谦生敬，浑生安。修身"八德"智慧是一种智慧化生活状态，需要对自然有情趣，对社会有情感，对心灵有情操。这样的人才能活出人生精彩、活出人生尊严、活出幸福人生来。

(2) 齐家"八宝"：书、蔬、鱼、猪、早、扫、考、宝

书，指读书，知书达理，德才兼备。

蔬，指种菜，自种蔬菜，味道鲜美。

鱼，指养鱼，池塘养鱼，自见乐趣。

猪，指喂猪，家中喂猪，增加收入。

早，指早起，早睡早起，精神饱满。

扫，指扫地，房屋内外，洒扫干净。

考，指祭祖，孝道传家，民风淳厚。

宝，指睦邻，邻居相睦，其乐融融。

齐家"八宝"看似是家庭琐事，一旦把读书学习融入其中，就成为一种耕读文化。

（3）家训"八本"：读书、作诗、事亲、养生、立身、居家、当官、行军

读古书以训诂为本：明白其意，掌握要领。

作诗文以声调为本：声调之美，铿锵有力。

事亲以得欢心为本：父母欢心，其乐融融。

养生以少恼怒为本：心理素质，文化内涵。

立身以不妄语为本：病从口入，祸从口出。

居家以不晏起为本：不睡懒觉，勤劳致富。

当官以不要钱为本：为官清廉，不贪钱财。

行军以不扰民为本：爱护百姓，百姓拥护。

家训"八本"中，彰显的是人的精神追求和价值取向。

2. 曾国藩家族的女性智慧魅力

男人是"梦"，女人是"家"，男人的"梦"做到哪里，女人的"家"就安到哪里。女性智慧魅力是家庭和谐的基础。曾氏家风能代代相传，曾氏家族的女性起到了至关重要的作用。

（1）最美妈妈欧阳氏（结发之妻）

曾国藩的结发妻子欧阳氏，其父欧阳凝祉，一生教私塾。欧阳氏作为长女，从小耳濡目染，文化素养高，能写诗文小楷，与曾国藩结婚后，在曾氏家庭中，夫唱妇和，勤劳俭朴，承担起教育子女的重任。

曾国藩最初给家中每人每月只有两文钱零花钱，欧阳氏花一文钱买酱、醋、油、酒各一碗，再花几文钱买米，其他花费能省则省，孩子们穿的基本上都是旧衣。杀一只鸡之油，要用三日。十来口人吃饭，巧妇也难为无油之菜。欧阳氏恪守曾国藩"家勤则兴，人勤则健，能勤能俭，永不贫贱"的家训，率领子女们生活在乡间，维持了曾氏家风不坠的美德。

(2) 最美儿媳郭筠

曾国藩的儿媳郭筠是其子曾纪鸿的妻子。郭筠生于书香门弟,父亲郭沛霖,与曾国藩同科进士,同在翰林院做官。郭筠自幼受书香文化熏陶,很有家文化素养,诗文辞赋功底不浅,操持家务也为能手。在她嫁到曾家之前,就常来曾家读书学习,直接受曾国藩指导。曾国藩是一位博览中国典籍的饱学之士,思想较为开明,而且儿媳是好友郭沛霖的女儿,是儒门淑女,因而有意培养,造就儿媳之才,这为后来儿媳郭筠在曾氏家族中担当重任、传承好家风埋下了伏笔。

曾国藩夫人欧阳氏,晚年双目失明,性情变得容易生怒,而郭筠处处体谅婆婆之心,精心服侍将近三年。

富厚堂是曾国藩的故居。清末民初,富厚堂一切家务皆由郭筠主持。她认真学习曾国藩的"八本"家训、齐家"八宝",又注入了崭新内容,形成了《富厚堂日程》。《富厚堂日程》强调男女平等,自强自立,不做亏心之事,要有大公无私精神。她特别强调:"我家行之,一乡风化,则强国之根,基于此矣。"正是儿媳郭筠的家文化智慧,让曾氏家族的家风在创新中实现了传承和发展,于是有了代代出英才的家族发展局面。显然,郭筠不是一般的家庭主妇,而是子女成长与成才的人生导师和教育家。

正是,曾氏家族有郭筠,家道文化育子女,人才辈出代代新。

(3) 最美女儿曾纪芬

曾国藩的女儿曾纪芬是其父"功课单"的忠实传承人。相习成风,曾纪芬把曾国藩的教导付诸行动,而且把好家风传播至夫家聂家,促进了聂氏家族家风建设。

翻开《曾国藩日记》,多见其反省自己。曾纪芬学习父亲的自省精神,把克己制欲作为修养身心的重要课程。她说:"能克心中之敌,即自胜自强之谓也。"她列举了大思想家卢梭、马克思以及大科学家爱因斯坦等甘于艰苦淡泊的生活,并以他们为榜样严以责己。

第七章

幸福人生有"秘密"

> 幸福是人生追求的目标。一切成功的目标最终离不开人生幸福的获得。然而,由于每个人幸福的思路和观念不同,幸福的能力不同,追求幸福的过程和幸福状态也会不同。思路有问题,幸福能力不足,会出现种种尴尬和难堪。

一、孩子幸福不能"给"

对幸福的关注,最让人揪心的是孩子的幸福。家长几乎把全部心血投入到孩子身上,希望为孩子的幸福奉献自己的一切,让孩子有幸福的未来。然而,爱一旦错位,不仅孩子得不到家长所"给"的幸福,家长也会在爱的尴尬中失去自己人生幸福的机会。

一对夫妇在改革开放初期下海创业,追求自己的幸福人生。他们历经磨难,终于闯出一片天地,企业生产的电子配件销往全国各地,取得了越来越好的效益。看着财富一天天的增加,他们首先想到的是满足孩子的生活和学习需要。他们认为自己的前半生受尽了苦,不能让孩子再受苦,要给孩子幸福人生,让孩子在幸福中成长、快乐中长大。正是这样的心理,让他们把关注点全放到了孩子身上,从吃到穿,从学到用,给孩子的一切都是最好的。孩子可以什么都不干,穿名牌、用名牌、吃美餐、住豪宅,享受着父母给自己带来的幸福生活。然而,正是他们这种给孩子幸福的心理,让孩子失去了提升幸福能力的机会。孩子在想当然中享受着优越的生活,丧失了生存和生活能力。渐渐地,孩子的自我意识越来越强,身在福中不知福,不仅心情郁闷,学习也不求上进,烦躁中把家里高价购买的钢琴也砸坏了。

比起其他孩子,有这样的生活条件,应该幸福了吧?哪想到孩子一点儿也不感到幸福。孩子的父母非常困惑:"我们为孩子创造了这么好的条件,孩子怎么就感觉不到幸福呢?我们还想将来让他接我们的班,可他这么不爱学习,不喜欢我们所干的实业,好吃懒做。我们创业这么多年攒下的钱难道就这样糟蹋在他手里?"夫妇俩整天为孩子郁闷,幸福在悄悄远离他们。

最终,夫妇俩攒下一大笔钱为孩子办了出国留学。孩子十几岁出去,他们不放心,又花钱雇用了当地一位保姆照顾孩子。他们相信几年后孩子回国,会变成他们心仪的"海归",成为一个幸福的人。然而,几年中,孩子除了向他们要钱花时给他们打电话,平时很少和他们联系,好像他不是他们的孩子,而是一个陌生人。孩子在国外玩得倒挺开心,还买了汽车兜风,学习上却不见长进。这让夫妇俩很是着急,陷入了无奈的痛苦之中。他们简直无法预料,将来孩子从国外回来是"海归"还是"海待",是幸福的成功人还是痛苦的失败人?正是这样的担忧,让他们不得不继续拼命干,再多赚些钱,为孩子的幸福未来铺更多的路。

其实，孩子的幸福只能帮，帮助孩子学会生存与生活。

近年来，社会上出现了"坑爹一族"，他们或许是"富二代""官二代"或"星二代"。当他们寻衅滋事、伤害他人、触犯法律、引起社会公愤时，不仅不思悔过，还搬出老爹去摆平，声称"我爸是某某！多少钱，你说个数。"

其实，与其说他们是"坑爹一族"，不如说他们的父母是"坑子一族"。这些父母认为，如果钱、权、名不能为孩子的幸福服务，那不是白活了吗？而这些情感智慧激活不足的孩子，往往会形成幸福错觉，把挥霍和放纵误当幸福，不仅自己获得不了幸福人生，也在影响着他人的幸福生活。一个除了飙车、狂饮、放纵自我而没有人生情趣和情操的纨绔子弟，很容易把控不住自己，从而毁掉自己的人生前程。当一个个严酷的现实摆在面前时，"坑子一族"往往不容易从自身成长中找到原因，却在大骂孩子"坑爹"，气得卧床不起时，想的还是如何去"摆平"和"捞人"。孩子犯了事，当然要管，但是更重要的是让孩子从中吸取教训，帮助孩子学习获得一生幸福的思路和方法。可是又有多少家长把智慧教子的思路和方法当成人生幸福的大事来关注呢？他们把心思全用到了自己的"事业"上。

然而，那些从小激活了生活智慧、情感智慧、心性意志智慧的孩子，尽管他们不一定有丰富的物质财富做支撑，他们却能获得幸福的人生。

在河北省中部的一个小村庄，住着一位生活贫困的孩子，她用阳光心态和快乐学习的实际行动诠释了她的幸福人生。她就是感动中国十大人物之一——农村姑娘许欢。

许欢的父亲许二堂是一位数病缠身的老人。糖尿病、心脏病、气管炎、脑血栓、右腿骨裂、眼底出血……折磨得这位老人几乎丧失了劳动能力。许欢的母亲高凤英，4岁时因患脑炎而永远丧失了生活自理能力，只能与轮椅为伴。家里仅有的一亩薄田也只能请人种收。这显然是一个非常不幸的家庭，但是因为一家人强大的幸福能力，成就了孩子和大人的幸福人生。

　　许二堂和高凤英两位家长没有整天督促孩子学习，却鼓励孩子学会生存与生活，用阳光心态面对人生，提升幸福生活能力。懂事的许欢从四五岁开始就承担家务事了，洗衣服、擀面、包饺子、给妈妈喂饭、捡废品、干农活，在家里成了半个当家人。正是生存的锻炼让学习条件非常艰苦的许欢成了品学兼优的好学生。虽然家务事分散了她不少的精力，但是聪明好学的许欢将自己的学习时间安排得有条不紊，学习成绩一直名列前茅。

　　许欢家庭的不幸引起了很多人的同情。北京有一对夫妻曾经想收养许欢，接她到北京上学、生活，但是许欢却惦记着自己的父亲和母亲。她认为照顾好自己的父母就是幸福。她有一个梦想，希望快点儿长大，当一名医生，治好爸爸妈妈的病。追梦的过程就是寻找幸福的过程，这就是许欢的幸福能力和幸福人生。

　　孩子的人生需要自己去走。一位经历了人生磨难而成长起来的孩子对他的父母说：

　　人生中没感到苦是因为您把苦都吃尽，
　　生活中享受到甜是因为您把苦变成甜。
　　以苦为乐，把苦变甜也成了我的人生慧，
　　吃苦是乐，吃亏是福也成了我的幸福泉。

二、爱情幸福不能"痴"

　　有人说："热恋中的男女都容易变痴。"这不是说人的智商降低，而是情感过于痴迷常常会让人丧失理智，做出终身后悔的傻事来。当事情发生后，总有一方认为上当受骗，而另一方则成为欺骗的人。爱情幸福靠真情，而不是痴迷激情中的口头承诺。

20岁的小丽容貌清秀，天真活泼，喜欢上网。通过交友软件，她认识了一位名为"爱你一生"的网友。小丽与他聊学习、谈生活、叙感情，关系越来越亲密，甚至发展到一天不聊就难以忍受的地步。终于有一天，在男网友的主动约见下，她和"爱你一生"见面了。尽管这位男网友不像她想象中那么有魅力，然而"爱你一生"几句甜蜜动听的悄悄话，便让小丽心花怒放，很快投入了他的怀抱。她和他正式恋爱了。

几天之后，她和他再次见面，紧紧拥抱。小丽问道："你真的爱我吗？"男友说："我会爱你一生的。"小丽笑了，笑得那么甜。随后，他们又聊了很长时间，还一起喝了酒。当晚，他们发生了关系。

一个月之后，小丽发现自己怀孕了，高兴地把消息告诉了男友。她本以为男友会高兴，会很快正式娶她为妻。然而男友竟然让她把孩子赶快打掉。"难道你不爱我了？"小丽天真地问着。"不是，我会爱你一生的，但是你得等一等，让我做好父母的工作再娶你也不晚啊！"男友搪塞着，非逼小丽去医院打胎，并承诺这辈子非她不娶。

后来，"爱你一生"又有了新欢。小丽就这样被甩了……

爱情幸福来源于真诚的爱。这种爱不仅仅是对对方的承诺，更是对对方人格的尊重和责任。恋情之美，美在距离的把控。距离太远，隔湖相望，难成爱情，可为好友；距离太近，空气窒息，缺点放大，美也会变成不美。婚前激动，偷吃禁果，看似浪漫，实则危险，太随意了不仅是对对方的不尊重，也是对自己的不尊重。即使突然发现两个人真的不合适，后悔也晚了。

爱情是人一辈子都要关心的问题。人的一生中，真正给自己带来最大快乐的事情就是爱情，但往往也是这个问题可能给自己带来最大的苦恼。

爱情可以使人极乐，也可以使人极悲。

无论是中国的梁山伯与祝英台，还是外国的罗密欧与朱丽叶，尽管文化背景不一样，却都反映出人们对美好爱情的追求。

一个人的爱情是否幸福，往往和自己的经历有关。这种经历，包括青春期的异性好感体验与后来的寻觅终身伴侣的过程。

青春期是人生最美丽的时期，处处是鲜花和歌声。伴随着身体的发育和生理的成熟，男孩子变得更加英俊潇洒，女孩子变得更加亭亭玉立，个个都开始关注起自身的形象，对异性都会产生好感和交往的需求，并把与异性交往作为展示自己性别魅力的方式。青春期的感情是美好的、纯真的，它像一颗火种，唤醒了却不能立刻把它点燃，而要把爱情珍藏起来，直到攀登上山顶再把它点燃。爬山的路尽管艰难，但只要有毅力，我们会攀登上人生的顶峰，找到我们的心爱之人，成就我们的未来。正是，路边的小花不要采，只珍爱；山登绝顶百花开，有缘来。

青春期异性交往过程的体验对人今后的爱情、婚姻价值取向影响很大。这种正常的异性交往不仅有利于学习进步，而且也有利于个性的全面发展。在青春期既有同性朋友又有异性朋友的人，往往性格比较开朗，为人诚恳热情，乐于帮助同学，自制力也比较强；而那些只与同性同学交朋友的人，往往缺少健全的情感体验，很难具备与异性沟通的社交能力，社交范围和生活圈子也比较狭小，人格发展不完善，这会对未来的爱情婚姻产生不利影响。

一位母亲总是不断地对15岁的女儿说："男孩子都很坏，你一定要离他们远点儿。"女儿似乎很听话，很少和男生交流，而且渐渐地产生一种对异性的厌恶感。她除了学习功课，没有什么其他兴趣和爱好，也没有几个谈得来的同学，心情总是很压抑。这个孩子长大成人后，在一个企业工作，由于性格过于内向，28岁了也没找到一个合适的伴侣。最后在同事的撮合下，与一个帅气的小伙结了婚。人们对他们的结合评价很高，都认为是郎才女貌。可让人想不到的是，他们在有了孩子之后的第二年就离婚了。

两个人没吵没闹，和平地分开了。这是为什么？

原来，这位女性在青春期留下的厌恶感一直没有消除，她只是被动地成婚，有了法律意义上的伴侣，却对夫妻感情很冷漠。丈夫最终与她协商分开。婚姻是性爱的和谐、情爱的互动、文化的融合过程，不是一方的激动和快乐，另一方的负担和痛苦；也不是一方的热情洋溢，另一方的冷淡漠视。

青春期是美好的，引导孩子们快乐度过美丽青春期是家长和老师的责任。

早恋的原因往往极其简单，有的是出于对异性的好奇心和神秘感；有的是以貌取人，被对方的外表风度所吸引；有的是羡慕对方的知识和才能；有的是由于偶然的巧遇对对方产生好感。他（她）们所看到的都只是片面的、暂时的，没有深刻思考过。从整个人生过程来说，异性好感代替不了婚姻结合。因为今后的生活道路还很长，各人将来在什么地方从事什么职业，都是难以预测的，而且随着时间的流逝、生活的变迁，各人的思想感情将不断发生变化。这种只能停留在好感阶段而不宜继续发展，一旦发展到越轨，美往往会变为丑，利往往会变为害，一失足成千古恨，带给人的伤害难免会影响一生。因此，要学会用意志来控制这种感情，提高自我控制力，用理智去驾驭自己的情感，使自己的行为符合社会伦理道德规范。要学会转移，把自己的那份激情转移到学习化生存、智慧化生活的道路上，提升自己的人生竞争力。

人们发现，父母有教育智慧，孩子到了青春期就会有一两项特别痴迷的爱好变为能力和特长。这种能力和特长让他在面对异性时更有自信和自尊，让他树立起自身的魅力形象，并延伸这种智慧魅力，成就未来的幸福人生。

三、婚姻幸福不能"包"

早在春秋战国时期,孔子就提出了"君君臣臣,父父子子"的礼仪,分清了君臣父子关系。到了宋代,封建制度日臻完善,封建礼教发展到非常苛刻的地步。"君让臣死,臣不得不死,父让子亡,子不得不亡"正是这种封建礼教的生动写照。在这种把国家管理与家庭管理垄断在一个人手中的体制下,婚姻必然也是由父母包办。

尽管父母包办成婚已被今天的自由恋爱成婚所代替,但是为人父母,为了孩子将来的幸福,对婚姻的关注一点儿也没有减少,变相的包办让子女很容易失去自我,影响子女未来的婚姻幸福。作为子女,因为婚姻大事需要很大花费,而且关系自身幸福与家庭和睦,需要依赖父母,也不会随便应付了事。在选择婚姻对象时,人们最关注的往往不是双方的爱情有多深,而是对方的相貌、地位、实力能否与自己的需要相匹配。有的女性把希望寄托于富有的丈夫,希望他能用钱"包"她一生幸福,有的男性则把希望寄托于善良、智慧、能干的妻子,希望她能用奉献和照顾"包"他一生快乐。难道幸福是"包"来的吗?

婚姻似乎就是一场"爱情买卖"。古代讲究"门当户对",物质或官衔的天平两端要等重,才可以做得夫妻。现代社会,尽管婚姻自由了,"门当户对"却以另一种形式影响着人们的婚姻行为。"娶个媳妇要花多少万元""丈母娘如何推高房价"等,都是婚姻买卖的变相延伸。这样的婚姻真的能幸福吗?

爱情是婚姻的基础。爱情是浪漫的,而婚姻是现实的。婚姻是在一起过日子,日常生活是很琐碎的,往往浪漫不起来。两个人总是在一起,朝夕相处,时间一久,就容易产生审美疲劳。太熟悉了,太近了,太习以为常了,就容易不再珍惜。不像求爱时,要争取,要讨对方欢心。结婚后,想怎么着就怎么着。

浪漫式婚姻是一见钟情、销魂断肠、如痴如醉、难舍难分的激情状态。然而，这种浪漫式婚姻是不可能持久的，因为它是依赖两个人之间的陌生感、新鲜感而产生的一种激情。它只发生在婚前或婚外恋中，浪漫一过，双方就会矛盾百出，要么另寻新欢，要么魂断蓝桥，离幸福婚姻就会越来越远。

周国平教授指出，浪漫式爱情能够持久下去，就要把它转化为亲情式爱情。这种亲情式爱情也时而有浪漫，但更重要的是一种互相理解、互相信任、命运与共的踏实感。这种感情不是由血缘关系产生，而是由性爱发展来的亲情式爱情。喜新厌旧是人之常情，但人情还有更深邃的一面就是恋故怀旧。人生最值得珍惜的是那种历尽沧桑始终不渝的伴侣之情，是你中有我、我中有你、血肉相连、共同拥有、相依为命、无比踏实、不忍伤害的亲情。所有的浪漫都会变为过眼烟云，唯一保留的是人生幸福。

婚姻的双方保持亲密有间而又适当的距离，是维系幸福婚姻的重要选择。一方面是要有共同认定的私人领域，互不干涉。因为每个人都有各自的精神生活，需要独处的时间和空间。这不是冷落你、躲避你，而是各自心灵成长的需要。各自可以有自己的私人日记，未经对方允许，不要打开抽屉去查看，这是对对方的尊重。因为不信任对方而随便侦察对方的私密空间，只能破坏婚姻的幸福。另一方面是尊重对方各自的社交需要和朋友圈，哪怕对方的朋友是异性朋友，也不要乱猜疑，瞎嫉妒。但是各自的异性交往要遵循一定规则，就是不能找第三者。

为什么要尊重对方的隐私权？因为从爱情到幸福婚姻，是一个从互相还不能完全信任到信任的成长过程。即使是比较稳定的婚姻，每个人都有不愿意告诉他人的隐私和秘密，哪怕是自己的父母、爱人。非要逼每个人把自己的一切公开给对方，就如同逼迫对方全身剥光暴露在光天化日之下，那是非常难堪的。而如果尊重对方的隐私，倒反而使对方更信任你，并愿意向你公开隐私。就怕有些人小肚鸡肠，非要审问个究竟，非要弄个水落石出。其实，逼出来的往往都是谎言和欺骗。婚姻破裂的危险也就越来越严重。总之，幸福婚姻需要给双方自由，而且以珍惜之心不滥用自由。在婚姻中，也要学会用性格色彩搭配，用完美型性格去做人，用力量型性格去做事，用和平型性格去相处，用活泼型性格去思考，就很容易成就幸福婚姻。

四、家庭幸福不能"比"

家庭是由婚姻和血缘关系为基础组成的社会单位，成员包括爷爷奶奶、父亲母亲、兄弟姐妹、妻子孩子。中国传统文化倡导的"父慈子孝，夫义妇顺，兄友弟恭"体现的是家庭关系和谐；而"天人合一""道法自然"崇尚的是生态和谐；"仁者乐山，智者乐水""自强不息，厚德载物"彰显的是身心和谐。

然而，现在的人们总习惯于互相攀比。这种"比"有积极意义，能唤醒人们的竞争意识，努力追求更成功的人生。但"攀比"的心态也会让人们的幸福感大打折扣。

从物质上讲，人们往往关注"七子"：票子、位子、房子、车子、老子、妻子（公子）、孩子。人们拼命去挣钱，希望能获得更多的升迁机会，其实也都是为了家。于是"票子"成了追求目标，"位子"成了形象标志，"房子"成了最大财富，"车子"成了生活档次，为的是"孩子""妻子""老子"能过上幸福生活。

然而，是不是挣到了大钱，职务得到了升迁（升官发财），住上了更好的房子，有了更多豪华的座驾，孩子当上了"海归"，妻子穿金戴银，就能获得幸福？答案往往是令人尴尬的。

有一个个体户，夫妇两人辛辛苦苦在外地干了几年，发了点小财。他们希望让自己的儿子能够过上富人的生活，要给孩子选最好的学校上，花多少钱也不在乎。他们要盖上几套好房子，让老人、孩子和自己好好享用。然而回到家乡后，他们却傻眼了。儿子由于缺乏正确引导，早就辍学了，还和一帮小混混整天在一起打架斗殴，已到了犯罪的边缘；老母亲疾病缠身，再好的东西也吃不了。夫妻俩只是利益伙伴，很少有心灵的沟通，动不动为钱、为孩子吵架，甚至说出"要不是为了孩子，我早和你离了"这样伤人的话。对于他们来说，发了财也没有赢得今天的幸福，更不用说明天了。

人生其实就是一个成长状态，家庭其实就是一个文化氛围，生命其实就是一个追求过程。人生没有理想信念和追求，把自己变为追求物质财富的工具，即使可以获得数不清的"票子"带来暂时的愉悦，却不能帮助你获得幸福人生。

五、生活幸福不能"假"

科技是把"双刃剑"，一方面为人类带来财富，另一方面把人变成了"工具"，远离了真实的自然。这个由"真"变"假"的过程，让人再也享受不到充满人情味的劳动方式。当人们死守着科技所带来的好处不肯放弃，并且指望着更多的技术带来更富足的物质生活时，实际上却陷入了单调乏味的机械运转之中，与幸福渐渐绝缘。人们不可能放弃科技，但科技的发展有时却不以人的意志为转移，一旦失控，人类就会面临前所未有的灾难，整个大地成为废墟也极有可能。

生活幸福不能"假"，可是如今，我们似乎被"无良奸商"包围了，每个人都在怀疑自己吃下去的每一口食物是不是天然的,都在担忧会不会病从口入。

如今,造假的招数越来越高明,除了政绩造假、检查造假、评比造假、工程造假、业绩造假、品牌造假、发票造假、产品造假……文化教育造假也引人深思,文凭造假、学历造假、考试造假、职称造假、论文造假……还有书法造假、文物造假、评奖造假、演唱造假、新闻造假、户口造假……这些都已严重伤害了普通百姓的心,影响着人们的幸福生活。

都说现在聪明人多,但聪明不能用到造假上。你造假,别人就会倒霉;别人造假,又会坑害到你。一旦形成恶性循环,所有人的幸福生活梦都会被打碎。

幸福生活需要返璞归真:做真人、办好事、交善友、学创新。

生活是真实的,来不得虚假。幸福来源于对真实的接纳和真情奉献。

六、学业幸福不能"苦"

中国家庭教育有一个传统的观念,那就是把读书和做官自然地联系到一起。通过科考,莘莘学子可以通过公平竞争走上学业成功之路。哪怕在这条路上要吃很多苦,但为了学业成功的目标,用眼前的苦去换取将来的甜也是值得的。是啊,这种人生哲学难道没有吸引力吗?

然而,无论是过去还是现在,能真正通过苦学而走上仕途之路的人终究是少数。大多数人的苦学并没有换来应有的结果。尤其是今天,尽管大学扩招为更多的人创造了学业成功的机会,但出于功利性目的的需要,所有的功课不过是实现学业成功目标的中间阶段,而一旦实现了目标,所学的功课便显得不那么重要了,大批课本被一扔了之。更何况,走上工作岗位后,许多当年考取了高分的功课很少有能用上的。于是苦学对相当多的人来说变成了被动应付。这种享受不到快乐的苦学，浪费的是人生资源，获得的是与自己人生发展偏离的功利化结果，学业幸福也就渐渐远去。一个享受不到学习快乐的人，即使可以通过考试而获得好的专业成绩，他也不会真的爱上这门功课，又怎能把这些知识用好？又怎能在这些学科领域中实现创新发展呢？又怎能在人生的路上继续有动力地快乐学习呢？

莫言荣获诺贝尔文学奖，不是在应试教育体系中苦学的结果，而是主动乐学的成绩。

莫言于 1955 年 2 月生于山东高密，童年时在家乡小学读书，后因"文革"辍学，在农村劳动多年，1976 年加入解放军。从参军的第三年开始，莫言就给战友们上课。这事儿看起来很不靠谱，毕竟莫言没有上过多长时间的学，连初中都没上。但莫言的学识是有的，他的父亲上过私塾，因此全家人对知识文化都很重视，莫言也继承了父亲极强的自学能力，并且他还"自动升级"为现学现卖。因为自学成才和在《莲池》等杂志发表作品，莫言被所在的部队保送去解放军艺术学院学习文学。1989 年，莫言因在文学创作上的成就被保送到北京师范大学鲁迅文学院创作研究生班学习，并于 1991 年获文艺学硕士学位。研究生毕业后，由于自己的勤奋和好学，莫言从此走上了一条成功的文学家之路，先后发表了《丰乳肥臀》《红高粱》《檀香刑》《四十一炮》《生死疲劳》《蛙》等有影响力的作品，最终于 2012 年 10 月 11 日荣获了诺贝尔文学奖。

有关调查显示：60% 左右的学生有厌学情绪，主要是由于学习太苦太累。升学的压力、家长的高期望、过重的学习负担、违背教育规律的教育都是主要原因。

这是关乎社会、家庭、教育多方面的大问题。我们面对这种现状，应该怎么办？让学生正确对待压力，战胜学习困难，发扬"苦学"精神是有道理的，但是这种"苦学"并不是持续地忍受痛苦，也并不是无奈地被动接受，而是苦中有甜，在主动接受中享受，是乐于吃苦而品尝到人生更大乐趣的意志磨炼，是超越享乐主义，让生命意义得以实现的幸福人生过程。

自古以来，我国就有吃苦耐劳、勤奋苦读的优良传统，崇尚"吃得苦中苦，方为人上人""只要功夫深，铁杵磨成针"的思想，用"头悬梁，锥刺股"的古人苦学范例来激励一代又一代的人刻苦学习，要让学生战胜学习中的困难，取得学业的成功，苦学精神的发扬起到了一定作用。苦学彰显的是一种生命意志和信念。

实际上，通过科班式苦学，培养的大部分学生是适应某种体制的工具型人才。他们在牺牲自我中被塑造成了专业化体系的依附者和劳动机器，这就大大限制了他们的眼界和思维，很难实现创新发展。况且，按照苦学而培养出来的"人上人"终究是少数，只有乐学才能让更多的人成为活出最好自己的"人中人"。

苦学只有在自发自愿的情形下，才对学生成长有益。否则，只会扭曲人的个性，消磨人的求知热情。从某种意义上说，苦学是违反人的天性的，轻松愉快的学习才符合人的身心特点。一个人只有在身心愉悦的状态下，思维才能活跃。只有"快乐教育"才能最大限度地调动起求知欲、创造欲和自信心。快乐应该是学习的真谛，是人生的真谛。因此，在培养学生苦学精神时，应想方设法让学生学得轻松些，让他们乐意自己去学，做到寓苦学于乐学之中，在乐学中培养苦学精神。

如何让学生乐学？教育家陶行知说："如果让教的法子自然根据学的法子，那时先生就费力少而成功多，学生一方面也就能够乐学了。"可见要想让学生做到乐学，首先要以学定教，要研究学生的学法，了解和尊重人的心智发展规律，以使教学符合学生的思维发展规律和认知能力。教给学生的知识必须进入学生的思维，游离在思维之外的知识，对学生而言，只是负担，甚至会使他们养成被动接受的坏习惯，从而导致学生思维能力的退化。所以，我们尤其应该反思的是"满堂灌"式的课堂教学、"填鸭式"的教学内容和作业负荷是否尊重了学生身心发展规律，是不是应该摒弃？"硬塞知识的办法经常引起人对书籍的厌恶，这样就无法使人得到合理的教育所培养的那种自学能力，反而会使这种能力不断地退步。"这是英国杰出思想家斯宾塞的至理名言，对我们进行快乐教育有着很好的启迪。

苏联教育家斯卡特曾说："教师要用自己全部力量来把教学工作由学生沉重的负担变成欢乐鼓舞和全面发展的源泉。"所以，为学生营造快乐的学习环境，引导学生乐学、善学，义不容辞，我们必须多想办法，多学习，多探索。根据学科特点，挖掘乐学因素，培养学生学习兴趣；改进并创新教法，减轻学生过重的课业负担；关注、激发学生情感，鼓励、培养学生爱好；积极开展课外活动等，这些都是应该努力去实践的。

乐学并不等于没有苦，学习功课难免早起晚睡，难免要吃些苦头，然而有追求知识的兴趣引导，这种苦会变成主动的自觉自愿。这种苦中有甜的过程，让人变得更专注，能坐下来专心致志地读书，有了克服困难的意志，最终享受快乐学习的幸福。

纵观古今中外获得成功的伟人、名人，哪一个获取成功的过程不是艰苦的？伟大的小说家巴尔扎克 20 年如一日地每天连续写作 16 个小时以上，每天只睡三四个小时，这难道不苦吗？但他却用这种"刻苦、勤奋"换来了巨大成就，被马克思称为"超群的小说家"。此外，凿壁借光的匡衡、画荷练画的王冕、用 27 年著成《本草纲目》的李时珍、用 40 年著成《史记》的司马迁，他们的成功都与"刻苦、勤奋"密不可分。难怪爱迪生会说世上没有绝对的天才，所谓的天才是 99% 的汗水加 1% 的灵感而已。

少年儿童正处于吸纳知识的黄金时期，如果过早出现厌学现象，这是需要父母和老师认真反思的。难怪陶行知要大声疾呼："敲碎儿童的地狱，创建儿童的乐园！"乐学正是顺应了儿童的天性。在这里我也要大声疾呼："为人师者，救救孩子吧！不要让稚嫩的心理再受摧残，不要让智慧的双眼黯然无光！"

七、职业幸福不能"买"

幸福人生离不开职业满足感。一个人如果不能从事自己感兴趣的工作，不能在职业生涯中发挥自己的特长，不能做好自己擅长的工作，更不能做出成绩，就不可能获得职业幸福感。一个能在职业生涯中享受学习快乐、工作快乐、创新快乐的人，才有可能取得人生成功。

在就业十分困难的情况下，一位大学生通过父母的"运作"找到了一份令别人羡慕不已的好工作——银行网管，父母为此付出了不小的代价。然而，这位大学生并不喜欢这份工作。这份工作的主要职责是开发和建设公共服务信息管理系统。因为银行系统的计算机很少出问题（就算真的出了故障，他也没那个本事修理），开发软件更不是他的强项和爱好，他的工作显得非常轻闲。他感到无聊和没意思，不自觉地打起了游戏，有时到其他岗位串岗聊天，被领导发现后，受到了严肃批评。显然，他并没有通过父母的运作"买"来职业幸福。后来，他辞职去创业，发挥了自己善于演讲和热爱营销的优势，创办了培训公司，找到了自己的职业幸福。

当工作不能成为一种享受，而成为一种循环往复的单调时，确实会令人感到乏味。

这是发生在非洲的一个故事。一个旅游观光团来到了一个土著部落。一位老人正悠闲地坐在大树下一边乘凉，一边编织着草帽，还把他刚刚编好的草帽摆好了出售。游客们发现老人编织的草帽非常精制漂亮，纷纷驻足购买，这一场景引起了观光团中一位商人的注意。他发现了其中的商机，想着要是把这些草帽带回国去，一定可以卖个好价钱。他就可以从中赚到一大笔钱。于是他开始和老人谈判。他知道老人的报价是每顶十元钱，要是他要得多，一定可以便宜许多。可是当他对老人说出要一万顶帽子时，老人不仅没有高兴得跳起来，给他大大优惠，而是皱起了眉头，把价格抬高到二十元，这让商人十分不解。老人却道出了他的道理。

原来，老人在这棵大树下悠闲地编织草帽是一种享受。而一旦接下这个订单，就要没日没夜地忙碌干活，每天编织一模一样的草帽，直到完成一万顶任务。老人不仅不能悠闲地享受，而且会在夜以继日枯燥乏味的重复劳动中身心疲惫，精神负担也会大大加重。

"你为了什么而工作？""究竟谁是工作中幸福生活的人？"是需要仔细思考的问题。只有真正热爱工作的人，才是工作中真正幸福的人。但工作幸福是买不来的。

对于企业来说，如何使员工获得职业幸福感是检验企业管理成效的重要标尺；对于企业职工来说，是否拥有职业幸福感，既是对企业的满意程度、忠诚度的体现，又是个人生活质量的一个衡量。幸福指数较高，也是自身价值实现的一种表现。

全国劳模李斌在进工厂后，通过主动学习，掌握了车、钳、刨、铣所有工序的工作，成了一名"全能工人"，在工作中最大化地实现了自己的价值。但是，作为一个学历不高且从未接触过计算机技术的普通工人，能把自己变为一个数控机床专家，能自己设计程序，解决连外国专家都没解决好的问题，远远超过了他自身的能力。可是，他做到了。他通过痴迷地学习和钻研，调动了潜在的能力。这就是自我超越。他干成了自己原有能力所不及的事业。这种成功的感受是一种一般成功体验中所不可能有的"山登绝顶我为峰"的巅峰快感。

李斌进入这种境界后，有企业用五十万年薪聘他，他本可以跳槽，但他却向更高层次的需求去挑战。他开办了学校，培养了一大批"小李斌"，铸造了超越企业原有能力的大成功、大效益，让全体企业员工，乃至整个社会都在走智慧企业之路，其意义已远远超越了李斌一个人发财的意义。有什么能比自己成就巅峰事业和培养栋梁之材更让人兴奋无比的呢？没有。李斌在融入大自然、大社会中走向"天人合一"的"大我实现"状态。

人是有需要的动物，其需要取决于他已经得到了什么、还缺少什么。尚未满足的需要更能够影响人的行为，已经得到满足的需要对人的激励作用就会变小。人的需要是分层次的，某一层次得到满足之后，另一层次的需要才会出现。因此，要让员工获得职业幸福，需要不断提升人的需求层次。这种不断提升员工需求层次的工作是企业文化工作的重要内容。

人生的需求层次以生理需求为起点，随后是安全需求、归属需求、尊重需求、求知需求、求美需求、自我实现需求、自我超越需求，直至大我实现需求。

人们工作、学习，正是不断满足自身需求的过程。但由于环境影响、自身学习和素质水平的差异，人们的需求层次是不一样的。只有立足于高层次需求，把自我实现与社会需求相结合，才能创造人生的最大价值。

八、人生幸福不能"等"

正是我们经历的所有苦难，让我们变得如此强悍和聪明，使我们获得启迪和智慧。历经苦难而成长起来的人，最终的目标是追求人生的幸福。这种幸福不是一时的快乐感受，也不是一次成功的结果，而是享受人生过程中的苦与乐、祸与福、悲与喜、坏与好、难与易……

人生幸福不能"等",要在人生的每个阶段,把握好瞬间,融入好环境,呵护好心灵,设计好行动。孩子成长不能等,成家立业不能等,夫妻和谐不能等,乐学乐思不能等,享受工作不能等,孝敬父母不能等,人生反思不能等……

第八章

提升家庭媒介素养，发展美好幸福人生

> 媒介素养既是一种与媒介打交道的能力，也是人们的一种生存方式、思维方式。媒介素养教育关乎社会和谐发展与幸福人生成长，是需要社会全方位关注、社会成员全员参与的大教育，而其起点就是"家"，搞好家庭媒介素养教育是发展美好幸福人生的基础。

由广东省社会科学院青少年成长教育研究中心、少先队广州市工作委员会办公室、广州市少年宫少先队工作部联手在广州市12个区进行专题调研，之后发布的《2012广州市少年儿童媒介素养教育调研报告》显示，在信息爆炸的今天，孩子们已经深处"媒介化"生存环境当中，网站、微博等新媒介越来越成为少儿获取信息的重要途径，82%的小学生每天都会上网，超过52%的学生每天上网的时间多于30分钟，其中84.14%的孩子每天都会使用QQ，80.08%的孩子每天都会上网看视频，71.21%的孩子每天都会玩网游，42.02%的孩子每天都会使用腾讯微博，34.87%的孩子每天都会使用新浪微博。当代少儿就是和网络、电脑、手机一起成长的。这些新媒介的信息互动、搜索、交际等功能，已经成为孩子生活的组成部分，深刻影响着他们的学习、生活、交往和思维方式。

家长和老师如何正确指导孩子使用网络、引导孩子利用网络等，已经成为重要的课题。

专家认为，要在广大少儿中普及推广媒介素养教育，让更多的少儿拥有一种现代社会重要的生存本领——媒介素养。通过学习，让广大少儿从被动的媒介受众成为主动的阅听人、积极的参与者和传播者，成为信息时代合格的公民。

一、新媒介时代来临

以数字化媒体为代表的新媒介技术的出现，使人类逐渐步入了信息时代。人类与信息传递媒介之间的关系从来没有像今天这样紧密。日新月异的信息和通信技术让我们处于信息的海洋之中，而作为传播信息的工具——媒介（报纸、广播、电视、网络，手机等）也成为我们生活和工作中不可或缺的一部分。通过媒介，我们扩大了视野，在"放大"了的环境中生活和工作，并被这个"放大"了的环境塑造着，改变着。少儿们更是几乎一出生，就处于数字化的生存环境之中。新媒介成为像空气和水一样的生活环境和资源。一方面，人们越来越依赖新媒介娱乐、工作和生活；另一方面，无处不在的新媒介也潜移默化地对人们的认知、情感、观念、态度和行为产生着影响。作为人们对自身生活满意度的认知评价和情感体验，主观幸福感也必然受到所拥有和使用的媒介的影响。如何通过提升媒介素养来发展幸福人生，就成为不得不思考的问题。

二、什么是媒介？什么是媒介素养？

（一）什么是媒介？

媒介一词，最早见于《春秋左传正义·桓公三年》："公不由媒介，自与齐侯会而成昏，非礼也。""言己，介达之，介音界，媒介也。"作者杜预认为，没有通过媒人而直接会见并订下婚约是不符合正统礼仪的，让人推荐自己，就要通过媒介来实现。《旧唐书·张行成传》："观古今用人，必因媒介。"这也说明了媒介在人才推荐这种人际传播中的重要性。在《纸——文化的媒介》一文中，把纸张视为可以承载和传播文化信息的媒介，已经完全符合传播学中对于媒介的认识了，而纸张和电报正是最早出现的大众化媒介。

总之，媒介是指使双方发生关系的人或事物，凡是能使人与人、人与事物、事物与事物之间产生联系或发生关系的物质都是广义的媒介。只不过，古代的媒介主要指的是现实生活中的人际传播概念，行使着创建人际关系的功能，而现代传播学中的媒介则主要指的是虚拟生活中的大传播概念，行使着传递信息的功能。伴随着媒介概念的延伸和发展，报纸、广播、电视、网络、手机等越来越成为与人们生活、工作息息相关的媒介产品，它们发展着人，也改变着人。但无论媒介如何发展，都是"人"的延伸（人是中心），离不开以人自身的"实"的生活为基础。如何在阴阳之间达到平衡（"实"世界与"虚"世界平衡），成为提升媒介素养、发展幸福人生的重要问题。在以数字化媒介为代表的新媒介技术迅速发展的今天，拒绝网络和手机只能造成落后和愚昧；但脱离现实生活中的自然情趣、人文情感而陷入虚拟网络不能自拔，也是一种扭曲人性发展的游戏人生状态。

在电影、广播和电视媒介时代，为数不多的制作者将信息传送给千千万万的消费者，播放模式有严格的限制，媒介只是个单向传播工具。信息高速公路的先期介入以及卫星技术与电视、电脑和电话的结合，促成一个集制作者、销售者、消费者于一体的系统的产生，其本质特征就是双向沟通和去中心化。以网络为例，互联网中的"博客""播客"和"微信公众号"等的开通为公众发布信息提供了平台，每一个公民既是受众，也可能是传播者，现代社会的每一个个体都是媒介公民。其中，"制作者""销售者""消费者"三个概念间的界限不再泾渭分明。

普通人成了新闻的生产者和传播者，传播主体不再仅掌握在少数人手中，传播的权力、信息的话语权也被分散到了普通人手中，人们可以根据自己对信息的解读自由发表言论。

然而，我们也应当看到，媒介也是一把双刃剑，把控不好也会出问题。

媒介个人化加剧了信息传播内容的泛滥，把关难度大。且不论近年来由于手机短信引发的疾病恐慌、军事武装恐慌，还是单从网络恶搞的不断加剧，且愈演愈烈，不分国界、不分年龄、不分职业，就可以看出这一特点。

在网络中，人们时而虚假，时而真实，使得网络信息真假难辨。有的人点击了某个链接，自己的机器就中了病毒，银行账号即刻被盗走，成千上万的资金被莫名转走。有的人见网友时竟然被拐骗。人们发现，虚拟世界中的安全威胁和"陷阱"更多、更复杂。如果缺乏运用媒介的素养，将很难适应这光怪陆离的世界。

（二）什么是媒介素养？

1992年，美国媒体素养研究中心对媒介素养下了如下定义：媒介素养是指在人们面对不同媒介的各种信息时所表现出的对信息的选择能力、质疑能力、理解能力、评估能力、创造和生产能力，以及思辨的反应能力。

媒介素养高的人不仅有主动接受和正确使用媒介产品的能力，而且能用独立的批判的眼光识别媒介信息真伪，建设性地利用媒介信息的能力，还能够在正确判断和估价媒介信息的意义和作用之后，有效地创造和传播信息。对于媒介素养高的人来说，媒介使他们作为"人"的智慧得到迅速发展和延伸，并使之在更大范围、更多领域为社会发展提供正能量和创新成果，适应和满足社会发展的需要；而媒介素养低的人，就像波涛中的一叶小舟，被信息化时代的浪潮裹挟着。人的大脑一旦失去了自主，就必然被媒介化世界塑造成被动的工具和机器，也就难有幸福可言，哪怕媒介化世界给他带来无穷的财富和权力。

显然，提升媒介素养不仅要融入时代环境学习信息网络知识，提升应用信息网络的技能，还要学会辨别真伪，防范好网络安全陷阱的威胁；不仅要运用网络解决好现实生活和工作中的成长与发展问题，还要借鉴互联网思维等实现创新发展、协调发展、绿色发展、开放发展、共享发展。

三、提升家庭媒介素养，发展美好幸福人生

（一）新媒介时代：家庭教育遇尴尬

他们一边做作业，一边时不时地瞄一下手机上的短信或微信；他们一边从网上搜索着作文素材，一边通过聊天软件和同学、好友聊上几句；他们刚合上作业本，就飞快地打起电脑游戏；他们玩累了，把耳机塞进耳朵，又听起了歌，一边听还一边跳。

孩子的父母开始担心他们上课注意力难以集中；他们字迹潦草，难以辨认；他们沉迷于游戏难以自拔；他们过早知道了成人的秘密。他们知道得比父母还多，让许多家长自叹不如。在孩子面前，不少家长发现，自己对孩子的"教育"（说教）成了"正确的废话"。

1. 亲情遇上"低头族"

年轻的父母们自从用上手机后也成了"低头族"。他们看微信,还没看完内容就开始点赞,恨不得一下子把所有的信息转发到世界各地。坐在一旁的孩子不断呼喊:"妈妈抱抱……爸爸抱抱……",可孩子的父母似乎一点儿也没听到,还在那里低着头玩手机。孩子继续喊叫着:"陪我玩!陪我玩!"顺手去抓妈妈的手机。妈妈不耐烦地瞪了孩子一眼:"等会儿。"孩子不再说话了,他在冷漠中渐渐睡着了。

给老人庆祝生日那天,老人看到孩子们一个个来到家,还给他带来许多礼物,高兴得喜出望外。可不一会儿,不论大人还是孩子,个个都拿出了手机,低着头刷起来。老人叫这个、喊那个,一个个刚抬一下头,就又都低下头继续刷屏。即使到了餐桌上,互相之间还不忘分享链接、扫二维码。老人无奈地摇摇头,不再说什么。

一个不到10岁的孩子一放学就玩起平板电脑或手机,他的小眼镜前不久刚增加了度数。旁边的妈妈一个劲地唠叨:"再玩,眼睛就瞎啦!"可孩子的耳朵似乎被屏蔽了,玩个没完,叫他吃饭都不过去。孩子的妈妈呼喊丈夫管教孩子,可丈夫似乎没有听到,他也在那兴致勃勃地玩着手机。妈妈无奈地摇摇头:"有其父必有其子……"

对于儿童来说,更多地通过媒介而不是面对面交流,儿童的面部表情、眼神、语调和身体姿态等非语言社交信号读取重要信息的能力会减弱。他们在现实生活中将很难健康生存与生活,很难辨识真假对错,非常容易上当受骗。如果这种能力继续弱化,人类将与机器人无异。以人的发展为中心,以提升媒介素养为延伸,就要以在"实"的世界中唤醒自然情趣、人文情感、心灵情操为基础,以在"虚"的世界中延伸能力、服务社会为宗旨。

为了孩子的健康成长,也为了我们的幸福人生,先放下手机,多陪陪孩子,用温暖的拥抱、温柔的话语、微笑的脸庞、眼神的对视,唤醒自己的人文情感，帮助孩子激活心灵的智慧。人与人之间通过表情、肢体、态度所实现的互动交流，是任何媒介工具都无法代替的。

2."屏幕依赖症"

"屏幕依赖症"越来越成为一种习惯。对于不少人来说，无论是走路还是乘车，无论是在办公室还是在家，时不时拿出手机刷屏已成了一种生活习惯。只要一会儿不看，心里就感到不安。在微信朋友圈里，手机与粉丝粘在一起，一举一动都广而告知。"屏幕依赖症"把人从现实生活吸引到虚拟社区，而虚拟社区中大家的关系又变得越来越简单。他是我好友列表中的一员，我也是他好友列表中的一员。人人都不在乎别人怎么样，却乐于分享自己的状态，并等待别人点赞、评论和转载。关系好不好，就看关注度。"屏幕依赖症"拓展了我们的人际关系，却弱化了人文关怀和自然情趣。"屏幕依赖症"还将人们从安静的传统深阅读中拉出来，去迎合碎片化的浅知识浏览。试错和顿悟少了，武断的结论和自我的张扬多了。

当孩子急需要人文关怀而哭闹时，屏幕又成为良好的"止哭器"。实际上，孩子寻求爱抚、陪伴和关注是最基本的情感需求，一旦被"屏幕托管"而形成"屏幕依赖症"，别看眼前不哭不闹了，却阻挡不了在日后出现严重的心理问题，小则哭闹、恶作剧，大则自残或伤害他人，甚至用犯罪方式去补偿自己心理方面的缺失。当孩子出现严重问题时我们才想到搞好家庭教育，其实已经错过了孩子心理成长的最佳时期。

3.隐私公开化

隐私与隐私权的问题一直是民法研究的一个主题。从本质上来说，隐私是个人的，是属于私人领域的，它是指个人不愿公开的事实，但随着科技和大众传播的发展与介入，隐私问题不仅成为媒介所关注和报道的内容，而且由于大众传媒的有所作为使个人的隐私具有了公开化和社会化的性质和发展趋势。那么，这种现象产生的原因是什么？有人要把自己的隐私公开，动机是什么？为什么有些人的隐私被莫名其妙地公开？

数字化技术日新月异的创新为新媒体的发展提供了土壤，加速了媒介传播与发展的速度。一种基于位置的服务模式（LBS）出现了。它是通过电信移动运营商的无线电通信网络或外部定位方式获取移动终端用户的位置信息（地理坐标或大地坐标），在地理信息系统平台的支持下，为用户提供相应服务的一种增值业务。根据用户签到信息分析用户生活习惯并主动推送用户所需内容，也是这种模式目前探索的主要思路之一。大数据时代最有价值的就是用户的信息，许多互联网公司试图用各种各样的方式获取用户的信息，根据这些信息分析用户的习惯，再根据用户习惯向用户推送定制内容。

在这种情况下，手机媒介传播过程的互动模式为：传播主体通过"报到"（办理登记手续）的方式将个人信息实现共享，从而得到该地范围内的网络服务。这就意味着在分析社交媒体公众领域的服务信息的同时，也使得自己的隐私得到共享。隐私的内容不仅包括地理位置，还包括手机号码、个人姓名等。通过调查，不少人运用这种模式并不简单地只是为了签到，自我展示的情感诉求使得更多的传播主体更加热衷于上传个人照片、行踪旅途以及内心独白等，这些在公众领域展示自我的需求与个人隐私之间势必存在不可调和的矛盾，值得大家关注。

基于位置的服务模式融合了大众传播、人际传播、互联网传播等多种传播方式，打破了传统的单一传播渠道，实现人际传播的双向互动，令信息受众享受到了独特的传播空间。公众可以利用服务平台发布自己感兴趣的和对自己有帮助的信息，并依靠这些构建一个门槛很低的手机媒介圈。这个手机媒介圈同传统的网络、媒体和新兴的新媒体，共同将用户信息暴露无遗。

隐私是人类心理安全的有效屏障。保护好个人隐私，引导孩子学会保护好个人隐私，是媒介素养教育的重要内容。在网络上，不要以为晒晒孩子照片、随便扫个二维码、上个免费Wi-Fi（无线网络）、点击个红包链接是无所谓的事，或许正是这无意中的一个小动作，为事后的生命财产损失埋下祸根。

4. 厌学爱上网

在网上搜索"厌学爱上网",你会找到许多相关信息。孩子"厌学爱上网"已经成为一种较为普遍的问题。本来家长把孩子送到学校,是希望孩子好好学习功课,考上好的中学和大学,将来能走向成功。可有的孩子从小学就开始迷恋上电脑游戏,到了初中、高中就陷入网络游戏之中不能自拔,让为他操碎心的家长陷入十分痛苦的境况。

一个孩子回到家里,就一头钻到平板电脑或手机的游戏娱乐之中,全然不顾还有家庭作业要做,家人叫他吃饭也爱搭不理。等到好不容易催促他吃了饭,开始做作业时,你会发现,孩子迅速打开电脑,从搜索引擎里找到答案,很快把作业做完了。这时,只听手机铃声响起,孩子和对方完成对话后,重新打开电脑上网,然后用手机扫码。当手机上出现"文件传输助手"后,孩子"三下五除二",把刚做好的作业电子版通过网络传给了对方。显然,和他通话的是一位还没做作业的同学。他提供了"热情帮助",解决了同学的"困难",找到了自信,那位同学则通过抄袭作业来应付明天的检查。

我们发现,许多孩子不认同"上网会影响学习",网瘾也并非上网的必然结果。他们认为网络是不可或缺的学习手段。不少家长也认为,孩子在一天的紧张学习后,玩玩电脑游戏放松一下也是可以理解的。可令家长困惑的是,孩子一玩起来就收不住,一旦限制,孩子就不高兴,反而变得越来越逆反。一些孩子因为过度依赖电脑而变得不爱动脑筋,动不动从网上找答案,所掌握知识的含金量变得越来越低,学习成绩直线下降。

对于家长来说,如何找到上学与上网的平衡点,如何引导孩子从"浅阅读"走向"深阅读",如何帮助孩子从"玩游戏"走向"玩学习""玩工作",是家长需迫切提升媒介素养的重要原因。

5. 知识碎片化

据 2019 年 4 月 20 日发布的《第十七次全国国民阅读调查数据》显示，受数字媒介迅速发展的影响，数字化阅读方式的接触率为 81.1%。在线阅读、手机阅读、电子阅读器阅读、平板电脑阅读等已经成为人们阅读的首选。可怕的不是阅读方式的改变，而是由此造成的思想层面的惰性和思维能力的弱化，是碎片化的阅读使人们远离了对知识系统的整体把握，以及对学科知识的融会贯通。

新的研究表明，纸质书读者在移情、专注和叙述连贯性方面强于用电子设备阅读的读者。数字化使阅读变得越来越不连贯，越来越碎片化，与之对应的是思想的表面化，人的行为也变得浮躁起来。人们获取信息途径的多样化、便捷化，在某种程度上使思考变得"廉价"，机械地"复制"只能使人越来越远离人性的本真。

6. 人格虚拟化

媒介化时代的发展，使现实中的人在虚拟网络中也有了自己的"身份"，并渐渐树立起自身的虚拟人格形象。与现实世界不同的是，在虚拟世界中，我们可以拥有不同 ID（身份标识号码），拥有众多的形象和"包装"。随着我们网上活动的开展，我们必然树立起虚拟化的人格形象，他（她）可能和现实生活中的人格一致，也可能是现实生活中的"伪装"。

网络应用程度越高，虚拟世界中的自我就越清晰，就越会具有非常鲜明的虚拟人格，社会关系亦会更加密切。衣食住行，喜怒哀乐，亲属关系冷热，都会在这个世界中变得如此真切。慢慢地这些东西不再是幻影，会对现实中的自我产生巨大影响。

尽管现实世界和虚拟世界中的角色和社会关系是两个不同的集合，永远也不会完全重叠，但两者之间是存在交集的，可以相互促进，而且这个重合的比重会越来越大，直至有一天连你自己都很难分辨清楚这究竟是现实还是虚拟，反正都会对你个人发展产生影响，甚至导致传统社会关系和社会结构的重构。

现实中，人们注意到很多青少年在生活中循规蹈矩，但是在网络中却是截然不同的"另类"。这表明，青少年最容易受网络双重人格的困扰，这使他们的态度发生很大变化，社会化程度受到严重影响，也给个体心理健康带来障碍，甚至让他们表现出明显的攻击倾向和反社会行为。

人格是一个人所表现的稳定的精神面貌，是具有一定倾向性的心理特征。人格结构是多层次、多侧面的，是由复杂的心理特征经独特结合构成的整体。

网络中，网民习惯于利用电子文本的方式创造出一个与"现实我"存在某些差异的"网络我"，这个虚拟的个体可能是完全不存在的，所提供的资料是现实中无法被证实的，或者既具有某些真实个体的特点，也具有某些个体理想化编造出来的因素。个体可能在现实中具有积极、友好、顺应社会和有规可循的人格，但在网络中却可能表现出消极、攻击、反社会和杂乱无章的人格，不同人格相互独立，保持彼此的稳定性。

由于在网络上人们是匿名的，每个人所讲的和所做的无法与现实中的个体建立起一一对应的关系，因此减少了个人对自己行为所肩负的责任，可以随心所欲地讨论所有的事情。由于网络成员已经建立起对电子文本的信任，可以通过它进行有效沟通，因此在自己留给对方的初始印象和想象空间的基础上对自己进行包装和加工，完善"网络我"的特点和性格是普遍现象。事实上，网络交往是否可以深入下去，并不在于"现实我"的诚实度，而在于所塑造的"网络我"是否让人觉得真实可信。

社会竞争对每个人都提出了越来越高的要求，竞争的压力在青少年身上也体现得相当明显。升学、竞赛、工作等都令他们不由自主地产生压力，他们的紧迫意识、危机意识明显增强。而青少年都有自由的天性，这些比较高的要求极大地束缚了孩子天性的发展。他们也需要缓解和释放，于是才会借助网络释放心理的压力。

青少年学生思维比较活跃，表现叛逆，常常有意无意地以自己的方式发现和检验外在的价值信条，但是他们往往缺乏分辨价值体系的内在客观标准，在多元价值冲突的时候最容易迷失自我，从而无法明确自己的人生目标。网络是多元价值体现得最为明显的地方，因而他们选择在网络中寻找"另类"的快感，渐渐形成了自己的虚拟人格。

人格的虚拟化倾向似乎正在让现实中的人变得孤独起来，而且渐渐疏远了亲情。一家人回到家里，除了刷屏玩手机，在各自的朋友圈中找乐趣之外，彼此之间的沟通似乎越来越少。甚至近在咫尺的家人之间有什么急事需要沟通，也仅仅是在微信里留个言。要是家人没有看朋友圈，重要的大事有可能被耽误。

家庭关系一旦被淡化，就会失谐，幸福就会渐渐远离。尽管网络社区让我们有了一个更大的"家"，可以享受到越来越多的媒介带来的快感，却永远代替不了那个实实在在的"小家"。可是有不少人正在人格虚拟化中用"虚家"代替着"实家"。一旦夫妻关系产生矛盾，冷战淡化了亲情，双方就有可能从网上寻找知音或恋人，在寻求网络激情中做出现实的越轨行为。一旦亲子关系冲突加剧，逆反中的孩子也会把宣泄的窗口在网上打开。

其实，亲情的疏远并不是网络的罪恶，而是人们没弄清现实世界与虚拟世界的关系，没有把做好现实中的人作为根本，虚拟世界的人作为延伸，却倒过来，把虚拟世界看得比现实世界更重要，重视虚拟人格的形象超过重视现实人格的形象。

显然，提升媒介素养还是要回到现实世界中来，首先从做好"人"，从培养自然情趣、人文情感、心灵情操开始。

(二) 提升媒介素养从"家"开始

1. 面对孩子：实现人生再成长

媒介时代，家长采用"堵"的方式限制孩子接触媒介不是好方法，与孩子一起共同学习，互动成长，并用自身的成长树立媒介素养新形象才是出路。

小芳妈"下岗"了。她意识到自己已经落伍了，就把希望寄托在女儿身上。要是小芳考上大学，将来有了好工作，自己再失败也无所谓。

从那天起，她把全部精力都用到了教育孩子身上。她相信，只要严格要求，及时督促，小芳一定会成为优秀的学生。

然而，事与愿违，女儿小芳不仅没有在她的严格要求和随时督促下好好学习，考出好成绩，反而变得越来越逆反，还迷恋上电脑游戏。她一次次生气地把电脑关掉，却遭到小芳更强烈的反抗，小芳的学习成绩直线下降。小芳有时玩电脑到深夜，早晨怎么叫也不起床。小芳妈怕她耽误功课硬把她拽起来，可小芳却说："我困了，上学我也是睡觉。"气得小芳妈一巴掌打下去。想不到小芳一生气便离家出走了。

这可急坏了小芳妈。她到处找，挨个问亲朋好友，却一点儿消息也没有，直到晚上11点多，还没有发现孩子的踪影。小芳父母立刻报了警。警察也开始帮忙寻找。此时的小芳妈已经哭成泪人。一直到凌晨2点多，还没有女儿的消息。她开始后悔了，后悔不该打孩子，后悔对孩子是不是太严厉了。

小芳离家出走后，先是想到去小姨家，可小姨也是动不动说她这也不是那也不是，到头来还得劝她回家。她又想到去外地的伯伯家，可她出来一点儿钱也没带，车票都买不了。去同学家吗？那些和她要好的同学都学习不太好，她们的家长一个个也是凶巴巴的。就这样，她在街上转来转去，一直转到了运河边。她找了一块干净的石头坐了下来，越想越烦，一个劲向河里扔着石头，也解不了心中的烦恼。她实在不想上学了。她忽然想到，可以去打工，可她岁数太小，人家要她吗？她没有把握……

天渐渐黑下来，她感到了几分凉意，有点儿想回家，可一想到妈妈生气的样子，她就发憷。她甚至想到，活着太没意思了，她呆呆地看着河水，一个可怕的念头一闪而过……此时已是深夜，街上一个行人也没有，小芳呆坐在河边，靠在石头上睡着了。

不知过了多长时间，她突然被不远处的声响惊醒。她警觉地抬起头向右前方看去，只见两个黑影鬼鬼祟祟地向这边走来。"一定不是好人"，小芳判断着。此时她的睡意全无，屏住呼吸，紧紧贴在石头边一动不动。

两个黑影走过来了，向小芳这边看了看，但很快又向前走去。显然，天太黑，他们没有看到小芳。直到两个黑影渐渐消失在夜色中，小芳一骨碌爬起来，飞快地向家跑去。

小芳妈听到急促的敲门声，连问都没问一声就把门打开了。看到哭着回来的女儿，她上去一下子把女儿抱在怀里。女儿哇哇地哭了起来……

第二天，小芳妈找到了张老师。得悉小芳回来，张老师一颗悬着的心也放了下来。小芳妈听过张老师的家庭教育课，很受启发。她知道教育好孩子，大人也要学习和成长，要在反思中改变自己，为孩子创造一个和谐的家庭环境。可她只怪孩子不好，总忍不住用审视的目光盯着孩子的错误，结果不仅没有改变孩子，还差一点儿让孩子出危险。她终于明白了，是自己的错误思路和方法害了孩子。

小芳妈开始走近小芳，和孩子一起玩电脑游戏，体验和理解孩子心里的感受，最终她们成为"电脑友"，以"相似性角色"作切入点，沟通也会变得容易起来。

小芳妈拜孩子为"小老师"，请小芳帮助她掌握电脑知识，跟上时代的步伐。电脑有什么问题和故障，她就请小芳调试和修理。如果小芳解决不了，她就请电脑维修人员来帮忙，她和小芳则在一边观看。小芳还会不时地提出问题，渐渐学会了解决问题的思路。她还请小芳指导她做电子相册。小芳的兴趣渐渐由单纯"玩游戏"迁移到"玩修理""玩多媒体制作"，成了电脑维修和多媒体制作的能手。

在张老师的指导下，小芳妈和小芳一起读书听课，母女两个渐渐把电脑爱好变为"从事IT产业，实现智慧就业"的信念和意志。以"相似性联想"作迁移点，书香环境就创建起来了。

后来，小芳妈在小芳的帮助下，从事起高科技第三产业，在代理品牌电脑销售和多媒体制作中找到了创业发展的新机会。小芳也在妈妈"做"的教育中找到了榜样，变得更爱学习了。后来她考上了一所重点大学，毕业后成为一名出色的IT经理人。所以，以"相似性智慧"作创新点，人生就能活出精彩。

2. 家校共育：培养媒介时代的好孩子

媒介素养是正确使用媒介、发展人生、服务社会的综合素质。媒介素养教育离不开家校共育，而家庭媒介素养教育则是基础。

（1）什么样的孩子是好孩子？

有人说，学习成绩好、听话、能考上好学校的孩子是好孩子。当我们用这样一种思维来培养孩子时，我们发现，那些在我们的严厉管教中培养出的"好孩子"却在就业中遇到了一个个难堪和尴尬。由于缺乏媒介素养和专业能力，又缺乏主动学习的素质，许多看似简单的工作却干不好。

好孩子实际上是在做好"人"的基础上发展了媒介素养的人，是具有家文化素养的人。这种家文化素养往往体现在，能替他人着想的善良（善），不用他人提醒的自觉（智），乐于接受约束的自由（乐）。

为什么有的孩子玩起游戏不能自拔？其实这和孩子早期教育中没有"玩工作"有关。什么叫"玩工作"？孩子的家长如果认为自己有钱、有精力包办孩子的一切，在溺爱、管控中让孩子被动成长，而没有生存生活体验，那么，孩子一旦接触了媒介，就会把这种游戏人生的体验"放大"到媒介世界，就会在游戏人生中毁掉自己的前途。显然，我们以"怕影响孩子学习"为由，剥夺孩子做家务、参加兴趣小组活动、与他人交友、到大自然中去观察和发现等自由和权利,其实是剥夺了孩子先做好"人",为发展媒介素养打好基础的机会。当我们发现孩子陷入网络游戏不能自拔,甚至把虚拟世界的打骂仇杀变成现实世界的行为时,想再重新帮助孩子学会做"人",已错过了关键期。显然,媒介素养教育要从早期教育开始,这绝不是简单的道德说教和管教限制就能解决的问题。

(2) 家校共育,培养媒介时代的好孩子

互联网让家校沟通变得容易起来,借助移动通信、QQ群、微信群、微信公众号等,家校之间的沟通"即时"而透明。这种模式既有利于家长第一时间掌握孩子的情况,也拓展了家长获得家庭教育信息的渠道。在这种情况下,家长和老师都要转变观念。家长要改变"重孩子教育投入,轻自身发展;重对孩子说教,管教孩子'听话',轻与孩子平等沟通和对话"的情况。老师要改变"只要求家长配合老师督促孩子做好作业,忽视发挥家长主体作用"的情况。

- 家长是家庭教育的主体

有些家长认为,我们把孩子交给学校了,只要配合老师督促好孩子学习就行了,因而放弃了自己的主体地位和作用。其实,家庭教育是学校教育的基础,学校教育只不过是家庭教育在知识学习方面的专业化延伸。一个孩子缺乏在家庭教育中所培养的人格魅力,就很难成为自主学习、主动成长、智慧发展的人。所以,家长要做好家庭教育的主体。主体就是对客体有认识和实践能力的人。如果我们对自己的孩子不了解,就很难教育好孩子。

- 发挥好学校的重要作用

搞好家校共育需要政府主导、部门协作、家长参与、学校组织、社会支持,而发挥好学校的重要作用是关键。

首先是把家长请进学校,共同搞好家校共育。也就是说,家长也要参与到学校民主管理之中。这包括成立家长委员会,创办父母学堂,召开家长会,设置家长接待日、开放日,做好家访等各项工作。在家校合作过程中,要特别重视发现一大批爱学习、有家文化素养的优秀家长,并使之成为家庭教育的骨干力量。

家长工作在各行各业,许多家长都有很高的媒介素养,发挥好家长在媒介素养教育中的骨干作用,鼓励家长给孩子上好生存生活课、媒介素养课等,有利于孩子幸福人生的发展。

● 形成社会支持网络

社会支持网络包括党政部门、妇联组织主导,老师、家长参与,以及各类社会资源如少年宫、托管教育机构、社会团体等参与。

要加强组织领导,把家庭教育和家校共育列入议事日程,安排相关经费,做好评估,要设立家庭教育课题,取得家教成果,形成中国特色的家庭教育理论体系;要宣传引导,提炼典型经验,创造良好的家风氛围,把家庭教育上升到国家战略去思考。总之,家庭教育和家校共育工作是需要社会全方位关注、社会成员全员参与的大教育,是发展幸福人生、提升媒介素养的起点。

3. 融入时代:学会学习和成长

由中国儿童中心等机构联合发布的《中国城市儿童户外活动蓝皮书》指出,在对北京、上海、广州、西安、合肥五个城市的小学生的一项调查中发现,城市孩子的户外活动时间、频率、质量正日趋下降,看电视、玩电脑游戏成为孩子课余时间的首选活动,甚至挤占了他们的睡眠时间。健康专家从多角度解析了户外活动对儿童的重要性,表示儿童的健康成长离不开户外活动。

北京师范大学心理学院伍新春教授表示:对于我们的社会来说,这是一个令人担忧的发展趋势,这会对儿童生理及情感发展带来负面影响。儿童通过参与户外活动可以获得认知、智力以及社交等各方面能力的提升。然而如今孩子们沉迷于电子产品和视频游戏,只有手指得到了锻炼,但身体的其余部分并没有参与，这限制了他们全方位能力的发展。

媒介时代，如何帮助孩子学会学习和成长，成为家庭教育的重要内容。

(1) 亲子陪伴：媒介时代共成长

广州市少年宫副主任、省社会科学院青少年成长教育中心重点课题《青少年媒介素养教育》组组长张海波，在少年宫的讲座上呼吁：数字时代出生的孩子，需要与时代相适应、具备相应能力和素质的新一代父母。

张海波认为，"00后"孩子的父母是中国第一代承担起"媒介素养教育"的父母，因为新媒介一日千里地发展，"苹果时代"的家庭正处于"共喻"（晚辈和长辈互相学习）和"后喻"（长辈反过来向晚辈学习）的时代之中。据课题组进行的广州市少先队员媒介素养状况调研显示，广州近一半的孩子认为关于上网的知识"我比爸妈懂得多"，这表明在新媒介时代，父母不仅要及时更新知识，更要积极学习国际先进的"媒介素养教育"理念，否则在孩子眼中就落后了。

如何在新媒介发展的数字时代当好榜样父母？张海波支招儿，面对无处不在的新媒介，传统"堵"的办法已经失灵，2～8岁的孩子相对比较听话，是父母可以把握得住的黄金时期，这个时候应该帮助孩子建立起安全健康使用新媒介的习惯和规矩。如从小与孩子进行亲子约定：在使用媒介、玩游戏等方面约定时间和内容，让孩子逐渐形成自我管理时间、自我管控媒介行为的好习惯，这也是预防网瘾发生的好办法。9岁以后，孩子在学校开了电脑课，网络交友更加广泛，容易出现叛逆、沉迷网络等问题，家长则要用沟通来取代权威，掌握有效的沟通和处理技巧。最重要的是，数字时代，家长不应该将电子产品扔给孩子作为替代和安抚，而应该多陪伴孩子，让亲子关系大于媒介关系，以免孩子把网络和媒介作为最好的朋友。

上初中后，儿子放了学不按时回家的情况越来越频繁。我曾提醒过他多次，可他都说找同学玩了一会儿。想到孩子忙了一天学习也够累的，玩就玩一会儿吧。但越是不管他越是回来得晚，回来后赶着做作业，字写得越来越潦草。我们开始担心了：总这样下去，孩子学习是会被耽误的。

终于有一天，我把儿子叫过来和他谈了一次话。儿子似乎看出我的不满，表示今后不贪玩了，要好好学习。但我却若有所思：不了解孩子心灵深处的秘密，就不可能真正理解孩子，也就教育不了孩子。我决定静下心来和他沟通。因为曾经听儿子接电话时说过"程序"之类的话语，我猜儿子可能是和同学玩电脑，就试探着问："你喜欢电脑吗？"儿子轻轻回答："喜欢。"他似乎觉得答得不妥，又补充说："我以后好好学习。"

爱好是成才者之神，儿子爱好电脑又有什么错呢？我说："爸爸也喜欢电脑！"

儿子一脸惊讶，顿时转忧为喜。他滔滔不绝地讲起电脑游戏如何好玩，他已经过了几道关。

我知道儿子已经迷上电脑游戏了，只是不应当因为玩游戏而影响学业，而要对正在学习的各学科也要培养出兴趣爱好来。

和妻子再三商量后，我们决定给儿子买电脑。这不仅是因为我们也需要学习，要跟上时代，更重要的是，孩子能有一个痴迷爱好的机会是十分难得的，不在他最需要的时候满足他的学习要求可能造成终生遗憾。

自从有了电脑，儿子放学回来就不往外跑了，总要玩会儿电脑游戏。他玩的时候我也凑过去，培养自己的兴趣。我悄悄提醒自己："深入虎穴，危险重重，弄不好教育不了儿子，自己也被俘虏，一定要警惕。"儿子最喜欢玩双人游戏，他希望爸爸能成为他的假想敌人，但我并不情愿。为了和他成为朋友，我忍耐着也得打进他的"王国"。随着我对电脑的兴趣越来越浓，儿子无拘无束地高谈阔论起来。我发现，他的口头表达能力在提高，和我的关系也变得融洽了。我们成了"电脑友"，并一起约定：不耽误学习，每天只玩半小时，到点立刻学习，我读书写稿，他先把作业认真做完，然后阅读《电脑报》和其他书。我还答应他，周末带他去郊游，一起到大自然中去放飞心灵。

有一次，我发现儿子正盯着一串串英文提示发呆，就问了一句："电脑出问题了吗？"儿子说："没事儿！"说着就按ESC键想退出界面。我猜想，他肯定是有的英文单词不认识，想放弃，就赶忙制止道："爸爸想知道出问题的原因。"儿子惊讶地望着我，似乎在说：这个"爸爸学生"还挺认真。他立即起身去找词典，不一会儿就胸有成竹地走回来。当键入了几个新命令后，错误提示不见了，计算机进入一个新的彩色画面，一个我从来没见过的游戏开始了。儿子兴奋地对我说："我误删了一个文件，现在终于按英文提示找回来了。"此时，我对能玩一个新游戏的结果并不关心，但主动查词典的过程却使儿子解决问题的能力提高了，我相信他在其他学科的学习上也会增强主动性，特别是儿子最漂亮的一句话："我误删了一个文件。"表明儿子用语言在承担责任。这明显和他以前一被批评就有一堆理由的态度相反。我高兴极了，顺口说："儿子真谦虚。爸爸也要向你学习。"他开心地说："我原来挺烦那些看不懂的英语单词，现在发现英语太好啦，给爸爸讲课太有收获了。"

儿子在游戏中培养的兴趣在后来发挥了重要作用，随着英语词汇量的增加、电脑知识的掌握、表达能力的提高，他对人的热心和做事的能力显得尤为出众。就算学习再忙，处事中再受委屈或者没考好，以及因为生病而落下功课，他都能保持乐观的心态，积极做好科代表和小组长的工作，努力帮助同学和朋友解决疑难问题。他的数理化水平、英语水平、表达能力独具魅力。当别的同学因为考不好而心情烦躁时，他却在分析自己的进步和不足，并从中找到经验和教训，明明白白得到了"考后100分"。

我对他说："学习成绩只是人综合素质的一个方面，你能把'玩游戏'升华为'玩工作''玩学习'，综合素质就大大提高了。"儿子相信了我的话，不再因为成绩不能名列前茅而自卑，也不后悔参加科技活动取得的成绩没有被加分，他在父母的赏识中找到了自尊和自信。他认为自己是人生的强者。

其实，每一位家长都有机会写出一本世界上最好的书——《幸福的陪伴》，每一个孩子都有机会写出两篇最好的作文《我心中最美的妈妈》和《我眼中最棒的爸爸》。而写好这本书、这两篇作文的过程，正是亲子陪伴的互动成长过程，也是读书反思、让心灵实现幸福发展的过程。

(2) 网络智慧：共同成长爱相随

网络时代的孩子更聪明，知道得更多，学习效率更高，但缺乏丰富的人生经验和阅历，容易被光怪陆离的世界所左右。作为引导孩子健康成长的家长，既不能以"老子吃的盐比你吃的饭还多"为由单向教育孩子听家长的，也不能因为媒介对孩子学习成长的负面作用而反对孩子接触网络。

● 敬畏涉网法律，重视网络道德

现实世界的犯罪容易被人所识别，虚拟世界的犯罪就不那么容易被识别了。一些网络骗子设置网络"陷阱"，引诱孩子公开自己的信息，发布恶意链接盗取家长账号和密码，诱导孩子"见面"，实施网上网下"劫持"等。为了孩子的安全，家长要在平等沟通中引导孩子加强防范意识，以免上当受骗；要教育孩子敬畏法律，不要以身试法；要提醒孩子不要随便转发虚假信息和谣言，这种转发达到一定数量也是构成犯罪的。有的孩子自以为水平高，是"网络高手"，却不知道扮演"黑客"攻击他人网站，也是触犯法律的。

网络上资源丰富，却良莠不齐，既需要对不道德的人和事有所警惕，也需要严格要求自己，自律，讲诚信，不做伤害他人的事。家长要给孩子做出榜样，引导孩子在道德自律中健康接触网络，安全上网。

- 慎用免费Wi-Fi，抵制网络诱惑

随着网络基础设施的日益完善，人们随时随地都可以享受到免费无线网络的便利。只要打开手机的WLAN（无线局域网）功能，就很容易找到许多不用密码的免费网络。这些"免费午餐"可以节省自己手机的流量，却也难免被别有用心的人借机"做手脚"，使免费的"馅饼"变为付费的"陷阱"。所以，在登录免费Wi-Fi时，如果对网络提供商的可靠度有怀疑，就不要贪便宜冒险上网。别有用心的人正是利用免费"陷阱"盗取他人账号、密码和个人信息的。

- 约定上网规则，加强行为自律

为了帮助孩子健康上网、正确上网，必要的限制就成为家长需要考虑的问题。有些家长把上网的控制权掌握在自己手里，只要他认为不该上网了就立刻限制，孩子在被动限制中变得越来越逆反，形成了与家长的不正常博弈。其实，更好的办法是与孩子共同约定上网规则，加强行为自律。约定的项目包括：

约定上网时限，家长和孩子共同遵守，比如不晚于23:00；

约定不访问不健康网站；

约定每天上网娱乐时间（比如平时不超过30分钟）；

约定每天早起锻炼身体，放学后有30分钟以上的户外活动；

……

- 加强情感交流，远离触网成瘾

家庭缺少温暖，家长与孩子缺乏亲情沟通，是青少年形成网瘾的重要原因之一。对于青少年来说，好奇心强，感官易受刺激，很容易被一些娱乐网络游戏和色情网站所吸引，在网络上拼杀打斗，可以获得成功喜悦感。所有在现实世界中的烦恼，都可以自由地在网络上宣泄，网上交友又比现实中平等和容易得多。一旦现实生活中的需求被压抑，网络上又轻而易举地能得到时，网瘾就很容易占据孩子的心灵。

显然，网瘾不是一个孩子不爱学习、迷恋游戏的简单问题，而是一个家庭环境、亲子沟通和心理健康成长问题，单纯靠锁电脑、断网线、打骂孩子是解决不了的。只有拥有和谐家庭关系，让孩子的心灵在现实家庭中安个家，才是帮助孩子远离网瘾的好办法。

● 鼓励孩子帮助大人做事，提升责任意识

孩子是好游戏的、好动手的、好成功的，引导孩子帮助大人做事，既可以培养孩子的责任意识，还可以提升孩子的媒介素养。有些家长总以孩子小、做不好为理由，不给孩子创造帮助大人做家务、指导家长学电脑、为家长改文章和美化课件的任务。孩子得不到在利他服务中实现自己价值的机会，也会失去爱心，只被动接受家长的命令，就会变得越来越没有责任心。其实，网络游戏之所以吸引孩子，是因为游戏所布置的任务能不断满足孩子超越自我的精神需求。

● 采取有效措施，辨析真伪对错

家长是孩子最亲的人，亲情的交流能让孩子有安全感。孩子初涉社会，对网络上的真伪对错难以分辨，急需要与大人交流，利用大人的经验学会认知和辨别。如果家庭交流多，孩子可以依靠家长智慧尽快提升媒介素养；而如果家庭交流不畅通，孩子就会在网上盲目冒险。一旦被假象所迷惑，又缺乏与家人沟通的勇气，就很容易上当受骗，特别是亲子关系出现严重问题的家庭，孩子有可能故意在网上做"坏事"，渐渐成为家长也管控不了的"坏孩子"。

● 培养网络思维，实现创新发展

相对于现实世界，网络对人的限制大大减少，信息传递速度极快，人的创意可以天马行空，而且获取资料快捷丰富，让所有触网者的思维无限延伸，实现"只有想不到的，没有做不到的"。孩子们正是在网络思维中培养了创新能力，引出了创新实践。抓住机会培养孩子的创新素养，为孩子走向杰出发展道路创造更好的条件，成为家庭教育的重要内容。

路之遥
人生有路"合"发展

人生要有路,有路需要"合"发展。这个"合"就是"文化合"。合道而行人发展,合德而为人向善,合心而美人幸福。

春夏秋冬家园美,幸福人生"四季歌"。于是有了"春木有根,植根有'师';夏火有情,燃情有'家';秋金有慧,增慧有'悟';冬水有福,享福有'心'"的人生 style(风格)。

第九章

春之诗：幸福人生从春天出发

> 春木有根，植根有"师"，人生之春幸福成长的关键字是"师"，"见龙在田，利见大人"，人生之春能有几位引导自己实现人生发展的导师，而不单纯是教我们知识的老师，将会为一生幸福发展奠定良好的人格基础。

人生有不同的风格，生活有不同的方式。活法不一样，人生就会大不一样。无论对于成长中的孩子，还是忙碌中的大人，或是退休后的中老年人，都需要有自己的人生 style（风格）。

人生有成功，有失败，然而只要有一颗乐思、乐学、乐行的童心，做好了前进与后退、成功与失败、顺境与逆境两手准备，就可以把握人生，活出人生的精彩。

学好围棋的关键是练好"死活"棋。一眼死，两眼活，只一味长棋，不一定能取胜，甚至会落个满盘皆输的下场。人生也是这样，一个心眼只走独木桥，往往会死路一条；做好了两手准备，就会处事不慌，一旦一扇门关闭，另一扇门便会打开，就可以实现人生的目标。

幸福人生从春天出发，人生之春为一生幸福奠定基础。遗憾的是，不少家长和老师的童心早已远去，城府越来越深。家长只为孩子做好了一手准备，只接纳孩子的进步和成功，承受不了孩子的后进和失败。当孩子出现问题时，他们就会手足无措，用错误的思路和方法把孩子逼向反面，以致落个满盘皆输的下场。

一、"起跑线"上有反思

一项针对近2万个家庭和1万名12～18岁青少年的调查表明，13～16岁的年龄段中，青少年厌学、网瘾、暴力倾向等行为特征表现尤为明显。

如果把具有厌学、辍学、休学、叛逆、网瘾、暴力倾向等行为特征的青少年称为"困惑青少年"，那么超过90%的"困惑青少年"集中在13～16岁这个年龄段，其中又以13～15岁为主。

"困惑青少年"正呈低龄化与扩大化趋势，其突出表现为：一是"网瘾"现象，98%的青少年沉迷网络游戏，由此引发的各种偷盗行为已成为当前青少年违法犯罪的主要类型；二是56%的青少年"与父母沟通困难"；三是27%的青少年有"早恋"现象；四是48%的青少年具有"叛逆"行为，其中，最常见的是"离家出走"；五是"暴力倾向"时有发生，其中，对父母的暴力行为占32%，与社会青年的暴力冲突占16%，由于个人个性造成暴力侵害的占21%。

调查还表明，成长中的青少年之所以产生系列"困惑"行为，主要是由于受到了来自社会、家庭等各方面的影响。

一是受到家庭沟通模式的根本影响。有35%的家长由于工作繁忙，无暇顾及孩子；有12%的家长没有意识到需要主动与孩子沟通；有45%的家长甚至已经严重丧失了与孩子沟通的能力。父母的不幸婚姻也会导致孩子不良行为的产生。调查中，离异、单亲、再婚家庭的"困惑青少年"占57%，父母关系不和睦导致的占14%，父母中一人外出打工的留守家庭占20%，对孩子过分溺爱导致的占63%。同时，在乡村以及城乡接合部的留守家庭的孩子中，"困惑青少年"的数量也呈现上升趋势。

二是受到父母人格素养影响。精神生活不健康，父母不注重人格修养的家庭容易产生"困惑青少年"。

三是受社会环境的诱惑。随着社会的发展，各种新生事物不断出现，青少年由于自制能力差，面对大千世界充满好奇，容易产生抽烟、酗酒、暴力等各种不良行为。

家长的人生状态和活法影响着孩子的人生选择和活法。活法不同，人生就会不一样。有的人生能出彩，有的人生暗淡无光。

当沿着不同状态的孩子追根溯源时，我们发现，每一个优秀的孩子后面往往有一位甚至多位引导孩子成长和发展的人生榜样和导师；每一个"问题孩子"的背后往往至少有一位误导孩子人生发展的"庸师"，而家长放弃自我成长，只逼孩子学习的人生状态和活法对孩子的误导最深。

一项中国青少年犯罪研究会的统计资料显示，近年来，青少年犯罪总数已占到全国刑事犯罪总数的70%以上，其中十五六岁的未成年人犯罪案件占了青少年犯罪案件总数的70%以上。

未成年人犯罪不仅给社会造成的危害性极大，而且对犯罪者本人今后的人生造成的危害往往更具毁灭性。因此，如何规避青少年走向犯罪深渊，是政府、社会、学校、家庭及学生本人共同的责任和义务。未成年人作为祖国的未来和希望，必须尽早教育和引导他们树立正确的人生观和价值观，学会珍爱生命，厚待他人。

二、激活智慧有思路

在孩子的人生之春为孩子做"高人",最重要的是按照自然规律去实施智慧教育。在良好的家庭环境中,孩子的智慧一旦被"激活",他就可以成为有学习力、思维力、创新力的人。即使暂时掌握的知识还少,但他却是有极强知识吸纳力的智慧学子,在"智"学"慧"思中实现无师自通的主动学习、融会贯通的创新学习。这就如同计算机,真正能帮助孩子走向人生成功并获得一生幸福的不是"硬盘"里的知识多少,而是其他配置和操作系统能力所彰显的人格魅力和综合素质。

学校教育是家庭智慧教育的专业化延伸。学校利用其师资力量和专业资源的优势,对孩子知识学习和智慧成长进行帮助,使孩子通过高层次的文化熏陶和专业化的教学与训练全面提升综合素质,以适应时代发展环境的需要。好的老师不是只用一种习惯模式给孩子灌输知识,而是一切为了孩子、为了孩子一切、为了一切孩子不断学习和研究,为孩子创建和谐成长环境,并及时唤醒每一个孩子成长心力的人。

人生的春夏秋冬是一个生命成长的循环过程,大循环中有小循环。在人生之春,我们可以把这个阶段的成长细分为0~6岁的"小春天"、7~12岁的"小夏天"、13~18岁的"小秋天"、19~25岁的"小冬天"四个阶段。

0~6岁的婴幼儿期是激活智慧、求同塑造、调整身心的关键期,也是为孩子实现"智"学"慧"思的基础建构时期;

7~12岁的儿童期是孩子"为兴趣和梦想快乐表演"的快速成长期,也是引导孩子阅读,爱上学习的重要时期;

13~18岁的青少年期是收获能力、唤醒情感情趣、情操智慧、提升人文精神的关键期,也是把兴趣和特长升华为信念和意志的重要时期;

19~25岁的青年期是研究思考、浓缩智慧、实现融会贯通的关键期,也是灵感显现的黄金期。

孩子在成长过程中有许多成长的"敏感期",抓住成长"敏感期",及时激活智慧就可以取得事半功倍的效果。孩子在成长的敏感期,无意中错过头一个,还会有第二个、第三个,可怕的不是无意中错过,而是错过了反思,就不会抓住第二次、第三次机会。

我们有些家长干活时总爱拒绝孩子"捣乱",其实,融入生活的"捣乱"帮助孩子实现了智慧成长。如果我们能让孩子参与生活,鼓励孩子和我们一起包饺子,哪怕包得乱七八糟,弄得满地都是面粉也没关系,孩子会在"玩工作""玩生活"中获得比玩游戏更大的收获。家长在这个过程中所要做的:一是给孩子机会成长,别嫌他碍事;二是帮助他在这个过程中养成良好的做事习惯。

如果孩子在早期能够融入真实的生活,享受"玩工作""玩生活"的快乐过程,那么他未来就有生存、生活能力,对待学习也一定会有责任心,因为这是一种相似性的体验。为什么有的人到了工作岗位之后,总是整天琢磨着搞革新?因为他闲不住,他在享受工作带来的快乐,这种人是非常有激情的,你不用催他,他往往也会成为一辈子都爱学习、爱工作的人。因为他在0~6岁时已经激活了那种激情,所以说早期教育这个机会不能错过。

孩子再大一点儿,到了小学阶段,其实是一个新的成长"敏感期",这时要给孩子产生兴趣、给孩子做梦的机会。在小学期间不要整天逼他考100分,他考了99分,98分,甚至70分,都没有关系。你硬逼他整天学习枯燥的文字符号以赢得100分的好成绩,他早晚会厌烦学习的。

那怎么办呢?带他玩。玩小发明、玩小制作、玩跳舞、玩唱歌、玩看课外书。尽管他在融入生活场景的活动中耽误了一些时间,但是他学习的效率提高了,因为学习的时候他会自然地和他自己的生活联系,他不会把文字和知识当作枯燥的、没用的东西。比如他自己制作的小飞机上天了。飞机为什么能飞啊?自然课和课外阅读都能帮助他寻找答案,让他完善了自己的知识结构，他变得越来越有自信，甚至可以给别人当小老师。

孩子的探索激情一旦被激活，就会主动寻找知识，这些知识可能涉及到中学的物理、化学和数学，于是他开始了超前学习。将来真有一天上了初中，他会延续这种相似性体验，让中学生活更精彩。然而，那些错过小学阶段"为兴趣和梦想表演"机会的孩子，尽管小学成绩不错，到了中学却常常遇到尴尬，或者跟不上课，或者没有什么特长和爱好，其原因在于小学成长机会的错过。

有一位妈妈带着上小学五年级的孩子来找我，她说她的孩子挺聪明的，只要努努力，成绩肯定能排在前几名，可这个孩子就是不肯努力，总在第十名左右徘徊。她问我怎么办，我问她孩子喜欢玩什么，她说喜欢玩小制作，做小实验。我又问她孩子爱看书吗，她说就喜欢看课外书，那些"闲书"看多了，她很担心会影响功课。

我试着用简单的英语和孩子对话，孩子竟然迅速用英语回答，这让我非常惊讶。后来我问这个孩子有什么梦想，孩子说想当考古学家，他的妈妈立刻补充说他就喜欢看科学家传记。孩子希望他妈妈能给他买物理实验和化学实验的书，能指导他"玩实验"，但是这位妈妈却说物理、化学是中学课程，早晚要学，着什么急，现在先把小学基础打好。

其实，这个孩子的发展非常正常，他已经在全面激活和"放大"他的智慧，让自己形成了以特长延伸为导向的知识结构框架，这对他主动吸纳更多的知识非常有利。发展下去，孩子就会达到无师自通和融会贯通的境界，而这位妈妈的考虑对孩子成长却是不利的。她为了孩子暂时的名次能更高一些，让孩子放弃兴趣和梦想，实际上是捡了芝麻丢了西瓜。我建议她带着孩子到书店去，让孩子自己寻找他所需要的书，同时鼓励孩子把实验做下去。我也鼓励这位家长面对孩子实现人生第二次成长。

家长应该鼓励孩子阅读，把他带到新华书店去"玩阅览"，他会今天翻翻这个，明天翻翻那个，在翻阅中做选择、做取舍，他会发现最适合自己的知识和信息，会在主动阅读中整合知识来服务于他的兴趣和梦想。其实家长不要给他规定课外阅读什么，孩子会根据他的水平和兴趣点选择阅读内容。当孩子发现一本字不多却有着精美图画的绘本书时，他可能喜形于色，而我们的家长却误以为他认不了几个字，觉得买这样的书不值得，实际上正是这样的一本书激发了孩子的想象和创意。小学的"表演"和阅读，成就的是孩子的学习力，等到了初中阶段就可能有一项特别的爱好变为特长，而这种特长的延伸成就的是孩子的自尊与自信，也会在相似性体验中对其他学科知识实现"智"学和"慧"思。

现代教育理论研究也证明，一个人的基本生活习惯和对世界的基本认知在6岁前就已基本形成了，学龄前阶段儿童的家庭教育，是人一生成长的基础，是"最要紧的事"。

庄稼错过了季节，明年还可以再种，而孩子的童年过去了，却永远不会再回来。作为家长，我们应该走进孩子广阔的心灵世界中，在他们心灵的田野上，播下真善美的种子；在他成长的幼苗期，精心呵护，让孩子在幸福的童年里健康成长。

三、"问题孩子"没问题

有三位妈妈找到我咨询孩子的厌学问题。她们都说自己的孩子"厌学"，不听话，一考试就不及格，还经常给大人惹事，还说已经用了许多办法教育孩子，但最终都以失败告终。

我笑着问她们都用过什么"招儿"对付孩子。

晓明妈妈说："批评他，再不行就是让他爸爸揍一顿，吓唬吓唬。可这孩子越打越'皮脸'，过后还是不认真学。"

小刚妈妈说："他就是不爱做作业，不做作业怎么能考好？没办法，我每天都陪着他做。要不是这样，他天天完不成作业。可这作业做了，怎么还是考不好呢？气得我不让他吃饭，让他罚站。"

龙菲妈妈说："我的儿子让我伤透了心。他就是不爱上学，说跟不上功课，整天泡在家里打电脑游戏，我给他请了好几个家教，可他还是不好好学习，还总和我顶嘴。"

很多家长都会用同样的几个办法对付孩子：批评、指责、督促、陪学、请家教、罚站、不让吃饭、打骂……有一位家长听了专家报告后，也曾用过"多鼓励，多表扬，少批评"的办法，但鼓励表扬一两次还行，次数多了，孩子竟然和她讲起条件来，不是要求买游戏键盘，就是要求带他去吃肯德基，这让家长很无奈。最终，家长听专家讲座讨教的"招数"往往都没有效果。

以上三个孩子虽然都被看作"差生"，都有"厌学"的问题，但因环境不同，尽管表现相似，也要"同病异治"。我在和孩子沟通后，分别对三位家长说："您的孩子不是差生。只要家长能配合一下，在家庭中做几项改变，孩子都会变成爱学习的人。"

我对晓明妈妈说："我听说您的孩子考试成绩不好时，您最爱说的一句话是'你简直是猪脑子，和你爸爸一样笨'。我和晓明沟通时，他还真的问我他是不是'猪脑子'。我已经告诉他，他有一颗非常聪明的头脑，绝不是猪脑子。"

晓明妈妈不好意思地说："那也是气话。"

"可说者无意，听者有心啊！孩子还真的认为自己遗传了爸爸的笨，他怎么能有自信心学好呢？他患的是习得性无助，需要您配合一下，孩子的'病'很快就会好。"我一边说着，一边请这位妈妈把在屋里做作业的晓明叫出来，让他当面接受妈妈的检测。检测的方法是妈妈拿着2018年的日历随便问，看晓明能不能把妈妈所问的日期是星期几迅速算出来，如果能实现"神算日历"，妈妈就不要再说晓明笨了。晓明妈妈满口答应。

提问开始了，妈妈首先问："1月1日是星期几？"

显然，这位妈妈是怕孩子露怯，找了个最好记的日子。但是晓明似乎早有准备，立刻回答道："星期一。"

晓明妈妈接着问："3月6日是星期几？"

这是她儿子的生日，她估计儿子会记得过生日的情形。

儿子不假思索地说："星期二。"

因为是昨天刚过的生日，似乎不用刻意也会记得。妈妈最终还是问了一个难点儿的问题："12月26日是星期几？"

她担心孩子答不上来而尴尬，显得有些紧张。但她也做好准备，即使答不上来，也会按照我嘱咐，不说孩子笨，因为会对孩子造成误导。

"星期三。"晓明还是答上来了。这让妈妈有了信心，一口气考了十几个日子，除错了一个外，其他日子晓明都回答对了。答错了的一天也不能完全怪晓明，因为那是哥哥乱插嘴，搞的恶作剧：哥哥说的2018年2月29日这一天在日历上本来是没有的，晓明却答成星期四。其实，要是2月真有29日这一天，晓明把这一天计算成星期四还是对的。

这位妈妈激动地对儿子又抱又亲，一个劲说孩子聪明，有数学天赋。她急切地问儿子："你是怎么背下来的？"晓明高兴地告诉妈妈："是老师送给了我一个学习'秘诀'。"

"那你能把这个'秘诀'教给我吗？"妈妈也好奇起来。

"当然可以。"晓明马上答应教妈妈"秘诀"。

结束的时候，我在桌上给这位妈妈留下了一个纸条。

从那天起，晓明变得爱说爱笑了，他把他学到的"秘诀"一一教给同学们，在同学们的好奇与羡慕中，他变得越来越有自信。他自豪地对同学们说:"老师说了,我脑子不笨,有数学天赋。"

后来,晓明的数学成绩还真的及格了。

我再次家访时,问起晓明的情况,晓明妈妈虽然肯定孩子有进步,但还是很无奈地说:"及格倒是及格了,可在班里还是中下等水平啊!"

没等我说话,晓明的爸爸插话了:"你没记得老师给你留的纸条吗?上面写着'不要着急,孩子有进步就要鼓励,没有最好,只有更好'。"

晓明妈妈默默点头,表示赞同。

后来晓明真的不厌学了。他每周六都要给我打电话,报告他的成长和进步,因为他和我是拉过钩的好朋友了。

小刚长得很胖,一看就知道是个不愁吃不愁穿的"小公子"。爸爸是位企业老总;妈妈全职在家陪孩子,教育孩子。据说妈妈的学历不低,按说这样的条件孩子不可能学习不好,但遗憾的是小刚的学习很不理想,考试成绩常常倒数第一。这让两口子经常为孩子吵架。

小刚妈妈说:"你就知道忙,孩子都这样了,你也不知道管一管!"

小刚爸爸说:"你学历那么高,连个小学生都教不好?你可是全职在家教育孩子。我忙也是为了这个家啊!没有我挣钱,你们花钱能那么大方吗?"

我说:"看来孩子的'病'不轻,你们得付出较大代价才行。"

小刚爸爸立刻说:"我们有钱,花多少都行,你说个数,只要能救孩子。"

我摇摇头说:"小刚是患了'成长榜样缺失症',需要在家里和学校树立几个'核心激励源'影响他的成长。在家里,如果你们能成为他的榜样,小刚就等于有了激励源。你们能当着孩子的面重新做孩子心中的'好孩子'吗?也就是说,你们也要好好学习,天天向上。"

"但是我工作太忙了,实在没时间学习。"小刚爸爸强调着。

"那您看一看这个'忙'字怎么写?"我问。

"一个'心'字在左,一个'亡'字在右,噢!心死了……没有死啊,我的心还一直想干大事业呢!"小刚爸爸嘟囔。

"可你关心过孩子的心灵成长吗?您和妻子、孩子经常进行心灵沟通吗?您知道孩子曾说'我爸爸文化不高,照样当老总''我爸爸让我好好学习,他给我准备了几十万元,将来送我出国'。您知道这些话对孩子产生了什么影响吗?如果孩子接受了不学习也能挣好多钱或有了钱不用好好学习也能出国的观点,他还有什么动力好好学习呢?"

我又对小刚妈妈说:"您有这么好的条件,可以自由支配自己的时间,这是多么好的学习机会啊!现在小刚爸爸的公司正在发展,将来一定是个国际化的公司,难道您不想学习好英语共同支撑起这个事业吗?您的儿子有个梦想,要到美国去开中国扒鸡连锁店,他也需要一位'女秘书'随行。要是您学好了英语和计算机,不仅未来能帮上丈夫和儿子,而且现在就能成为孩子的学习榜样。家庭环境中有这样的妈妈,孩子不受到激励才怪呢!"

但是小刚妈妈却说:"我们上学时都是有老师教才学,我这岁数了又没老师教我,怎么学啊?"

我立刻说:"眼前就摆着一位'老师'——你们的儿子。他英语好,又懂计算机。"

小刚妈妈冷冷地一笑说:"他英语不及格,还当老师呢?他就知道玩计算机游戏,让他当老师,我们就完了。"

"可是您知道吗?他这次英语考试分数是多少?"

"53分!"

"那他的数学成绩是多少?"

"12分!"

"厌学,落下不少功课,还能把英语考到53分水平,多不简单啊!这说明他是爱英语课的。"

我与小刚妈妈的一席对话让小刚妈妈开了窍。她接纳了我的一个理念："差生"也要当"小老师"——在家里做父母的"小老师",在学校做同学的"小老师"。

孩子学习成绩不好,但还有其他特长,在他拿自己的长处去服务别人的过程中,孩子就会变得有爱心,有责任心。而且,作为学生,只当一个听懂老师课的人,他的学习境界不过是死记硬背或熟能生巧,而一个"小老师"的学习境界不仅仅要听懂课,还要主动学习并真正理解,才能教会别人。达到"小老师"的境界,可以达到举一反三和无师自通的水平。学习境界高了,学习效果能不好吗?

正是"差生"也要当"小老师"这一"秘诀",使班里包括小刚在内的许多孩子在主动学习中提高了学习兴趣和能力。尽管这些落下功课比较多的孩子不可能一下子使成绩达到很高的水平,但是这种体验过程却可以让孩子找到"更好"的起点,他们一定会成为一生有自信和自尊的人。

龙菲的问题不简单,同是厌学表现,但原因却大不一样。这位从小受宠爱的孩子由于没学会爱父母和爱他人,一切以自我为中心,当现实和他的思维发生矛盾时,他就无法承受。由一开始的回避发展到与父母、与同学对抗,再到后来甚至产生冷漠与仇视心理。他已经与现实生活有些格格不入了。他陷入网络的打打杀杀的世界,甚至可以把自己所讨厌的亲人和同学作为假想敌去伤害,于是心里变得更冷漠,不愿接触任何人,以致于逃学达一年之久。他患的是"情感冷漠和网络游戏迷恋综合征"。家长只看到了他学习不好,却没意识到他道德力成长的障碍,一旦发展为道德问题,就有可能毁掉自己也毁掉家人,这就不是简单的一招两式所能解决的。

在智慧成长夏令营中,我用"相似性角色"作为切入点与龙菲交好友。在学校的安排下,龙菲和他的父母一起参加了大型感恩活动。

伴随着乐曲"烛光里的妈妈"在全场回荡,一个个生动感人的故事打动了在场所有人的心。龙菲被9岁小孩子的故事所打动，哭着跑过去抱住妈妈痛哭起来。他说对不起妈妈，他要改变自己。人是感情动物，人性的善良被悄悄唤醒。这正是一个孩子走向新生活的开始。

我们看到，同是厌学的三个孩子，在批评、指责、打骂、陪学中并没有变得爱学习，却在智慧教育中得到了成长"金钥匙"而唤醒了成长力。也许他们的成绩不一定是最优秀的，但是被激活的成长力却让他们从此走上了快乐幸福的人生。他们得到了人生的启迪，打开了"心锁"，可以自豪地说："对未来，我们有把握了，因为我们根本不是差生。"

显然，在单一评价中的"差生"并不是真正的差生，他们其实都是有个性特长的好学生，是需要耕耘者点拨的生命之火。

孩子的心灵绝不是一块不毛之地，而是已经生长着美好思想、道德萌芽的沃土。老师和家长的责任首先在于发现孩子心灵土壤中的每一株幼苗，让它不断成长并挤掉心灵的杂草。

第十章

夏之戏：家文化与人生成功

> 人生有不同的风格，生活有不同的方式，成功有不同的舞台，出彩有不同的机会。当我们走过了春天，来到了夏天，人生就进入了一个勃勃生机的发展阶段。夏火有情，燃情有"家"，有和谐的家文化支撑，我们就能唤醒一种有理念的激情，震撼起有激情的生活，享受到有生活的理念，在人生之夏的舞台上表演出绚丽多彩的人生。

夏天是美丽动人的季节，万物飞速成长，大树成荫，绿草成片，呈现出一片郁郁葱葱的成长景象。大树成材在深夏，人生成才在壮年。人生到中盘阶段，不仅要发展自己的事业，还要抵挡对手的进攻，竞争在所难免。然而，只要我们能实现人生第二次成长，能用成长力面对岗位成才，用文化力打造个性品牌，用生命力追寻人生梦想，我们就能把握人生，活出夏天的精彩。

一、"专业对口"难就业

在工业时代，为了适应规模生产加工需要，往往重视对各种专业人才的培养。专业对口既是对所学知识和技能的实际应用，使人尽其才，也是最有效利用专业知识资源服务社会的必然选择。在工业时代，我们只要在20多岁之前把数理化学好，取得一个大专或大学本科学历就有可能终身受用。你有一项能解决生存的本领，比如修表、做木匠，不仅自己可以一生受益，还可以传给下一代，于是有了"学会数理化，走遍天下都不怕""一招鲜，吃遍天"的观念。

然而，今天我们已经进入了信息时代。信息时代是一个以电脑互联网为平台，知识互联网为资源，社会互联网为发展空间，心灵互联网为精神内含的"四网合一"时代。在这样一个时代，如何整合资源，实现创新，与时俱进，持续发展，是每一个人都需要考虑的问题。

(一) 把走向市场作为切入点：先就业，再择业

目前大学生就业形势比较紧张，于是很多人给大学生提出"先就业再择业"的建议。李开复认为：第一份工作很重要，但尚未重要到决定终生。一个人一生换四五份工作是正常的，很多时候，职业理想需要一个曲折实现的过程，但先就业再择业不是妥协。很多人说："不管怎样，我一定要实现目标。即使做不到，我也要拼命去试。"其实这不见得是件好事，我建议大家采用"两步计划"来实现职业理想。假如你设定了一个目标，不要一毕业就想马上实现，好像如果做不到，这辈子就完了。你应该问问自己：这个理想很好，但实现它的可能性有多大？如果目前可能性不大，那么，自己应该做些什么才能够离它更近一步？

一位大学毕业生就业时遇到了尴尬，找到我咨询。他是学计算机专业的，已经看中了好几个企业的工作岗位，专业都很对口，但是他却迟迟得不到录用。有两个企业甚至建议他从事经销工作，这个岗位还有空缺。他实在无法理解，自己是学习计算机专业的，要是搞经销，早在上大学前

就有许多机会,何必要上这个大学呢?这不是浪费人才嘛!

我问他:"在计算机专业上,你有什么竞争优势,可以让企业对你求之不得呢?"

他说:"我计算机考试通过了二级,会使用计算机办公,会简单的程序设计……"

我说:"按这个标准,许多人都可以达到,你的竞争优势显现不出来。我是想知道你有什么有别于他人的特长和优势,比如你应聘的这些企业需要组建企业网站和数据库,如果你比较熟悉数据库语言,设计网页有创意(有美学功底),或者在网络出现故障时你有排除故障的实践经验和能力等,就有可能被企业优先关注。你可能会说,'只要给我机会,我一定可以学会'。但是思路不改变,恐怕你连学的机会都不一定有。然而,当你的思路改变时,机会有可能被创造出来。"

我接着对他说:"其实,我们可以改变一下思路,既然有的企业需要经销人员,为什么不可以先就业、再择业呢?不要误以为'专业对口'才是就业的准则,时代在发展,专业不对口更容易实现创新。"

他又说:"我最讨厌经销了,一见那些拽着别人钱袋子忽悠的人,我就气不打一处来……"

我说:"这不是机会来了嘛!做一个不忽悠人,又有计算机技术专长的现代销售员,一定可以为企业树立新形象,也让你的人生活出精彩。"我接着告诉他:"有一位名人说过一句话,销售员的成功之路几乎是各行各业的成功之路,一个顶尖的销售员,往往是一个人生的成功者。市场经济,谁也离不开销售和购买。你既然反感那些忽悠人的坑蒙拐骗者,为什么不用自己的努力和形象去做一个真心服务客户的优秀销售员呢?更何况,你有计算机专业知识,如果从事与计算机相关产品的销售,你一定比那些单纯学营销专业的人更有优势。"

这位大学生接受了我的建议,从做计算机类产品销售员起步,进入了他的职业生涯。由于热爱这个职业，对客户以诚相待，服务热情，又有专业知识的优势，他很快创造了不错的业绩，受到领导的表扬，并被推荐带团队，做部门负责人。这对他来说，又是一个新的成长机会。

他对我说："真没想到，改变了思路，竟然有了新出路。"

不过，他又在思考一个新问题：如何突破"瓶颈"，实现创新，为企业创造更大价值，为客户提供更优质的服务？我给他的建议是：变"经销"为"营销"。

（二）从"经销"到"营销"

"经销"和"营销"，一字之差，却反映了两种不同的文化。

"经销"以"我"为中心，以我赚多少钱为"半径"，形成的是"我"文化，这种文化的实质是把自己当作赚钱的工具，把客户当作赚钱的机会。

"营销"以"他"为中心，全方位为"他"（客户）服务为"半径"，形成的是"他"文化。这种文化的实质是把自己当作服务者，把客户当作被服务的"家人"。

这位大学生原来做经销时，想的是如何"拿"下更多的客户，实现更多的赢利，为自己的成功积累业绩。现在变了，他想的是客户的需求，如何以客户为中心，全方位为客户服务。他在带着自己团队前进中，实现了营销人生学做人，营销产品学做事，营销服务学相处，营销智慧学创新。当客户意识到企业设身处地为他们考虑时，必然会把企业当作自己的家人，买什么产品和服务都愿意找这样的企业。而企业也正是把客户当"家人"，才能创造出更加辉煌的业绩。

二、有"家"没"家"不一样

中国是一个"家国一体"的社会，国是大家，家是小国，家和才有万事兴。企业共赢"家文化"，创新发展有机会；人生共赢"家文化"，杰出发展有契机。企业文化落地生根，离不开"家文化"。

一次招聘会上，有许多需求人才的企业，也有众多渴望找到工作的大中专毕业生。一个电子商务企业需要招聘计算机技术人员、财会人员、美工创意人员、销售人员等。由于人们对销售有偏见，都把志愿放在了"好"岗位上，几乎没人愿意做销售。然而一位年轻的女生却主动要求做销售。人力资源部的经理从档案中发现这位女生不仅学过计算机专业，还有会计证，却主动报销售岗位，她感到很奇怪，就问她为什么要报销售岗位。这位女生立刻回答说："我想多挣钱！"原来，这位女生的父亲得了癌症，住进医院，急需很多钱。她是个有孝心的人，一个在家庭中有孝心的人，必然会把这种家文化放大到企业，成为有爱心的人。企业需要这种人！

受聘后，她很快进入了角色，由于她既有计算机专业基础，又有自学会计的经营头脑，加上刚刚读过的营销知识，她在整合智慧中很快创造了业绩，受到企业的表扬奖励。最可贵的是，她把自己的销售经验传授给她的同事，帮助团队的人一起成长，帮助大家克服障碍，创造人生成长与发展的机会。

有人问她为什么工作这么积极，还帮助其他同事成长和创造业绩。

她说："我妈妈说了，进了企业，企业就是你的家，要像爱家一样爱你的企业；同事就是你的兄弟姐妹，要像待兄弟姐妹一样待你的同事。"

我们看到，这个女孩因为有"家"，不仅自身创造了成功业绩，也在"放大"家文化中帮助企业员工共同创造业绩。在共同发展中，她和她的同事们一起享受幸福人生的快乐。后来，她被推选为企业总经理。当了总经理之后,她更是一门心思创建企业的家园环境,让企业文化"落地生根"。

然而,另外一位企业员工的情况就大不相同了。

她已经是第五次跳槽,正在为找不到"家"而焦虑。每进一个企业,不是觉得老板不好,就是觉得同事不行,只好一直跳槽。后来,她幸运地进入了一个有"家文化"的企业。

企业文化顾问通过和她沟通,了解了她的"家文化"背景。原来,她成长和生活在一个失谐的家庭中,和丈夫离婚,孩子不听话,她一直生活不幸福,并把消极的情绪带到工作中,使工作也变得不顺利、不幸福。

帮助她重新找到"家"是她成长的新起点。企业文化顾问循循善诱,通过一步步和她沟通,最终让她认识到了自身的问题,并在企业这个"大家"中学会了如何去维护自己的"小家"。

这位员工,虽然家庭不幸福,工作也不幸福,但她找到了关心员工成长的企业之家,相信她会重新从"家"出发,实现家庭幸福、职业幸福、人生幸福。

三、企业共赢"家文化"

企业发展,离不开企业"一家人"文化。

(一)创新企业文化理念

每一个企业都有自己的文化理念,概括起来大致有以下几点:以德治企,科学发展,服务客户,创造辉煌。但这样的企业如果找不到与职工成长发展的谐振点,不能在职工心中生根,不过是挂在墙上、说在嘴边的空洞口号,无法深入人心。

以德治企，让员工找到了与企业共同发展的谐振点。

科学发展，是以人为本，通过促进人生实现全面协调可持续发展，而使企业获得全面协调可持续发展的过程。

服务客户，是企业的宗旨，也是企业得以生存下去的依据。但是只有企业服务好员工这个客户，员工才会为社会客户开展好服务，员工赢得了众多客户的信任和支持，企业的持续发展就有了保证。

创造辉煌，是企业的发展目标，需要"三力"支撑，即"用成长力面对岗位成才""用文化力打造个性品牌""用生命力实现明天目标"。

（二）为企业员工人生出彩搭桥铺路

对员工来说，企业、班组、部门不仅仅是我们用工作换取报酬的场所，更是人生成长和实现生命价值的载体。当我们把生命价值和人生智慧融入职业生涯时，我们就从"生理我""工具我"变为"精神我""智慧我"，我们就进入了"人生意义"状态。于是，我们就有了"享受学习快乐、享受工作快乐"的过程。智慧型员工、学习型组织正是在这种状态下产生的。而"家文化"正是企事业单位、学校、城市发展的"植根"文化。

创建"书香企业"，让员工有一个书香企业家园实现人生成长与发展，引导员工获得幸福人生，是从根本上解决企业员工素质的重要选择。

（三）创办企业文化大讲堂

文化需要传播，心灵需要唤醒，而其方法是"全方位渗透与分步到位"。所谓全方位渗透，就是通过创办企业职工幸福人生大讲堂，引导员工在读书中实现心灵成长，并追求超越功利化职业成功的人生幸福。所谓分步到位就是典型引路，鼓励先进，同时通过和谐企业家园建设，帮助暂时处于后进状态的人克服思想障碍，扬起生命风帆，实现自己的人生发展。

正是一次次专家讲座、一次次训练体验、一次次员工分享、互动交流、读书反思，让企业干部以及员工享受到企业"家文化"的温馨，才有了员工忠诚于企业、与企业共同发展的高素质。

(四) 企业共赢"家文化"的思路和方法

1. 硬件人性化

硬件人性化就是企业从关心职工生活入手，把企业的硬件设施建设得像个"家"，让职工生活方便，工作顺利。有个正在实施共赢"家文化"的企业，为了解决职工午饭只能在办公桌上凑合、工间休息时没有活动场所的问题，专门为职工腾出房间，配备了电磁炉、微波炉、洗衣机、卡拉OK全套设备、健身器材、日用品等，方便职工热饭、吃饭、休息打盹、娱乐活动、身体锻炼等。职工们生活在一个像"家"的环境中，自然会更爱这个"家"。

对于业务型公司，员工外出拜访则是常事，为了提高效率和减少危险隐患，有的公司配有专门针对偏远地区客户的专用车，同时也鼓励优秀的员工购买汽车，每半年公司都会设置购车基金作为奖励，为员工实现梦想助力。

2. 软件情感化

领导作风及所建立的各种制度、工作规程、文化活动等要有情、有趣。领导应努力为员工工作和成长提供服务，改变动不动强迫命令和发火的习惯，职工们的恋爱问题、婚姻问题、待遇问题都时时挂在心中，与职工沟通也要注意方法和态度。这样，员工们有什么心里话才愿意说，干群对立和冲突少了，和谐就多了。

3. 人格艺术化

通过读书，引导人心灵成长，让不同年龄、不同性别、不同职务的干部职工都能在追求美丽幸福人生中找到发展的新机会。人的心灵有求真、求善、求美的需求，引导员工实现人格艺术化，正是提升员工文化素养，让员工活在最佳状态、活出人的尊严、活出幸福人生的智慧选择。

(五)"我"文化与"他"文化

企业管理有两种文化:"我"文化与"他"文化。

"我"文化是从人的"自私"本质出发,通过调动人的"欲望",形成以"自我"为中心的管理思路和方法。

企业创业成长过程中,通过调动他人(员工)心性意志,激励企业员工为企业创造更多的业绩也是企业和员工的生存需要。设计好薪酬奖金制度,能有效调动员工积极性,但这并非万能,是因为人的欲望永远满足不了,人不仅仅有物质需求,还有精神需求。

说起来,这种"我"文化思路不过是一种"虫"思路,所用的对付员工的招数不过是"虫"技巧。"虫"技巧是企业生存下来的无奈之举,也容易给企业健康发展留下隐患。"流星"企业之所以成不了"明星"企业,关键是选择了"虫"智。正是这种"虫"智形成了企业领导者以"我"为中心、以"我"的赢利为半径的"我"文化思路,于是职业岗位也成为"我"利用员工劳动赚钱的载体。如何付出最小的成本和工资代价,获得更大的企业利润,成为企业宗旨。员工如果意识到企业不是自己的,而自己只是企业赢利服务的工具,就不可能爱企业、关心企业发展,只会工作消极,主动性不强。一旦有更高的待遇吸引,企业的骨干"跳槽"就成为不可避免的事。因为他的心没在这儿,而在"钱"上,在自己的家里。

以"我"为中心的企业会出现畸形发展的现象。一些企业采用杀鸡取卵的办法,赢得了一时的效益,却带来了企业后劲不足、环境污染、资源滥采等一系列问题。

"他"文化是从人性的高层本质出发(善性、智性、乐性),通过创建差异化生存与生活的和谐环境,调动人精神成长的心力,形成以"人生发展""人生幸福""人生成功"为中心,促进企业成长力、文化力、生命力提升的文化格局。这是一种"龙"智慧,"龙"智慧是企业创新发展的远见卓识。

四、夏天"火大"调心智

幸福究竟是由什么决定的呢?

决定我们一生幸福与否的关键,在于你如何看自己、看他人、看他人眼中的"我"和看这个世界。你的心智模式怎样,你的人生就是怎样。

在低层次、僵化的心智模式里,人会变得焦虑、无力、悲惨;而在高层次、广阔、丰饶的认知世界里,你会发现自己就是整个宇宙,你的内心会越变越强大,而且是真正有根基的强大,不是自负。

古代有个人丢了一把斧头,他开始怀疑是邻居孩子偷的,怎么看那孩子的一举一动都觉得像偷他斧头的人。后来他在自己家中找到了遗失的斧头,再看那孩子便怎么看也不像偷他斧头的人了。

心智模式是人一贯的思维习惯、思维风格及思想理念。它能左右人的思想和对周围事物的认识,影响人的决策,也影响人们对工作、学习和生活的态度,影响人们处理人际关系时遵循的准则,影响人们的行为方式和行为习惯。

俗话说,"金无足赤,人无完人""圣人皆有三分错",每个人的心智模式或多或少都会存在缺陷。由于心智模式深藏于人心深处且根深蒂固,常常使我们无法察觉自己心智模式的缺陷,因此,我们要对自己的心智模式不断进行检视,并做相应的修正,也就是说要不断改善心智模式。

那么,如何改善心智模式呢?

一是实现心灵成长。我们的眼界会变远、变大,变得更美好。

塞尔玛陪伴丈夫住在一个沙漠的陆军基地里，天气热得令人受不了。她没有人可以聊天，那儿只有墨西哥人和印第安人，而他们不会说英语。她非常难过，于是写信给父母，说要丢开一切回家去。虽然她父母的回信只有两行字，然而这两行字却永远留在了她的心中，也完全改变了她的生活。"两个人从牢中的铁窗望出去，一个看到泥土，一个却看到了星星。"塞尔玛一再读这封信，觉得非常惭愧。她决定要在沙漠中找到星星。塞尔玛开始和当地人交朋友，她对当地的纺机、陶器产生了浓厚兴趣，并开始研究那些引人入迷的沙漠植物，学习有关土拨鼠的知识，她观看沙漠日落，寻找海螺壳……就这样，原来难以忍受的环境变成了令人兴奋、流连忘返的奇景。

二是在反思中调整自己的心态。这是人生从向外发展变为向内发展的过程，是调整自己适应环境，进而改变环境的新的思维模式。

王女士每天回家总要唠叨一些单位的事：这人这方面不好，那人那方面不好，她如何倒霉，等等。按说，有一个不错的家庭、一个不错的工作，该是很幸福的，但是正是这种总是别人不好、整天烦恼别人不对的心智模式，让本来幸福的生活变得痛苦不堪。后来，她在幸福成长培训中开始调整自己的心态，变挑剔他人为反思自己，变改变别人为改变自己，她发现，别人变得好了起来，她也变得心情更快乐了。一天，孩子考试分数不高，以往，她一定会责怪孩子不好好学习，但那天她没有这样做，而是先拿过试卷看了看，并表扬孩子大部分题都做对了。孩子说："有两道题做错了，扣了分。"她不埋怨，反而说："这两道题，你自己会弄懂的。"孩子重新把两道题做对后，她对孩子说："考后一百分也是好成绩。"孩子正是在母亲心智模式改善后变得爱学习了。

三是在沟通中调整心智模式。人有了情绪，通过沟通可以宣泄出去；

人有了困惑，通过沟通可以明白事理；人有了心理障碍，通过沟通可以助推破解；人有了偏见，通过沟通可以换位思考。改善心智模式需要沟通交流。要沟通好，就需要沟通的双方都能敞开胸怀，并具有反思能力。

敞开胸怀就是能容纳那些与自己意见不同甚至反对自己的人，接受其他的可能性。当我们尝试使用探讨的方式，就会发现全新的观点，从而产生创造性的结果。

缺乏反思的人往往很难听懂别人到底在说什么。相反，他们听到的是他们期望别人说的东西。他们不能容忍对事件的不同观点，只希望别人的观点和自己一样，然而别人又不可能与自己观点完全一样，于是争论代替了沟通，彼此花费大量时间互相辩解，在沮丧和精疲力竭中即使达成了某种形式的妥协，妥协中也没人成为赢家。显然，心智模式封闭，容不得别人不同，总是把心思用到改变别人身上的人，不可能与他人和谐相处。幸福也会与之远离。

下表是"开放"和"保守"两种不同心智模式的对比。

开放的心智模式	保守的心智模式
创造生活	苦熬生活
赞美和学习他人经验	嫉妒和怨恨他人成功
交往"大人"，提升层次	交往"小人"，降低身份
让钱为自己工作	努力为钱而工作
向内发展，扩大心胸	向外扩张，小肚鸡肠
善于营销，融入时代	讨厌营销，只求安稳
生活在行动中，把简单的事一件件做好	生活在担忧中，放弃一个个唾手可得的机会
发现机会，总爱研究"怎么把这件事干成"	关注阻碍，总爱问："这事能成吗？"
活到老学到老，享受学习快乐， 享受工作快乐，享受生活快乐	认为自己都知道，学习如同受罪， 工作就如同苦役，生活充满烦恼

生活幸福的关系就如同鞋和脚的关系，生活好比是一双鞋，对幸福的感受就是脚，鞋里的沙子就是"不幸"和烦恼。

改善心智模式，一方面是帮助我们把鞋里的沙子倒出来，让我们享受到本该享受的幸福，而不要陷入"身在福中不知福"的泥潭中苦熬生活；另一方面是帮助我们不断改进鞋的材质、样式、风格，并穿着轻松、柔软、富有弹性的新鞋去旅游、去登山，让生活变得更美好舒适，让人生变得多彩起来。幸福人生从改善自己的心智模式开始，幸福人生在创造生活、美化生活中得以升华。

五、人生成功提"三力"

种植庄稼首先要选好种子。好种子不仅容易成活，而且生长力强。企业用人也要"选种育种"，要选择这样的人：有成长力，能适应企业发展需要；有文化力，能促进企业人文环境的改善；有生命力，能不断有创新智慧并能传授给他人，带动员工共同成长。优秀人才就如同优良种子，进入企业后会很快生根、发芽、长叶、开花、结果。

（一）用成长力面对岗位成才

企业的核心竞争力首先来源于员工的成长力。成长力是人才成长和实现人生成功的原动力。在时代环境发展面前，如何发现员工的成长力，是选好人才、用好人才的关键。

成长力大小看"变化"，只有动态考核才能准确评价。成长力体现在成长活力、成长能力、成长实力、成长潜力四个方面，每一个方面都有不同的层次，在动态考核中认识一个人处在哪个层次，可以识别这个人是否有较大的使用价值和培养前途。

1. 成长活力

成长活力大小看态度,"推"是识人的关键字。显示成长活力大小的态度有四个等级:一是"难以推动",二是"推一推动一动",三是"推一下动起来",四是"不推也自动"。显然,不用或很少督促就能积极主动干好工作的人成长活力大。

2. 成长能力

成长能力大小看工作,"管"是识人的关键字。成长能力大小也有四个等级:一是"管了管不好",二是"管就能干好",三是"少管也干好",四是"不管自干好"。显然,在少管和无为而治中也能把工作干好的人成长能力大。

3. 成长实力

成长实力大小看特长,"替"是识人的关键字。成长实力大小有四个等级:一是"替代了更好",二是"替不替一样",三是"很少有人能替代",四是"谁也不能替代"。显然,有别人不能替代或很难替代的特长是实力大的体现,这是一个人的核心竞争力。有核心竞争力的人成长空间比那些只有通用能力的人大得多。

一个人的实力是其核心竞争力,它体现在一个人的个性特长和不可替代性上。在共性化教育极其普遍的今天,个性魅力成为一种稀缺资源。随着时代的发展,掌握知识多、有高学历、听话并能老老实实干活的人虽然仍然有竞争优势,但是更有竞争力的却是独具个性特色并不容易被轻易替代的人。

不过越是有成长实力的人往往越难驾驭,一旦把握不好,他跳了槽,对企业来说就是重大损失,这就需要企业有文化力,能团结住有成长实力的人才。企业共赢"家文化"的思路和方法其实就是留住优秀人才的思路和方法。

4. 成长潜力

成长潜力大小看学习,"教"是识人的关键字。成长潜力水平有四个等级：一是"教也不会"，二是"教了才会"，三是"一教就会"，四是"不教自会"。显然，那些一点就通、不用刻意去教就能通过自学掌握知识技能和方法的人成长潜力大。

一个人的成长潜力是面向未来的成长力。成长潜力强的人都是有学习力并不断成长的人。一个不爱学习，只靠年轻时学到的那点知识和技能去对待工作，遇到困难只会强调客观原因的人，即使暂时是企业骨干，担当重要工作，未来也不会被人看好。学习不怕慢就怕站，只要能从被动学习变为主动学习并能实现全方位成长和可持续发展，那么，人的成长潜力就是无限的。

(二) 用文化力打造个性品牌

优秀的文化具有强大的穿透力，在充满竞争的现实世界中，能扭转乾坤的一定是文化。一个企业要想在竞争中取胜，打造出先进强大的企业文化是根本。洞悉人的文化力，发现和培养有文化内涵的企业职工是企业实现全面协调可持续发展的关键。

1. 企业需要员工有什么样的文化力

企业是一个文化环境，环境中的员工就是一个个有文化力的激励源。如果员工自身的文化力是包容的、宽厚的、富于生气的，就很容易在互动中整合更丰富的资源提升自己；如果自身的文化力是对抗的、狭隘的、消极的，就难以在互动中提升自身文化水平，甚至会成为影响组织文化发展的障碍。于是，一个人是否有和谐文化力就成为一个企业选择人才和使用人才的重要依据。

那么，企业职工应当有什么样的文化力呢？

(1) 和谐文化力

在畸形发展的工业社会中，功利化浪潮席卷一切，"人为物役"成为普遍的现象，巨大的工作压力使很多人不得不变为工作狂。人们在盲目追求外在目的中失去了自己的灵魂，出现了自我失衡。

自我身心失衡的人，在处理与他人的关系中，往往以自己为圆心、以自己的利益为半径画价值之圆。在这种情况下，企业岗位就会成为单纯谋取利益的载体，企业的产品与服务就不可能真正对客户负责，企业经济效益增长就会以破坏人文生态为代价。如果一位员工除了自己的利益之外，没有全局观、共生观和心灵成长的动力，就无法与企业文化相融。

（2）创新文化力

人的最大能力是在集思广益、智慧整合中的创新，是对自我资源和社会资源的最佳艺术运用，人生要成功，离不开这一点睛之笔。企业文化的发展，离不开这样的创新人才。

（3）人生发展力

以德为先的奋斗精神是企业发展的灵魂。企业需要引进和培养大批自强不息、以道德为先的员工，才可以永远立于不败之地。

2. 企业员工的文化力从何而来

当一个人走出家庭进入学校、企业和社会时，无不以原来家庭中的文化角色面对新环境。受到家庭文化熏陶并在家庭中充当不同角色的人，在新的社会组织中也会以相似的角色出现在组织环境中。他可能在新的环境中成为优势文化的传播者和实践人，也可能在新的环境中成为弱势文化的代言者和依附者。是和谐相融还是失谐相悖，完全取决于文化。

3. 在提升文化力层次中发现培养人才

由于出自不同的家庭环境，又在不同的学校环境中成长，人的文化层次不可能完全一样。有的有很高的文化修养，知书达理，并能在实践中不断觉悟和反省，使自己走向完美，即"文而化之"之人；有的只停留在学习过程中，有文化知识，但举止言谈并不文明，在实践中以功利心态做人做事，即"有文无化"之人；有的很少学习，放纵自己的欲望，唯利是图，完全不考虑别人安危，即"少文无化"之人。企业文化的重要内容之一，就是发现、引进、培养一大批"文而化之"之人成为企业核心激励源，带动"有文无化"者实现人生成长和自我超越，帮助"少文无化"者唤醒智慧心灵，跟上时代步伐。

(三) 用生命力实现人生目标

我们总以为人生很长，足以让我们去消耗，于是我们把大量的时间消耗在争名夺利、抱怨不公、计较得失、哀叹烦恼、生气发怒上，结果，我们活得越来越糟糕，糟蹋了太多的好时光，幸福也离我们越来越远。

我们没有理由让生命不出彩。有了幸福人生的探索，才有寻找幸福起点的选择。

1. 生命力是一种适应环境的生命意志

小草没有鲜花的美丽，也没有树木的高大与挺拔，但它有默默无闻、甘愿奉献的精神，有"野火烧不尽，春风吹又生"的顽强生命力。它甘愿用身体来装扮世界，即使被人们遗忘在坑坑洼洼、黑暗的地方，它也能顽强地生长，默默地经受风吹雨打。

生命力是一种适应环境的生命意志，有了这种意志，人就可以胜不骄，败不馁，遭受风吹浪打却似闲庭信步。企业的生命力来源于职工的生命力。在信息时代到来之时，一个企业的员工是否有适应环境的生命意志成为一种重要的生命力要素。

2. 生命力强弱看"境界"，心灵突破识"创新"

生命力强弱看境界，一是物质生命境界，二是精神生命境界。

当一个人能通过自身的体能和智能在企业工作换取报酬并养育家庭成员时，他就处于物质生命境界状态。

一个爱生活、能和他人和谐相处、心胸宽阔的人，一定是一位精神境界高的人。

精神生命境界分三个层次。

身心和谐层次：让心灵和身体同步成长，不会计较眼前利益，能在矛盾和尴尬面前笑对生活。

信仰追求层次：有崇高的信念和目标的人，他的人生层次就会提升。在目标激励中，精神境界能引领他实现自我超越。

悟道回归层次：一个人能在感悟人生中悟到生命的价值和意义，并以生命轮回的心态笑对人生。

3. 生命力支柱

一场森林大火可以把所有的植物燃烧殆尽，使大地变成一片荒凉；一场突如其来的地震顷刻间使大片房屋倒塌，人员伤亡不计其数。在自然面前，我们显得那样无奈。

生命是脆弱的。然而，生命在生存环境突变时，又会变得十分强大。生命的强大以大爱的形式呈现。

所谓"大难不死，必有后福"，不是侥幸生存下来后的自我安慰，而是大难中所磨炼出的素质会对未来人生起到重要作用。只要我们能以积极的心态面对种种磨难，突破心灵的障碍而成长起来，就会成为未来人生成功的最大资源和优势。

第十一章

秋之歌：秋梦童心诗意浓

> 当我们踏入秋天的园林，无论果实甜蜜还是苦涩，我们都要收获，收获一个不完美的秋天，才是更真实的自然。人生之秋成长的关键字是"悟"，就是在觉悟人生中活得明白，由"向外"发展变为"向内"发展。这是人生第三次成长机会。

金色的秋，祝福的阳光照射着收获的季节，成功的喜悦承载着丰硕的果实。

秋金有"慧"，增慧有"悟"，所谓"五十而知天命，六十而耳顺"，就是在觉悟人生中活明白的智慧，就是由"向外"发展变为"向内"发展的智慧。

一、有"悟"没"悟"不一样

人生之秋的关键字是"悟"，有"悟"没"悟"不一样。有"悟"的人能让丰富的人生阅历点石成金，哪怕这一生并没有做出惊天动地的事业，也能在读书反思中提炼出丰富的人生智慧，让人生的价值和意义得到提升，并影响更多的人，使他们获得幸福的人生。没"悟"的人只能沿着原有的思维惯性发挥"余热"，随着"余热"越来越小，只能是风烛残年苦度日，固执己见空悲伤，于是与幸福人生越来越远。

作为进入人生之秋的中老年人，我们有两个选择：一是在固执己见中沿着思维和行为的惯性继续发挥"余热"，推迟成为家人和社会负担的时间；二是在调整思路中重新认识自己，实现人生再成长。

前者让我们在"有事干"中延续着人生价值，阻挡了风烛残年苦度日的焦虑；后者让我们在"多反思"中升华人生智慧，需要付出时间去学习、去改变自己。

两种选择，两种不同的活法，人生真不一样。

如今，有许多工作在各行各业的人进入人生之秋之后选择了读书和反思，他们把阅读的感悟写成一本书，指导和影响了更多的人。

然而，也有一些人在进入人生之秋后远离了读书和成长，他们有的因为一下子没了可干的事而陷入无聊；有的面对子女工作忙或打工外出，孙子孙女无人带而陷入了继续照看孩子的无奈；有的因为儿女面临就业尴尬和结婚无房而陷入焦虑之中……

王师傅从事机械制造业工作多年，退休之后，正面临儿子儿媳工作忙、孙子无人照顾、儿子需要买房却缺钱的状况，于是做出了继续发挥余热的选择：自己靠原有的技术接受返聘去挣钱，老伴则全身心照顾孙子。

奋斗几年后，好不容易帮助儿子凑够新房的首付，自己却病倒了，只得在家休息，越来越感到无聊和痛苦。孙子上了小学，却因为厌学和淘气总被学校老师批评，家长不断被请到学校。为了孩子，小夫妇经常吵架，吵着吵着就把老人也捎带上，他们都埋怨老人把孩子惯坏了。王师傅的老伴感到很冤枉：我伺候了大的又伺候小的，一天到晚没个闲，一干就是这么多年，不仅没要你们一分钱，还为你们买新房贴钱，倒头来却遭埋怨。儿子儿媳也不容易，单位效益不好，手头一直紧，只得拼命干，挣到更多的钱来养家。他们哪懂得学习教育好孩子的思路和方法，对孩子也不是不管，只要孩子一犯错，不是训一通，就是打一顿，有的时候，刚训几句，还没动手打呢，爷爷奶奶就一起上来护着。老人埋怨儿子儿媳只会打和骂，儿子儿媳埋怨老人只会宠。一家人围绕着孩子陷入了尴尬和难堪之中。

其实，亲子教育和隔代教育都是家庭教育的重要组成部分，但是如果老人只是把孩子当作宠爱的对象，不懂得早期教育的智慧，也会把孩子误导成问题孩子。

隔代教育通常是指祖辈对孙辈的抚养和教育。据中国老龄科研中心对全国城乡 20 082 位老人调查，隔代抚养孙辈的老人高达 66.47%，由此可见，隔代教育已然成为家庭教育的一种常态。但因为教育思路和方式的差异，老人和年轻人之间常常会发生各种冲突。追根究底，这些冲突与各自不同的家庭文化有关。

一般来说，随着子女长大，他们会不断更新观念和对事情的认识，形成自己的价值观。有了孩子之后，有的年轻的爸爸妈妈完全听老人的；更多的年轻父母则通过学习，形成自己的养育观。养育孩子是一个烦琐的过程，涉及吃喝拉撒以及教育等方方面面。而老年人当年养育孩子和现在养育孙辈至少相差 25 年，试想一下，如果老年人没有及时学习反思自己，那么在和子女共同养育孙辈的时候，分歧是在所难免的。

因此，作为老人应在人生之秋读书反思，自己活明白了，实现了第三次成长，就会以新的姿态出现在儿孙的面前。成长的老人会把自己丰富的人生阅历变为一种教育智慧，指导好儿子儿媳当好爸爸和妈妈，也会带给孙子健康成长、提升生存生活智慧的机会。

二、点石成金悟"人生"

有一位穷困潦倒、沿路乞讨的书生遇到了一位仙翁。书生向仙翁祈求帮助，仙翁欣然答应，让书生看看地上的石块，接着用右手食指轻轻一点，石块立即变成了黄金。仙翁叫书生拾起黄金变卖为生。书生俯身拾起了黄金，恭恭敬敬地交还给仙翁，说："这块黄金我不要，我要你的手指头。"

书生看中的不是黄金，而是点石成金术。

一个人即使春天遭遇了风雨，夏天遭遇了雷暴，秋天只结出了受伤的瘪果，只要能觉悟人生，就可以让不完美的收获变得更好、更美。曾国藩的爷爷曾玉屏曾经是一位畸形成长的纨绔子弟，但他在人生反思中明白了没有文化，不识字，会处处受欺负（他就是因为不识字而被秀才捉弄，输了一场宅基地官司）。于是，他在家庭中倡导耕读文化，把儿子和孙子都引上了读书之路，这才有了曾家日后的繁盛。这说明，即使不完美的人生，也会在点石成金中变得丰硕起来。

三、人生之秋的选择与境界

人生之秋的选择是"见自己、见天地、见众生"。

人生之秋的感悟，让我们从"经历我"走向"智慧我"。我们的人生便有了高度、深度、宽度、广度、长度和久度。

高度：哲学的高度。这是对"我是谁""我从哪儿来""我到哪儿去"的哲学追问，也是明白人"为什么要活着""如何活"的过程。"为什么活"是个信仰问题，它是人生的全部目标和最后归宿，也是人生发展的动力和精神支柱。有些人生目标我们只能无限接近，而永无到达之日，只有这样，人生才会永远充满动力。"怎么活"是个方法问题，其目标是使人获得更多的自由。人生之秋的读书与反思，就是一个提升人生高度的过程。人生有了高度，生命就会继续成长，就会变得更有意义；反之，人生没了目标，生命的价值和意义就会大打折扣。

深度：心学的深度。人是浓缩的小宇宙，宇宙即我心，我心即宇宙。悟本心，致良知，知行合一是心学之精髓。心为万力之本，修之以正则可造化众生。志者，心力者也，不忘初心，方得始终，只有唤醒心力，才能成就人生。

宽度：美学的宽度。这是人生追求美的智慧，这是人类诗意栖居大地的情怀，这是让人文精神为科学精神伴行的过程。

广度：科学的广度。这是人类适应自然而需要发展的科学智慧。科学发展的思路既能让人类摆脱自然的束缚，又能够保护好生态，实现生态和谐的可持续发展。学习自然科学、社会科学、思维科学……就是实现科学发展的重要选择。科学发展需要广博的知识，也需要把知识变为智慧，让智慧变为力量。

长度：文学的长度。人类文明在不断发展，各类文学作品层出不穷。无论是中国的《老子》《庄子》《离骚》《史记》《三国演义》《水浒传》《西游记》《红楼梦》，还是外国的《雾都孤儿》《鲁滨孙漂流记》《简·爱》《巴黎圣母院》《基督山伯爵》《茶花女》《母亲》《青年近卫军》《静静的顿河》《老人与海》《牛虻》，都在文学的长河中得以留传，影响着一代代人，成为不朽之作。我们的人生中应当有文学，有诗意，有文化，有文明。

久度：史学的久度。体现在对传统文化智慧精华的继承和发展。以史为鉴，我们的人生可以少走弯路。人生正是在读史中得以丰盈。

四、秋梦童心诗意浓

鲜花都有盛开的时候,那不过是天地一时的宠爱。花开总有花落。花开的时候,个个都艳丽多彩;而花落的时候,情况却浑然不同。有的把枯萎送予秋风,流逝于萧瑟,有的则结出一片秋实,藏匿于严冬,等待春天的再来。是在余热渐渐降低中风烛残年苦度日,还是读书反思,把丰富的人生阅历点石成金,取决于能否再成长。

(一) 格桑花开幸福来

玉树高原上有一种花,长得很美。它有八个花瓣和黄色的花蕊,花会随着季节的变化,呈现出红、黄、粉、紫、白不同的颜色,而且太阳越是曝晒,它开得越是鲜艳。它迎风起舞,也随风摇曳,看似柔弱,却在狂风暴雨中立而不倒,彰显出顽强的生命力。它不畏严寒,即使是在高原荒凉贫瘠的土地上,也耗其全力,展示一个生命所有的灿烂。它就是格桑花,象征着幸福和爱情。

玉树人能在高原环境中幸福成长,哪怕在强烈的地震面前,也能做到玉树不倒,青海长青。因为他们心中都有一束"格桑花"。

穿过早霞映红的北国神空,跨越一道道秀丽的山川美河,飞机盘旋在玉树高原上空,俯视着素有"江河之源、名山之宗、牦牛之地、歌舞之乡"美称的三江之源,他乡异美在心中频闪、飘荡。玉树一游,领略"唐蕃古道""中华水塔"和"可可西里"的美丽风光,游览于平均海拔 4 000 多米的高原圣道,感悟一番藏传佛教的智慧魅力,那是一种进入人间仙境的享受。伴随着同机乘客的一片片惊叹声,我们终于融化在绿色玉树迷人的仙境之中。

来玉树不仅仅是参加全国首届高原地区家庭教育高峰论坛,也是向玉树人学习的心灵之旅。我希望寻找到美丽的格桑花,在幸福的陪伴中与玉树人成为"家人"。

心灵之车盛如轿，幸福之人缘相随，
高原之行风雅伴，玉树之家情谊深。

生活在这里的人是那么淳朴，在这里我感受到了古老的中华民族那种传统的善良、快乐的文化智慧。此时此刻，我们仿佛回到了那生态和谐的远古时代。漫步在高原的草地上，遥望着远处那蓝蓝的天空上飘动的一朵朵白云，不时聆听着山间河水拍击岩石发出的欢唱，一切美景尽收眼底。

我们看到，一次大地震，一次来自大自然的灾难，不仅没有让受灾地区的群众陷入绝望无助的境地，而是在全民齐动员中得到最快和最好的救助。如今这里已是玉树常青家园美，格桑花开幸福来。

如今的玉树，在家庭教育、家文化建设方面已经走在了前面，并彰显出独具特色的智慧魅力。来自北京、广东、河北、青海等地的专家学者云集玉树，与玉树人互动交流，共同探讨母亲教育问题、家道文化与幸福人生问题、早期教育问题、家校共育问题等。

（二）秋梦源自童心

中华人民共和国成立，让我成了与祖国命运同行的新时代人。在父母的呵护下，也在经风雨、见世面中成长为一名热爱发明创造的科技工作者。在老一辈科技工作者的影响带动下，我们不仅完成了一项项科研成果，应用于社会实践，而且培训了大批技术骨干，并在担任中小学校外老师的过程中，帮助孩子唤醒了"梦"，找到了"家"，走好了"路"。

童年的生活留给我美好的梦幻、追求和足迹，也留给我数不清的疑问和好奇。爷爷喜欢听戏，家里有一台老式电子管收音机。爷爷在收音机前喜滋滋地听，我在收音机后面仔细地寻找，怎么也找不到唱戏的人。"声音是从哪儿传出来的？"我问爷爷。爷爷说不知道。我又问奶奶，奶奶也说不知道。

为了弄个明白，我趴到收音机后边仔细看。透过收音机后盖上的一排散热孔，我看到一排灯泡像"玻璃将军"一样倒立在底板上，靠近机箱一边固定着一个立方体的铁家伙，还有一个直立的圆柱管上密密麻麻缠着许多圈线，真是太有意思啦！我忍不住去掀后盖，然而后盖被卡住了。观察了好一会儿，我终于发现后盖的下边左右各有一个凸起的部位，分别陷在机箱的槽中。我试着向上托后盖，凸起部分便离开了槽，稍向外一拉就把后盖卸了下来。这一下好了，收音机里的一切"秘密"让我看了个一清二楚，原来发出声音的是一个背着马蹄形磁铁的大纸盆。看见熟悉的磁铁，我忍不住找了个铁钉去试吸力。这一下可惨啦，就在铁钉被吸住的同时，"噌"的一下，我只感到浑身一阵发麻，挨了电击。我并不知道早期的电子管收音机有的是用自耦变压器供电，金属底板部位是带电的。幸亏地不太潮，我的鞋底又比较干，钉子又捏得不太紧，否则可真要一命呜呼了。

听到我的尖叫声，正在喝水的爷爷吓了一大跳，拉上我直奔医院，直到大夫说已经没事了，他才放心。后来我有机会参加少年宫的无线电小组学习，对无线电的痴迷爱好，让我到了发狂的地步。我不仅很快学会了装修电子管收音机、扩音机、步谈机，还读了当时著名的无线电专家刘同康、冯报本、毛瑞年等人的许多著作。中考前夕，同学们都在拼命复习功课，我却忍不住把好不容易借来的《电子管原理》和《电磁学原理》一篇篇抄下来，一抄就抄到半夜。

我描画着一个个迷人的电子管符号，仿佛看到了负电子正从炽热的阴极迸发出来，加上高压正电的屏极板强力吸引着迸发出的电子，形成一束飞速前进的电子流，源源不断奔向前方的目标。我又好像有了控制栅极电压的能力，电子束正在我的操纵下改变着方向和大小，渐渐地我进入了梦乡。梦中，我亲手设计的电子管发射机正在向空中发射电磁波，宇宙中到处是我发射的无线电信号。我看到了远在天边的一台接收机捕捉到我发出的信号，一个人正头戴耳机听我讲话。我不知道他是否能听到，使劲儿喊着……

父亲看到我这样痴迷无线电，给了我五元钱，让我购买零件，装一台半导体收音机。后来，每当看到父母一起听广播节目，我打心眼里高兴，因为那是我给他们带来的快乐。我成了有爱好、有特长的"小无线电专家"，而且我在阅读革命先烈故事和科学家传记过程中把特长爱好升华为一种爱祖国、爱人民的信念和意志。我下定决心要为祖国的无线电事业发展贡献全部力量。在目标的引领下，我学习更用功了，学习成绩也从中下等变为中上等。中考的时候，我竟然以优异的成绩考上了我心目中最好的学校——清华大学附属中学，让我离"清华梦"近了一大步。在老师的鼓励下，我开始阅读古今中外名著。

后来，我成了一名从事军工的技术工作者和培训讲师，耕耘在无线电通信领域。在"老军工人"的影响带动下，我们以强国梦、强军梦为目标，以"老老实实做人，认认真真做事"为起点，在读书成长中走出了一条奋争之路。

从事军工事业的过程，不仅让我与中国人民解放军这所大学校有了更密切的联系，也让我们有机会认识了一批军工"三线人"。部队官兵以他们勤奋好学、忠诚事业的模范行动为我们做出了榜样；"三线"工厂的干部职工响应党中央号召，"舍小家，为国家"，在极其艰苦的条件下为军工事业发展闯出了一条路。

在广东、广西交界的大山沟里，曾经有一大批"三线人"在这里工作生活。这里条件十分艰苦，交通不便，他们都是举家来到这里，为的是战备。他们整日拼命工作，希望把最好的产品尽快送到部队，为保卫国家做出贡献。

因工作需要，我们有机会走进了大山，走近了"三线人"。一个风和日丽的早晨，我们从坪石出发，沿着盘山公路去那里时竟然用了近十个小时。这一路云里来雾里去，上下颠簸，几乎所有的人都晕车呕吐，下车时已是浑身瘫软。提前得悉这里的人吃不上肉，我们一起凑了一些肉食供应票，买了十斤肉带上。担心肉在路上变质，请人提前冷冻好，可下车时，冰全化成水了。还好，肉还是新鲜的。我们特意留下一小块送到一位老朋友家。可这位老朋友立刻叫来食堂工作人员，嘱咐今天给大家炒个肉菜。此时的他已经是一位厂长，他考虑的是这一大家人，早已忘记了自己……我们正是从这些"三线人"身上汲取了营养，踏着他们前行的路奋进在军工事业的道路上。

许多年过去了，改革开放的春风吹遍了祖国大地。这个为我国军工事业立下赫赫战功的企业也搬到了深圳。他们给自己的企业起了个非常好的名字——华强。中华强大离不开军工"三线人"的努力。

为了发展祖国的电子工业，我也投身到科技进步的洪流中。我和我的同事们一起学习，一起发明创造，一起以"强国梦"为目标，在与祖国命运同行中完成了一项项科技成果，做出了一个个贡献。我也被破格晋升为高级工程师。

当我们的一项项成果经鉴定达到国内领先水平，并获得一项项省部级奖励时，大家都为之高兴，但是我们这些曾经的"军工人"却不能真正高兴起来，因为有些成果的核心技术——集成电路"芯片"技术没有掌握在我们自己手中。所以，我们要用创造发明的实践带出一支科技创新队伍。

伟大时代呼唤伟大的精神。改革开放40多年来，中国的制造业发生了天翻地覆的变化。在千千万万个科研工作者、工程技术人员以及工人师傅的辛勤努力下，中国终于甩掉了"自行车王国"的落后帽子，坐上了"高铁"，神舟飞天、量子通信、北斗组网、高端芯片制造等领域都跨入了世界的先进行列。

在鲜花烂漫的黄土地上，有制造业大军的青春芳华；在祖国奋进的洪流中，有工匠们奔跑的身影。工业系统的工作者们像一颗颗小小的螺丝钉，构建起中华人民共和国科学技术的宏伟大厦。

人生 71 年过去了,当我再次拿出珍藏已久的、已经泛了黄的自制笔记本时,一股回归童真的激情像波涛一样荡漾在心中。60 年前的唤醒,让我成了爱科技的发明创造者,也使我投身新教育,爱上了孩子事业。

人生从小立下一种崇高志向并把自身的行为置身于这种志向之下时,就会有扼制不住的成长动力。

五、感悟传统文化,调整思维模式

(一) 薪火传承中的家文化基因

《易经》系统地提出了"天、地、人"三才之道的伟大学说。这个学说深入中华民族之心,贯穿于中华民族的人伦日用之中,牢固地培育了中华民族乐于与天地合一、与自然和谐的精神,对天地与自然持有极其虔诚的敬畏之心。

《易经·说卦》:"是以立天之道,曰阴与阳;立地之道,曰柔与刚;立人之道,曰仁与义;兼三才而两之,故《易》六画而成卦。"

人法地,地法天,天法道,道法自然。天、地、人构成了家文化基因的三大要素,并产生天人之间、人地之间、天地之间的辩证关系。

1. 天人关系

人是浓缩的小宇宙,是宇宙能量的聚合体。我们正是在合天道、心远游、追寻梦中有了诗和远方,于是有了"梦之美"的境界。正是,天人合一人有梦,同频共振能量增。

2. 人地关系

人与大地的和谐相融,创造了精神家园,龙图腾集大成,元亨利贞四季行,人们正是在差异化生存中实现了共同发展,诗意地栖居在大地上。我们正是从这里出发，追寻着人生的目标，于是有了"家之慧"的情缘。正是，人杰地灵心有家，诗意栖居福寿增。

3. 天地关系

天地万象自有其规律，顺应自然方能实现发展。前途是光明的，道路是曲折的，要走好路，而不要只走好走的路，于是有了"路之遥"的精神。正是，天地同辉行有路，唤醒心力人发展。

(二) 感悟文化精华，发展幸福人生

文化是一个国家、一个民族的灵魂，没有高度的文化自信，没有文化繁荣兴盛，就没有中华民族伟大复兴。植根于中国"家"中的家文化智慧，正是激励我们前行的动力。中华传统文化源远流长，有许多值得今人感悟的智慧。

1."系统思维，阴阳辩证，共同发展"的"易"智慧（整体思维智慧）

系统是由若干不同要素按一定结构组成的有机整体。《易经》的理论基础是八卦，八卦中的每一卦都是一个独立系统，把八卦按上下方位相互叠加推衍，又得到了六十四卦这一更高层次的系统，并用它来比附说明世界万事万物的复杂变化。《易经》系统地记载了自然科学、社会科学、人体科学和医学方面反映出来潜藏于过去的、现在的和未来的信息，同时还有预测信息的宝贵方法。

《易经》的系统思维对后人产生了重要影响。在人们的观念中，一个家庭或家族就是一个系统，由许多家庭或家族组合成了国家、天下，这是一个逐次扩大的系统。天、地、人在内的整个宇宙也是一个系统。人们也把一个人及人的内脏和器官视作一个系统。系统的思维模式在兵法著作、医学著作中也有着充分体现。

系统性思维要求把组成系统的各个要素作为整体来看待。《老子》说："天得一以清，地得一以宁"，儒家认为"春秋大一统"，宋、明时强调理、气一元论。虽然各派理论的出发点不同，但都毫无例外地表现了对整体观的崇尚。中国人在生活细节上的"牵一发而动全身"的顾忌、"舍车保帅"的"一盘棋"思想、"天下兴亡，匹夫有责"的个体责任感，时时体现着对整体的考虑，这都源于系统观、整体观对民族思维的影响。

2. "集思广益，智慧整合，共同发展"的"龙"智慧（创新发展智慧）

中华"龙"文化是集思广益、智慧整合的产物。《易经》的首篇乾卦，阐述了龙从"潜龙勿用""见龙在田""或跃在渊""飞龙在天""亢龙有悔"等整个过程。龙能潜伏深渊，行走陆上，飞腾天空，具有变化莫测、隐现无常的性格。所以古人用龙来象征天道变化，以及阴阳消长的无穷潜能。

一个有智慧的人总是胸怀大略，把自身的一切行为置于志向之下，"隐"和"现"、"大"和"小"、"升"和"降"都服从于心中的大局。善于变化是龙的特征，只有不断改变自我去适应环境，并审时度势不断创新，才能成为独领风骚的时代巨人。

3. "唤醒心力，成就人生，活出精彩"的"魂"智慧（幸福人生智慧）

《易经》云："天行健，君子以自强不息；地势坤，君子以厚德载物。"

《易经》中体现的和谐是以人为本的天、地、人三者的和谐，它在探讨宇宙万物的和谐关系中开创了人本主义先河。

如何唤醒人生成长的心力，成就人的生存与生活，正是落实"以人为本"思想的具体内涵。

无论是个人的成功，还是事业的成功，都离不开成长的激情。激情是人生的活水，是生活的电光石火，是灵魂的放声歌唱，是深沉感悟的迸发，是思想之火的点燃。

有些人为了生存放弃了自己的理想，到他年老时，即使家财万贯，也会觉得自己的生命中留有遗憾，因为他没有放飞过自己的梦想，没有做自己最想做的事。有些人富于想象，整天做梦，为了心中的目标不懈追求，却连自己的生存问题都解决不了，更不可能得到幸福。

无论是为了生存而失去了生命中最有价值的部分，还是为了生命的意义而放弃了生存更好的机会，都会带来人生的尴尬，因为他们不懂得人生是生存与生活的辩证统一。

（三）调整思维模式，实现创新发展

中华文化源远流长，为中华民族的发展奠定了基础。面对传统文化，我们要取其精华，去其糟粕，使之与当代社会相适应，与现代文明相协调。在看到传统文化优势的同时，也要看到我们思维模式的不足：一是思维模式功利、片面；二是思维模式简单、自我；三是思维模式懒惰、僵化。反思不是否定自己，而是克服思维障碍，实现创新发展。如果能突破这些思维模式的限制而发展，就很容易摆脱落后局面，实现杰出发展，获得幸福人生。

1. 思维模式功利、片面

我们的思维模式功利、片面，体现在我们的人生哲学往往重名利而轻真理。"雁过留声，人过留名""人为财死，鸟为食亡"就是这种功利化处事原则的典型写照。而对"学而优则仕"的误读，很容易让人们对政治抱负的追求远高于对真理的探究。在学习西方时往往只看到了对我们有用的科技成果，但很少思考西方为什么能创造出这些成果。思维模式的功利与片面会引起我们的行为习惯只顾眼前而不思长远，为了眼前的功利甚至可以作假，人变得浮躁起来。

正是这种思维模式的限制，让我们失去了许多追求真理的机会。比如，我们古代《易经》中的"太极生两仪，两仪生四象，四象生八卦"中所蕴含的数学"二进制"科学没有被中国人发现，却被外国人莱布尼茨发现了，并为计算机科学的发展奠定了基础。我们的四大发明之一火药正在被我们当作烟花和爆竹享乐时，外国人却把它变成了船坚炮利，用武力来

征服侵略中国。孩子小时候的探索欲望，被大人抹杀，长大后就会失去追求真理的兴趣和能力，真理精神受到亵渎。这种过于追求功名而轻求真理的思维模式，影响的是幸福人生的发展，影响的是民族的复兴。

2. 思维模式简单、自我

我们的思维模式简单、自我，体现在判断事物时坚持"非白即黑""非对即错""非好即坏"，不是对立就是统一，而且是一种以"自我"为中心的"我"文化主导。

比如，一个孩子善于探索，不小心把杯子打碎了。如果只是以为批评了孩子，孩子以后就会注意，不再打碎杯子，这样单纯的纠错，很容易伤害孩子主动探索的精神。当孩子在家长一次次教育中改正着一个个错误时，也渐渐失去了主动学习的精神，会成为推一推动一动的"老实人"。其实，孩子是一个有缺点的好孩子，但思维模式简单、自我的家长按照传统模式教育孩子，只能把孩子变坏。

3. 思维模式懒惰、僵化

我们的思维模式懒惰、僵化，体现在急于求成、做表面文章和办事死板上。我们是一个勤劳的民族，但是我们却很辛苦，这和我们思维模式懒惰和僵化有一定关系。引进西方技术，复制（克隆）比创新要快得多，我们从复制下手，搞来料加工，创造了规模效益，但是如果只停留在这个状态，将永远受他人制约，一个产品创造的利润 90% 被别人赚走，我们的利润不到 10%。企业如何能发展？

这种懒惰和僵化不仅体现在干活挣钱上，也体现在心灵和精神取向上。少有人能在风景秀丽的山乡湖边静下来与自己独处，而是在嘈杂的景区环境中疲于奔波，慌不择路地冲到人堆中匆忙留个影，回来后就有了"到此一游"的谈资。

僵化的思维会让人逃脱不出那些陈规旧习，在思维定式的运作下按部就班。很多时候，我们的失败，往往都是败在思维定式上。无数事实证明，伟大的创造、天才的发现，都是从突破思维定式开始的；但如果在自己的思维定式里打转，即使是天才也走不出死胡同。

(四) 提升家文化素养，发展幸福人生

1."梦之美"境界

(1) 历经磨难仍能顽强奋斗的坚毅（意志）

当年孔子惶惶如丧家之犬，仍然历尽艰辛，游说列国，希望他们施以仁政，不要战争；屈原放逐乃赋离骚；曾国藩打脱牙齿和血吞，屡败屡战奋勇无畏；钱学森面对山河破碎到西方求学，学成之后，历经磨难，终于回到祖国，为强国梦贡献一生……这就是顽强奋斗精神的家文化智慧。谁怜爱国千行泪，一寸山河一寸金。"历经磨难而能顽强奋斗的坚毅"是一种生命力意志素养。

(2) 心有目标又能脚踏实地的执着（智慧）

善建者不拔；天道酬勤；衣带渐宽终不悔，为伊消得人憔悴……正是执着追求真理目标的家文化智慧。"心有目标而又脚踏实地的执着"是一种执着追求人生目标的家文化素养。

(3) 淡化自我勇于成就他人的崇高（心胸）

厚德载物；仁者爱人；正心修身；先天下之忧而忧，后天下之乐而乐……正是淡化自我、成就他人的家文化智慧。钱学森以他无我之心、为国之情，为国防工业发展奋斗的同时，培养了大批具有工匠精神的新一代科技工作者，他关心孩子成长，创立"大成智慧"，为杰出人才培养做出了教育贡献。正是"俏也不争春，只把春来报，待到山花烂漫时，她在丛中笑"。"淡化自我、勇于成就他人的崇高"是一种"我将无我"的家文化素养。

2."家之慧"情缘

(1) 仁者爱人，能替他人着想的善良（善）

仁者爱人，以德立人，德不孤，必有邻，乐道人善，见善必行……正是崇德向善的家文化智慧。如医圣孙思邈所言："德行不克，纵服玉液金丹，未能延年……道德日全，不祈善而有福，不求寿而自延。"钱氏家族就有"修桥路以利人行，造河船以济众渡……兴启蒙之义塾，设积谷之社仓"的家训。"能替他人着想的善良"是一种"崇德向善"的家文化素养。

(2) 自强不息，不用他人提醒的自觉（智）

"书山有路勤为径，学海无涯苦作舟""少壮不努力，老大徒伤悲"……正是唤醒心力、自强厚德的家文化智慧。钱氏家族就有"贵恒心自励而各勤乃业耳……业精于勤，荒于嬉。事虽勤于始，尤贵励乎终。皇天不负苦心人，尚须自勉之……"的家训。"不用他人提醒的自觉"是一种"自强厚德"的家文化素养。

(3) 正心修身，乐于接受约束的自由（乐）

吾日三省吾身；贪如火，不遏则燎原；欲如水，不遏则滔天；从心所欲而不逾矩……正是一种自我检视、严于律己的家文化智慧。钱氏家族就有"利在一身勿谋之，利在天下必谋之……"的家训。"乐于接受约束的自由"是一种"律己乐行"的家文化素养。

3. "路之遥"精神

(1) 既有自尊又不伤害他人尊严的高贵（高）

人无刚骨，安身不牢；士可杀不可辱；人无长幼贵贱；师道尊严；尊长者固不可以大压小，卑幼得，尤当戒以下凌上。倘有恃逞强恶，侮慢不逊，凶殴尊长者，旋鸣族户房长，入祠公同责惩……正是一种崇尚尊严的家文化素养。"既有自尊又不伤害他们尊严的高贵"是一种敬畏生命、崇尚师道尊严的家文化素养。

(2) 既有学识又能谦虚谨慎做人的低调（低）

孔子学富五车，才高八斗，仍能谦虚待人，强调"三人行必有我师"，孔子之谓集大成，正是一种大家风范和有极高能量的家文化素养。"既有学识又能谦虚谨慎做人的低调"是一种"上善若水的处下"智慧和家文化素养。

(3) 既能独处静思又能用心陪伴的和美(和)

曾国藩的"慎独则心安,主敬则身强,求仁则人悦,习劳则神钦……"正是一种高层次修炼的境界和家文化素养。"既能独处静思,又能用心陪伴他人的和美"是一种以心醒心、能量谐振中的幸福陪伴过程和家文化素养。

家国情怀心有梦,幸福人生爱相随。爱国是一种责任和情怀,需要有"梦"追寻,敬业是一种精神和情操,需要有"家"支撑,诚信和友善是一种品质的坚守和心境的和美,需要用走好"路"去践行。

六、幸福人生家园美

老子《道德经》中有这样一段话:"修之于身,其德乃真;修之于家,其德乃余;修之于乡,其德乃长;修之于邦,其德乃丰;修之于天下,其德乃普。"

在齐家(修之于家)与治国(修之于邦)之间有"修之于乡"的文化,是非常重要的一环。毕竟,从国家层面讲,不可能直接管理到每一户人家;从每一个家庭讲,也不可能人人都直接参与国家管理。而"修之于乡"的文化,正是创建了一个"家国情怀人有梦,生境和谐心有家,学习成长行有路"的美丽家园环境。

推而广之,每一个县域、每一个企业、每一所学校、每一个社区等,都可以在"修之于乡"的文化支持下,搞好美丽乡村、美丽家园、美丽校园、美丽机关等建设。我们已经看到:乡村振兴在路上,家校共育在行动,社区建设在前进,学习型机关在成长,企业共赢家文化在形成,书香家庭建设在推进,读书成长团队在扩大……

（一）安吉：绿水青山就是金山银山

1. 幸福人生从"家"出发

2019年9月20日，一堂"幸福人生"梦—家—路"讲座在安吉县第四小学举办。这是县教育局、县妇联主办的第80期家长学堂课程。300多位家长在现场聆听了讲座，上万名家长通过手机在网上听课。

来自孙水香"守住安吉家庭教育的绿水青山"报告生动再现了幸福人生家园美的文化思路。

（1）建立机制，谋划长远，安吉家庭教育指导工作土肥根深

近年来，安吉县积极探索家庭教育资源最大化整合，整体规划，专业引领，致力于守护安吉家庭教育的"绿水青山"，形成了从管理到运行、从评价到经费保障的家庭教育指导生态系统。

安吉县创造性地进行资源整合，由妇联管理、教育局出人、团县委出场地，三家联合建立了县家庭教育指导中心，统筹全县"一盘棋"，使全县的家庭教育指导工作有专人负责，有专门场地，有工作方向，搭建起全县学校和乡镇横向到边、纵向到底的交流沟通平台。

家庭教育指导工作离不开学校这一主阵地，安吉仅在校学生就有近7万名，需要服务的家长至少42万，占全县总人口的93%。县家庭教育指导中心的成立让妇联、教育两家真正实现了无缝合并，让专业的人做专业的事，汇聚全县九个部门的力量，惠及安吉万千家庭。

统筹合力使县家庭教育指导中心做到了有机制、有平台、有队伍，首先，建立了县、乡镇（街道）、校三级组织管理机制和教育培训网络，并给每个村（社区）的家庭教育指导站搭建了家长学堂、咨询热线、心灵驿站等三大平台。其次，组建了讲师团、志愿者、咨询师等三支队伍，使家长在家门口就能得到家庭教育专家型人才的指导服务。

县教育局还专门出台文件，要求学校确保举办每学年一次主题授课、每学期一次亲子活动、每季度一次家长沙龙、寒暑假一次家长论坛，

实现家长学堂"四个一"常态化。在家校共建方面,安吉还实施六个共建——共建管理、共建课堂、共建课程、共建平安、共建评价、共建健康,让家长真正全方位参与学校各项工作与活动。

安吉县明确将家庭教育指导和家校共建工作纳入学校的德育考核和乡镇(街道)妇联年度工作考核中。在经费投入上,县财政落实年度专项工作经费,各乡镇(街道)根据实际情况安排经费,相关职能部门多渠道筹措资金,形成政府投入、部门倾斜、社会支持的多元系统。

(2) 培育试点,积极实践,安吉家庭教育指导工作如火如荼

家庭教育指导工作要得到最终落地,必须在师资培养、课程建设、基层阵地建设、活动载体设计、长效学习机制上下功夫,安吉县按照试点先行、以点带面的推进思路,在以下方面做了较为成功的探索。

● 实施"安老师"家庭教育指导者种子培训工程

县家庭教育指导中心从2017年4月起就开始实施"安老师"家庭教育指导者培训工程。在全系统开展教师家庭教育普适性专题培训,同步纳入教师继续教育平台,让教师先提升自身的家庭教育素养,当好父母,做好教师,人人努力成为家庭教育指导者。从2018年6月开始进行"安老师"家庭教育指导者种子培训,通过甄选、培训、指导、辐射四个步骤,落实赴北京师范大学集中培训、专家实地指导、总结评价三个环节,培养一批本土专业的种子"安老师",开展基层家庭教育指导和咨询工作。

● 开展村村拥有家庭教育指导站三年行动计划

每个社区、每个学校常态开展家长学校工作,设立家庭教育咨询日,配备专门的家庭教育指导工作者;在条件成熟的村试点建立家庭教育指导站,由"安老师"定期组织面向家长的辅导,让家庭教育指导直通基层,让家庭教育指导的毛细血管拥有持续的造血输血功能,县财政设立专项经费,实施"村村拥有家庭教育指导站三年行动计划",2016—2020年在188个村建立并运行。

● 建立家长学校"家长学分制"试点

在 6 所学校开启"家长学分制"试点，通过建立家长学籍，开展线下培训，定期网上学习，一学年完成 48 学分，颁发毕业证书。高一学段的家长学校需要 6 个步骤来完成，让父母和孩子同学习、共成长，走出一条社会组织牵头、各级政府扶持、学校具体实践的运行体系。

● 持续开展"安且吉 家学乐"家长学堂活动

2017 年至今，"安且吉 家学乐"家长学堂公益家长讲座开设近百期，已辐射到全县各乡镇（街道），受益家长达到 2 万人以上，同时还通过"安吉家庭教育"微信公众号开展线上直播，极大地拓展了家长的学习时空，一次直播参与学习的家长达到 4 万余人次。每次活动结束，我们还进行家长反馈调查，进一步了解家长的需求，成效显著。

● 推行家庭教育系列"特色活动"

以德治家、以学兴家、以趣乐家、文明立家、忠厚传家——"最美特色之家评选"倡导家庭新风尚；"家庭教育亲子阅读基地评选""家庭教育亲子活动实践基地评选"传唱全社会关心家庭教育的好声音；"示范性家长学校评选活动"传递家校合育新力量；"家庭教育微课评比"积累家长网上学习好课程；"家庭教育宣传月活动"为全县家庭形成好家风、践行好家教推波助澜。

2. 好老师，在成长

好老师要有理想信念，好老师要有道德情操，好老师要有扎实学识，好老师要有仁爱之心。

在安吉的绿水青山里，在安吉的城市乡村里，在新时代文明实践工作中，涌现出这样一支家庭教育指导者队伍，他们有着一个共同的名字——"安老师"，他们有着一个共同的信念：情系家庭教育，助力家庭建设；汇爱携手成长，传扬文明佳话。他们一直在行动着……

(1) 缘起（背景）

● 新时代呼唤教师更新家庭教育观，首先当"好"父母

作为教师群体，面对新时代对于人才培养的需求，新时代的人才观就发生了重要的变化，更注重人的创造力、专注力和表达力等综合素养。作为教师，首先是"父母"，对于自己孩子的培养需要有更符合时代发展的家庭教育观念，需要朝着追求生活的家庭教育去实践。安吉有4 000多位教师，经调查，教师子女的培养存在着两极分化的严重趋势，优秀的孩子多，但存在各类问题的也很多，比率最高的原因是教师对于自己孩子的高期望值以及不自觉的忽视。更新教师的家庭教育观念，提升教师的家庭教育水平迫在眉睫。

● 新教育呼唤教师拥有家庭教育指导力，做"好"教师

面对竞争白热化的时代，家长的家庭教育现状堪忧，存在着以下几种典型现象：过度焦虑型，重智轻能；过度放任型，顺其自然；过度依赖型，眼高手低。作为教师，更应该拥有良好的家庭教育指导力，关注孩子背后的成长环境和父母的家庭教育水平，从治本开始，找到影响孩子健康成长的问题根源，改善家庭和学校、家长和教师的关系，共同营造家校合育的良好氛围。

● 新家庭需要专业的家庭教育指导者，携手成长

"学习做个好父母"目前在安吉已经越来越成为家长们的共识，而且安吉县正在深化村级家庭教育指导站（社区家长学校）工作，我们也在探索家长学分制的试点实施工作，这些都需要大量的专业指导，而专业的师资是家庭教育指导工作开展的前提。"安老师在行动"助力乡村文化振兴，显得尤为重要。

(2) 主要做法

● 行动"三步走"

第一步：培塑"安老师"

争取中国教育学会家庭教育专业委员会的支持，邀请全国知名家庭教育专家组建安吉家庭教育种子培训专家团队，从全县学校甄选出30名优秀教师，开展专业化、系统化的家庭教育指导培训；组建家庭教育专业指导团队进行审核，并签订培训承诺，认真完成培训任务，提升教师的家庭教育指导专业水平。

第二步："安老师"在实践

挑起所在区域至少一个家长学校与村级家庭教育指导站签订结对约定，深入学校、村（社区）开展家庭教育指导实践，在实践中成长。在灵峰街道灵峰村，我们将村级家庭教育指导站设在了装修一新的村文化站里，对资源进行了有效的整合，文化站良好的硬件设施都可以为我们所用，而"安老师"定期开展的家庭教育活动又极大地丰富了内涵。村里的妇联主席说，"安老师"每次组织家庭教育活动，村里的家长都非常乐意参加，甚至有几次活动一个家庭爸爸妈妈、爷爷奶奶都来了。他们说老师讲得好，讲得对，孩子身上的问题就反映出父母身上的问题，反映出家庭的问题，需要家长不断地学习如何做个好父母，去了解孩子，用合适的方式去教育孩子。目前，灵峰村家庭教育指导站的活动正在常态地开展，它也慢慢成为村里的文化磁场，在滋润着家庭，滋养着家长。

第三步："安老师"辐射

参与种子工程培训的教师经过实践，进一步发挥种子的作用，带5～6个成员，建立"安老师"家庭教育指导工作坊，对工作坊成员进行理论和实践培训。这些工作坊中迅速成长起来的"安老师"又将在各村级家庭教育指导站（学校、社区家长学校）里进行家庭教育指导，传播家庭教育知识，形成安吉家庭教育指导工作室常态培训机制。

● 实践"四定期"

"安老师在行动"重在成长自己去成就他人，重在行动起来，当"安老师"与村（社区）签订家庭教育结对约定后，将沉下心来实践，他们在一年将做到实践"四定期"。

定期开设家庭教育课程——"安老师100场家庭教育讲座",覆盖全县15个乡镇(街道),目前已开设近20期,受益家长达2 000人左右。长乐社区首次开展家庭教育讲座时,妇联主席还担心家长们不会来听,没想到,家长们不仅积极踊跃地参加活动,而且还深受启发。其中一位王妈妈反映孩子刚上小学,数数比别的孩子慢,字也比别的孩子写得难看,经常接到老师电话让家长好好辅导孩子功课。她的内心非常着急,一急就骂孩子,越骂,孩子越慢,越做不好。孩子看到长辈也不愿意叫人,要么就轻轻地叫一声。她发现孩子比上幼儿园的时候沉默多了,也不大愿意讲话,于是更加焦虑。

参加了家庭教育讲座后,王妈妈将情况跟"安老师"进行了交流和咨询,她对自己的教育方法进行了深深的反思,意识到孩子的幼小衔接没有做好,很多做法伤害了孩子的自尊心,打击了孩子的自信心,导致孩子越来越沉默,越来越自卑。在安老师的指导下,王妈妈开始放慢脚步,每天有意识地给予孩子肯定、欣赏、赞美,增强孩子的自信心;在孩子书写的时候和孩子一起比赛,请爸爸做裁判,看谁写得又快又好;发现孩子的一点点进步和优点及时进行表扬和肯定。通过一段时间后王妈妈发现孩子有了明显的改变,变得阳光、开朗了。她说,教育孩子真是一门学问,以后希望社区经常举办这样的讲座和活动,希望"安老师"能经常来社区帮助他们,让他们学到更多的育儿方法。

定期开展家庭教育咨询——"安老师50次家庭教育咨询"。目前各村级家庭教育指导站都在进行家庭教育咨询工作,精准帮助到每个家庭。

定期在"安吉家庭教育"互联网平台上录制"为你读书"音频——推出"安老师10期家庭教育音频节目",每期节目收听量均达到1 000人以上。

定期开设成长沙龙——"安老师10期家庭教育读书沙龙"交流家庭

教育指导心得，探索家庭教育指导中富有实效的方式方法，不断成长为专业的家庭教育指导者。

(3) 初步成效

● 设计与时俱进，体现专业性与前瞻性，掀起了全社会都来关注家庭教育的热潮

"安老师在行动"系列活动设计基于现代教育的特点，全面提升了安吉教师家庭教育素养，树立"向家庭教育要教育效益"的理念。设计整个系列活动的导师非常专业，都是来自全国知名的家庭教育专家。参加普适性培训的教师达到 500 多人，提高性培训的 33 人，教师们对每次的学习都有深刻体会，陈洁老师的学习案例还刊登在《中国教育报·家庭教育周刊》上，这种探索在湖州市三县两区还是属于探索在前，实践在前的。"安老师在行动"得到了县人民政府副县长任贵明的高度重视，对安吉的家庭教育指导工作进行了专题调研。目前，各乡镇（街道）也在积极进行村级家庭教育建设工作。全县各乡镇（街道）已建成 21 个社区家长学校和 13 个示范村级家庭教育指导站，并在"安老师"的指导服务县常态化开展家庭教育指导工作；15 个乡镇（街道）已有 5 个乡镇形成了自己独特的家庭教育品牌，惠及万千家庭。

● 内容科学严谨，体现层次性和系统性，形成了安吉本土专业家庭教育指导者的培养模式

以"安老师在行动"种子家庭教育指导师培养为制高点，既兼顾全县教师的家庭教育素养提升，又为安吉"家校社"家庭教育生态提供专业的师资，尤其是在活动中极大地锻炼了"安老师"的指导能力。通过北京师范大学专家的实地指导和授课指导，"安老师"在百场家庭教育讲座中成长着；通过"安老师在行动"新时代文明实践系列活动，探索出一条"培训—实践—辐射—再培训—再实践—星星之火燎原"安吉县专业家庭教育指导者成长路径。

● 实施踏实扎实，体现实践性和长效性，助力全县新时代文明实践

"安老师在行动"系列活动在实施过程中尤其关注实践性和长效性，一大批教师走出学校走进了村（社区），为村（社区）开展家庭教育指导贡献自己的力量，也带动了全县家庭教育指导工作的深入开展。一部分教师还在从事家庭教育咨询，为特殊家庭教育带去更专业的个体辅导，帮助家庭排忧解难。

新时代文明实践赋予"安老师在行动"系列活动更丰厚的内涵，意义重大，需要我们用更长远的眼光来看待；"安老师在行动"系列活动任重道远，是一项功在当代、利在千秋的大好事。这也是一项系统工程，不可能一蹴而就，需要我们在实施过程中有一份咬定青山不放松的韧劲，有一份守得云开见月明的心态，争取政府支持，多方整合资源，潜下心来实践，相信"安老师在行动"必将为安吉人口素养的提升，为安吉家庭提升家庭幸福感做出应有的贡献。我们坚信，"星星之火"必成燎原之势，"星星之火"，助推乡村振兴。

（二）合作路小学：合作梦，家国情，成长路

石家庄的合作路小学在建校40周年之际，一本高水平高质量做好家校共育工作的典型经验书以《鼓舞》为名正式出版了。这是融入了合作路小学全体师生和家长心血的一部创新教育著作，也是师生家长在幸福的陪伴中实现互动成长、共同发展的生命之歌、生命之舞、生命之诗。它不仅给校园环境和家园环境带来正能量，也让师生家长们在互相激励中改变了心态，调整了心智模式，找到了成长进步的新起点。

张立新校长，以高度的事业心和责任感带领全校师生、家长在家校共育中做了许多年的探索和实践，取得了十分宝贵的经验和成果。学校先后荣获"全国新教育实验学校""全国真语文实验学校""河北省素质教育示范学校""河北省教育工作先进单位""河北省文明单位""河北省艺术教

育特色学校""河北省体育传统校先进单位""河北省创新实验学校""河北省绿色学校""河北省书香校园""河北省语言文字示范校"等多种荣誉称号。

张立新校长及合作路小学全体师生家长的教育实践告诉我们,教育的目标绝不仅仅是一张张成绩单、一堆堆分数,也不单是高一级学校的录取通知书,而是活生生的人,是能够在未来社会中站得住脚、开创事业的人才。也正因为如此,张立新校长把家长请进了学校,指导家长们参与学校管理和教学,创建了富有特色的家长委员会和父母学堂,在家校共育中实现了创新发展。

有一句西方教育格言:摇动摇篮的手,就是推动世界的手。的确,父母是孩子一生中最重要的老师。只有家庭教育的成功,才有整个教育的成功。《国家中长期教育改革和发展规划纲要(2010—2020年)》指出,要"充分发挥家庭与学校教育在青少年习惯养成过程中的重要作用"。可见,好的教育离不开家长与学校的密切配合与相互促进,建立有效家校合作模式,已是教育战略的重要组成。

思想是行动的先导。如何做好学校和家庭教育的有效衔接、配合,提升家长们的"家教商",实现学生全面发展,始终是该校研究的重点课题,也是张立新校长着力开办"新父母学校"的初心。

1. 聚焦问题,充分认识家校共育的必要性

2016年教育部部长就家庭教育提出了八项明确规定,其中一条是"完善家、校、社合作协同机制"。家庭教育、学校教育、社会教育三大教育对一个人的成长缺一不可。家庭教育是家长将三观融入爱中的教诲,也是每个人人生的第一课,具有基础性地位。只有家庭教育做得好,孩子才能够全面健康成长,知识文化学习也会更加得心应手。家校共育,正是实现这一目标的路径与桥梁。下面三个情况,使我们认识到开办家长学校的必要性。

(1)新时期问题情况给学校带来新思考

2014年2月,张立新就任合作路小学校长后,常常接到家长对学校

教学管理提出意见、甚至批评的来电。张立新了解询问时，竟有部分老师说："校长您甭管了，众口难调，这很正常！"震惊之后，老师的习以为常诱发了张校长深入思考：为什么老师勤勤恳恳、辛苦付出，却无法换来家长的理解与认可？如若长期熟视无睹，任由积累矛盾，最终会怎样？

（2）新时期知识短板给教师带来新需求

家长、社会在新时期对教育要求越来越高。老师能真正领会家庭教育的重要意义吗？教学相长，老师如何能够给家长们一个明确的培养目标和实现途径？术业有专攻，不是所有老师都精通家庭教育理论和方法，也会存在家庭教育的短板。

（3）新时期竞争需要给父母带来新挑战

随着社会竞争日益激烈，如何做好孩子的系统教育，日益成为家长们的焦虑话题。家长们买了不少家庭教育书籍，关注了很多微信公众号，却依旧不得要领，要么效果不能持续，要么懂得理论，却仍无从下手，问题依旧。因此，到了必须改变的时刻！

2. 科学谋划，夯实家校共育基础

凡事预则立，不预则废。在上级的大力指导和帮助下，经过老师们深入研究，并征询领导、专家和家长建议，学校得出结论：堵不如疏！"未雨绸缪"远好于"亡羊补牢"。孩子的问题大多源于原生家庭或早期教育，单靠学校教育矫正，非常困难。学校不是万能的，孩子行为养成问题，不是学校一方努力、班主任一个人付出就能解决。学校与其把精力放在"处处灭火"，不如医治未病，引导家长履行好父母职责，改进家庭教育方式，给孩子创造一个良好成长空间。经认真筹划，2014年4月在各班成立班级家委会，并选取家长代表组成校级家委会，形成两级沟通协调机制，主动向家长征询意见建议，解释学校管理理念方式，积极化解各类问题隐患。同月，学校持续健全完善家庭教育体系，制订具体规划，开展新父母学校和家长进课堂活动，不断丰富内容载体，逐步深化家校共育工作。

(1) 突出目标导向

叶圣陶说:"教育就是习惯的养成。"家庭教育的核心,就是培养孩子的良好习惯。新父母学校的目标,是帮助家长培养孩子的好习惯、塑造孩子的完美性格。工作中,学校坚持以孩子全面成长为核心、课堂教育为主线、家庭教育为支撑,将家庭与学校、教师与家长有力联合起来,切实把家校共育理念落到实处,共同促进教育整体质量的提高。

(2) 建立健全制度

新父母学校的建设,首先成立了家长学校组织机构,先后起草制定《家长委员会章程》《新父母学校管理办法》《新父母学校教师备课制度》等多项规章,实现制度化、规范化、科学化管理,并根据实际抓好改进,使新父母学校工作始终朝着有效、务实、高效的方向发展。

(3) 保障师资力量

学校领导高度重视家校共育工作,不遗余力培养、充实新父母学校的师资。学校现有高级家庭指导师3人,国家三级心理咨询师4人,心理学专业本科生2人,并鼓励更多教师努力考取相关资质。为进一步发挥骨干教师辐射引领作用,专门组建由校领导、班主任及优秀家长组成的"新父母学校讲师团",并组织参加河北家长学校教师网络培训。目前,新父母学校教师规模已达35名,在国内各级期刊投稿发表10多篇文章,在"河北家长在线""阅家长"等省级微信公众平台发表经验文章100多篇。

(4) 确立家长学校文化

学校从"合作"入手,深入挖掘文化内涵。2015年5月,学校将"你鼓舞了我"确定为核心文化理念,表示在同学间、师生间、家庭内、家校间,大家既有不同,又可彼此连接、彼此支撑、彼此合作、彼此鼓舞。之后,设计新父母学校标志:以七巧板为基础,从三角形的稳定性出发,诠释了学校、父母、孩子融为一体的共育互助结构。这个标志既像一个爱心,象征以爱为基石构筑的教育,又似飞翔的雏鹰,象征孩子在学校与家庭的共同助力下，展翅翱翔。家长、老师在共同文化理念引领下，同心同德，彼此鼓舞，使家校合作成为常态，共筑教育梦想。

3. 多措并举，不断提升家校共育实效

"千淘万漉虽辛苦，吹尽狂沙始到金。"为帮助家长掌握正确教育方法理念，达到孩子健康成长目标，依据河北省教育厅《关于加强家庭教育工作的实施意见》、河北省关心下一代工作委员会《关于进一步做好家长学校工作的通知》，以及市、区有关要求，学校多措并举。

（1）加强引领，活动规模持续扩大

为了加强思想引领，一方面专门邀请专家老师作为家委会顾问，积极参与班级教育、教学，开办"新父母讲堂"，协助做好家校共育工作；另一方面，多次开办专家讲座、优秀班主任课堂、优秀家长经验介绍，不遗余力向家长们分享爱心、理解、耐心、赏识等基本教育理念。这些措施成功架起家庭教育与学校教育桥梁，打破信息壁垒，有效整合资源，家校共育规模不断扩大。2014年以来，学校先后邀请专家20多人次，家长讲师授课300多人次，参与家长上万人次。

（2）遴选课程，为质量提供保障

在各级关心下一代工作委员会的指导下，经细致评选，将河北义方家长网络学院"陪伴成长"课程，确定为家校共育核心内容，并在各班成立"陪伴成长家长智囊团"，组织开展亲子游戏、学生竞赛等具体承接活动。整体看，作为专业家庭教育新媒体服务平台，陪伴成长课程设计全面、科学、系统，易于操作。对家长来说，教育孩子有了目标和方法，不再盲目无助；对老师来说，与家长达成理念共识，培养孩子更加得心应手；对孩子来说，有了具体行为养成目标，行为习惯培养会更加健全、均衡；对学校来说，拥有了得力工作抓手，教育发展如虎添翼，蒸蒸日上。目前1 300余名学生家庭使用"陪伴成长"课程，全校2 300余学生家庭都已融入家校共育体系，覆盖率达100%。

(3) 重行践诺，提升家长的认识

每年新生入学时向每位家长派发包含《家长公约》《入学须知》和相关书籍在内的"入学红包"，让家长们了解孩子入学后可能出现的每一个变化和细节，提前做好相关准备。特别是通过家长与孩子签订的《家长公约》，将家庭教育推到前方，让家长意识到家庭教育的重要性。家长向孩子在11个方面做出承诺，表达了父母愿意陪伴孩子共同成长的心愿，起到很好的科学教育心理强化作用。

(4) 亲子阅读，促进共同成长

通过校长亲笔信、家长会、QQ、微信等途径，倡导亲子共读。通过家长为孩子建立"阅读存折""阅读记录单"，和孩子一同参加图书漂流和好书推荐，学校开展"书香家庭"评选等多种活动，带动每个家庭养成亲子阅读习惯，努力让每位学生都成为精神富有者。经周密准备，学校先后出版了《鼓舞》《牵手》等多部家校共育丛书，为家庭教育提供参考。

(5) 培养习惯，分享四个"一"经验

为了让家庭教育理念有效触及每位家长，除课程活动保障，学校还倡导新家长坚持做到四个"一"：每天一篇诵读、每周一份手机报、每月一次讲座、每年一本口袋书。同时，开展晒一晒活动，促一促学习，荐一荐好文等活动，分享有益经验。

(6) 充分利用家委会，助力家校共育

本着开放心态，充分发掘家长资源，依托学校微信公众平台，对家庭教育好的经验做法进行展示。目前，亲子互动、家校共赢的"家委会合作路小学特色"已悄然形成：一是班级家委会活动呈现系列化，丰富多彩的研学活动，使学生知识得以拓展，眼界得以开阔；二是班级家委会活动科学化，低年级侧重趣味性、中年级侧重运动性、高年级侧重知识性；三是班级家委会活动常态化。同时，每年评选表彰优秀家委会、优秀家长，以评促学，以研提质。

第十二章

冬之曲：幸福人生乐相随

> 人生之冬成长的关键字是"心"，乐行、乐思、乐学的"心"。乐行是生命力乐章的劲曲，回归自然的生态养生智慧；乐思帮助人生浓缩出精华智慧；乐学让生命的意义和价值得到升华和延续。于是有了冬水有"福"，享福有"心"的自然状态。

人到老年，头发花白，身体不支，渐渐成为家人的牵挂和负担，我们突然醒悟：生命是有尽头的。面对人生，面对死亡，我们不得不做出选择：接纳自己，接纳现实，在乐行、乐思、乐学中让"负担我"变为"自然我"。

无论我们的人生有多么不同，只要在人生的不同阶段活出精彩，就不枉来此一生。

人生之冬看心态。当我们将心归家，找到人生起点重新让心飞翔时，就会获得一个新状态。

一、"我要回家！"

人到老年，容易有各种心境问题，一旦无法突破障碍，就会成为致命伤害。

一个老人一生辛辛苦苦，省吃俭用，为家人奋斗一辈子，终于盼到了儿孙满堂、衣食无忧的幸福生活。但是她仍然坚持悄悄攒钱，开始每天攒一角钱，后来是每天攒一元钱，一直攒了几十年，数额少说也有几千元了。她悄悄地把钱藏到了家里土坑的狭缝中，没有其他人知道。家里要翻盖房子了，她一个劲地嘱咐儿子，如果她不在家，拆房时一定要第一时间告诉她。然而孝顺的儿子却不愿意让她再为盖房子伤神，他把老母亲接到别处住，悄悄地把旧房拆了，接着在原地盖起了新房，希望为老人创造好的条件安度晚年。哪想到老人得知房子被拆，一下子急了，因为土坑里有她半生的心血。家人们得知真情，赶快去翻找，结果，钱早已消失得无影无踪。这让老人十分伤心，害了大病，卧床不起。

原来，这个老人意识到自己年龄越来越大，身体又不好，又没有什么保险，难免会遇到突然需要花钱的情况。她一生只为儿女和家人奉献，从不愿意给别人添麻烦，真到自己需要花钱时，她也不希望给家人加重负担，不想让大家因她而发愁。这么一位只考虑他人且不愿意麻烦他人的老人最后却绝望了。对她来说，失去的不仅仅是区区几千元钱，而是她几十年的心血和一颗爱心。不久后老人离世，但她对家人的爱心给儿孙们留下了深深的启迪，本来难免为一些家庭琐事争执的家庭成员变得和谐了，也学会互相关爱了。

另一位老人已经高龄而且身体有病，但由于儿女们照顾得好，整天乐呵呵的，这让儿女们感到很幸福。可是不知道为什么，后来老人突然话不多了，偶尔说一句话，就是："我要回家！"

儿女们很奇怪，告诉他说："这里就是您的家，难道您还想回到阴暗潮湿又没暖气的旧家吗？"老人点点头。但是儿女们没人忍心再让他回那个条件太差的旧家。后来,"我要回家"几乎成了老人的口头禅。

一天,儿女们终于把他带回久已无人居住的旧家。这个家是平房土坑,院子里灰尘满地,屋里冷森森,没有暖气,也没有空调。然而,让人想不到的是,老人一进屋立刻露出了笑容,又是打扫院子,又是擦桌子,还忙着去生火烧水,招呼大家坐下喝茶。老人的心情一下子变好了。看他那样,简直就像一个久未回家的孩子突然回到了家里,别提有多高兴了……他打开了抽屉,翻找着东西,一张黑白照片吸引了他的目光。那是一张全家福,他和老伴坐在正中间。他看了许久许久……

原来,这才是他心中的家。

这个看似破旧的家,却是滋养他心灵的沃土,是与老伴朝夕相处、生儿育女、走向幸福人生的快乐源。那里有夫妻恩爱创建的生命场,那里的气息能让人产生谐振,让人唤醒激情。

二、人到老年看活法

人到老年,会突然醒悟:生命是有尽头的。这种感悟会使老年人行动起来,做一些自己很想做但以前没有做过的事情。老年自有老年的风景。

人到老年,要有胸怀接纳那些我们已经不能改变的,但也仍要有勇气改变那些我们尚能改变的,还要有智慧识别哪些是可以改变的。我们能改变的是自己的心态,是那颗有些枯老但仍迸发着活力的心。

"随心所欲而不逾矩"是人生最高的境界。这句话的含义是:在不损害他人和社会利益、不践踏法律和规章制度、不悖逆天道自然的前提下,想干什么就干什么,想想什么就想什么,想学什么就学什么。

老年人就像一本厚重的智慧书,这本书既可以自己读,也可以让家人读，还可以奉献给社会，让大家来分享。别人读，读的是经历；自己读，悟的是智慧。当我们走过人生的春夏秋冬，终于有时间、有经历、有智慧阅读自己的时候，就有了提炼精华的机会。此时的人生感悟已经不是在乎自己的得失和命运，反而对人生的整体思考会变得多起来。我们可能更坦然地面对生死，面对人类，面对时代发展。

过一天，少一天；但活一天，就要乐一天。

金钱是子女的，人生是自己的；把心用到生态养生、文化共生、关爱人生上，家庭会更和睦，社会也能受益。

生老病死，自然规律，坦然面对，顺其自然，心满意足地给自己画个圆满的人生句号。

三、乐行：生态养生相伴

乐行离不开健康长寿，健康长寿离不开与自然生态和谐的健康养生。这就要有生态养生相伴。

《黄帝内经》告诉我们，人是一个"共生体"，除了看得见、摸得着的生理解剖系统之外，还有一个看不见、摸不着，却与我们的生理解剖系统共生的"藏象系统"，它以"五藏"为中心，全身经络系统为通路，与有形生理生命共同组成人的生命系统。所谓疾病，尽管从表象上看是某一个生理解剖器官出现问题，但实际上是与相应生理器官共生的藏象系统出了问题。仅仅关注和解决生理解剖系统的病变，往往治标不治本。中医治疗疾病的原则正是从整体出发，从"根"上进行康复治疗。而生态养生，正是运用天人合一的整体观，阴阳辩证的养生观、治疗观，通过调节藏象经络的阴阳平衡而防病治病的。一个能运用这种思路进行养生的人，也是一个能健康长寿的人。

75岁的赵女士这些年一直被疾病困扰，先是高血压，心脏有早搏，后来又发现一上楼就腿疼，经检查是骨关节炎，一次不小心摔倒又把腰扭了，疼得无法忍受，到医院检查才知道是压缩性骨折。最麻烦的是，吃饭不香，睡觉不好，身体虚弱还不断变胖。这让她越来越郁闷，整天唉声叹气，认为自己这么倒霉，还不如死了好。亏得有老伴对她无微不至地照顾，把她作为重点保护对象，不让她做一点儿家务，还到处寻医问药，听说哪儿能治她的病，立刻带她去看医生，花了不少钱，走了不少路，却不见什么效果。赵女士心情不好，动不动就发火，老伴一旦说得不中听，她就又哭又闹，搞得老伴也整天苦闷，不断地抽烟，室内环境乌烟瘴气。两个人整天呆在家里，感觉越来越痛苦，真有点儿风烛残年、苦度岁月的味道。

　　一位朋友来看他们，劝他们改变思路，到外边去走走，别整天闷在家里。他还说有一对比他们大10岁的老夫妇经常在小区花园里散步、聊天，看他们那精神劲儿，根本不像八十五六岁的人。这两位老人都有很重的病，但他们却活得很幸福，前不久刚从南方旅游归来，还给朋友们带回来不少礼物。

　　是什么原因让这对人生之冬的老人过得如此潇洒和快乐？原来，这对老夫妇有他们的科学养生智慧。

　　首先是接纳自己。人到了老年，都难免有点儿病，既来之，则安之，该怎么治就怎么治，和医生配合好，让自己的病得到更好的治疗，让自己的身体在自我把控中得到康复。这对老夫妇中的女士有糖尿病、高血压等病。糖尿病治疗的首要原则是控制血糖，血糖长期得不到较好的控制，就会出现糖尿病的各种急、慢性并发症，对心脑血管、肝、肾、神经等器官组织造成严重损害。资料显示因肾功能不全而需要肾透析或肾移植的主要原因是糖尿病，许多因白内障或眼底视网膜病变发生视力障碍的患者，其原发病因也多为糖尿病。因而控制好糖尿病可以使眼、肾等微血管并发症和心脑等大血管并发症明显降低，极大提高患者的生活质量和寿命。为了控制好血糖，丈夫为她专门设计了一套适合她的餐饮，她也自我把控，绝不因为喜欢吃而放纵自我，坚持按时吃药，严格把空腹血糖控制在 7 毫摩尔/升，餐后 2 小时血糖控制在 8.5 毫摩尔/升以下，糖化血红蛋白小于 7%。这样的精心呵护，让这位被糖尿病困扰多年的老人很少进医院，还经常到公园散步，到商场购物，到外地旅游。

其次是改变心态。人到老年，比不上年轻时，想干什么都可以干，量力而行成了智慧箴言。老伴老伴，拌嘴不断，总是真生气，活着也难堪，难得修来同船渡，改变心态烦恼散。这对老夫妇你说我听不争论，你急我笑乐搭讪，夫妇俩感情越来越深，谁也离不开谁，整天喜笑颜开。

乐行离不开科学养生，没个好身体，行也行不动。这对老夫妻的养生经验是"通"，经络通，气血通，大便通。每天散步慢行，活动身体，出出汗，让全身血脉处于良好运行状态，有利于"通"；睡前泡泡脚，出出汗也能"通"；喝喝茶，聊聊天，写写字，也是"通"；睡前准备些水，夜里醒来喝几口，有利于降低血液黏稠度，促进气血通。身有不适，及时点穴，通过经络调节全身气血，让身体恢复良好运行状态。

养生专家祝总镶教授倡导的"312 经络锻炼法"很值得推广。所谓"312"，"3" 是合谷、内关、足三里三个穴位的按摩，有益于头面、心血管和腹部有关疾病的功能调节与防治；"1" 是意守丹田、腹式呼吸；"2" 是以两下肢下蹲为主，做适当的体育活动。

经络按摩取合谷、内关、足三里三个穴位是有原因的。经络贯穿于全身的各个部位，形成一个遍于全身的纵深网络。"312 经络锻炼法"通过对经络网上的三个穴位的按摩以及腹式呼吸和两腿的运动，可以使全身血流畅通，促进各种营养物质和能量的流通，进而起到濡养脏腑、促进新陈代谢的作用，同时还可以大大减少有害物质在体内的积聚，为人体各组织器官提供一个更加良好的生存环境，让人体具有更强的生命力。

"3"：按摩合谷、内关、足三里三个穴位。一般人每天早晚两次，左右不拘，用拇指上下按压法和旋转按压法揉按穴位，每次5分钟，按摩时如能感到酸、麻、胀，并且这时感觉有上下窜动的得气感，就是有效按摩。按压的频率约为每分钟30次。

合谷穴在大肠经上，大肠经从手、前臂、上臂、颈部走到脸上，按摩合谷穴对脑中风有特殊的治疗作用。内关穴在心包经上，心包经从胸部走到中指，按摩内关穴的时候，能够使心包经活跃起来，对于心脏病、冠心病有特殊的治疗效果。而且心包经到心脏以前要经过肺脏，所以按摩内关穴对于哮喘、咳嗽、气管炎、肺炎、肺结核等都有治疗效果，还可以有效预防心肌梗塞发生。足三里穴在胃经上，胃经从头部开始，经过脸部、颈部、胸部、腹部、大腿，一直到第二个脚趾，纵贯全身，所以治疗的病很广，被人称为长寿保健的穴位。

"1"：学习一种意守丹田的腹式呼吸法。每天早晚2次，每次5分钟。

"2"：进行以两条腿为主的、力所能及的、自觉的体育锻炼，每天1次，每次5分钟。

"312经络锻炼法"十分简便易学。每天只要自觉地用25分钟，用三种不同的方式有计划地去激发经络系统，就可以收到祛病健身的效果。

四、乐思：文化共生相随

"一个人并不是生来就要被打败的""人尽可以被毁灭，但却不能被打败"，这就是海明威名作《老人与海》揭示的哲理。只要是人就都会有缺陷，当一个人承认了这个缺陷并努力去战胜它而不是屈从它的时候，无论最后是捕到一条完整的马林鱼还是一副空骨架，都已经无所谓了，因为一个人的生命价值已在那追捕马林鱼的过程中充分地体现了。一个人曾经为自己的理想努力追求过、奋斗过，难道他不是一个胜利者吗？书中的老渔夫就是敢于挑战自己勇气和信心的胜利者。

从世俗胜利观的角度看，老渔夫不是最后的胜利者，因为尽管一开始他战胜了大马林鱼，但是最终大马林鱼还是让鲨鱼吃了，他只是带着大马林鱼的白骨架回到了岸上，也就是说，鲨鱼才是胜利者。可是，在理想主义者眼里，老渔夫就是胜利者，因为他始终没有向大海，没有向大马林鱼，更没有向鲨鱼妥协和投降。就如音乐大师贝多芬所说："我可以被摧毁，但我不能被征服。"

人到老年，一生中见到的太多，经历的竞争也不少，看得上的，也没那么满意；看不上的，让人更讨厌；能争的，争来了也不满意；争不来的，一直还想争。想开了，难得糊涂，也就能放得下了；想不开，还要较真，耿耿于怀，气就不打一处来。进入老年，最忌讳疑神疑鬼，今天怀疑自己得了这个病，明天怀疑谁偷了自己的钱，后天怀疑老伴有外心，其实都是自找病痛。乐思要从克服自己的心病开始。

人是有思想的高级生命，乐思能防止"机器生锈"，凡是有生活情趣，又能够乐思的人，一般不容易患老年痴呆症（阿尔茨海默症）。美国研究者的一项最新结果显示：阅读报纸等需要动脑筋的活动可降低罹患老年痴呆症的风险。美国芝加哥拉什大学医学中心的研究者通过长达 5 年的追踪研究发现，那些总是让大脑保持活跃的人患老年痴呆症的概率比不常用脑的人低 1.6 倍。

乐思需要乐学相伴，一味读书而不思考，就会被书本牵着鼻子走而失去主见，所谓"尽信书不如无书"，即指此意。而如果一味空想而不去进行实实在在地学习和钻研，则终究是沙上建塔，一无所得。

五、乐学：关爱人生相通

乐学，就要从关注人生科学、研究人生智慧开始。

一位患癌症的老人，自从住了院后就郁郁寡欢，儿女们送来他最爱吃的东西，他一口也吃不下。看着他卧床不起、疾病缠身的痛苦样子，一位朋友劝道："看来老人是不行了，该吃吃、该喝喝吧！"儿女们听了都不太高兴，他们不希望老人这么快就走了。

然而，大女儿来了。她没有给父亲带来什么好吃的，却拿来了笔记本电脑，向病榻中的父亲请教起电脑图像制作问题。这一下可惹恼了周围的家人。大家都说她不懂事，不该在父亲重病缠身时还打扰老人。然而，令人惊奇的一幕出现了，重病在身的父亲突然要坐起来。在女儿的搀扶下，他慢慢坐了起来，并开始解答女儿所提的问题。

原来这位老人在职时曾是一位从事刑侦工作的公安干部，对电脑图像方面很有研究。在大女儿的鼓励下，朋友有事需要帮助，他总是忙前忙后。特别是谁家婚庆需要拍摄照片和视频，首先就想到他。他摄影好，又会编辑，许多优秀的婚庆作品都是出自他手。他还带出了一批徒弟，用精湛的技术为大家服务。现在，女儿来看老人，不仅给老人带来了人生的希望，也让这位病榻中的老人在生命价值的体现中找到了幸福的人生状态。老人高兴地说："癌症不就是一种慢性病嘛！我跑得快点，不就把它落在后面了嘛！"正是在这种心态下，老人一边向专家学习深层的电脑图像制作方面的技术，一边加紧工作，为人们制作出更多的多媒体作品，诠释他人生之冬的活法，在与癌症和平共处中度过了美好的时光。

"知之者不如好之者，好之者不如乐之者"，以快乐的心态读书、反思、吟诗作画、著书立说，带着心灵去旅游，不失为人生之冬的一种智慧化生活状态。

六、幸福人生缘相随

从出生到死亡，每个人都会遭遇各种不幸和灾难。

人类最大的灾祸是死亡的威胁，然而伊壁鸠鲁说："死是与我们无关的事情，因为我们存在时死亡不会降临，等到死神光临时，我们就又不存在了。"

当生命即将走到尽头时，你最想做的是什么？

父母的结合造就了我们肉体凡胎，我们在世界上走一遭之后，还是要回归尘土的。这一遭，从出生到成长，从上学到工作，从爱情到婚姻，有快乐，有幸福，也有数不尽的磨难和痛苦。

每个人都是哭着来到这个世界，这绝非偶然，崎岖漫长的人类之旅，有着太多的无奈和苦难。无论你是否接受这个世界，你都得面对，你无法自主，无法选择。

每个人又都是笑着离开这个世界，这绝非夸耀，生机勃勃的生命轮回，让这个世界变得更加精彩，每个有幸来到这个世界的人，都有机会在人生中实现各自的生命价值和意义，享受人生的幸福和快乐，活出自己的精彩。

参考文献

[1] 弗洛姆著.爱的艺术[M].李健鸣,译.上海:上海世纪出版有限公司译文出版社,2011.

[2] 叔本华.人生的智慧[M].上海:上海人民出版社,2009.

[3] 吴光远.听大师讲哲学:活着究竟为什么[M].北京:中国民航出版社,2006.

[4] 易中天.闲话中国人[M].上海:上海文艺出版社,2006.

[5] 周士渊.人生可以美得如此意外[M].北京:清华大学出版社,2012.

[6] 李燕杰.人生九级浪[M].北京:清华大学出版社,2013.

[7] 王薇华.幸福的能力[M].北京:清华大学出版社,2013.

[8] 周国平.人生哲思录[M].上海:上海辞书出版社,2011.

[9] 于智博."输"在起跑线上的哈佛男孩[M].北京:清华大学出版社,2011.

[10] 曾莹.中国梦是什么[M].广州:广东人民出版社,2013.

附录

面对疫情的家文化思考

> 人生中经历了苦难,那一定是天地赐给我们的启迪。事发于眼前,却往往源于久远。

疫情像是一面"镜子",照出了人间百态;疫情像是一次"大考",考出了制度优势、文化风情和素养高低。面对疫情的家文化思考,我们懂得:人生需要反思,生命需要陪伴。生命的至高境界是命运与共的陪伴,是身处险境仍能顽强奋斗的坚毅,是心有目标又能脚踏实地的执着,是我将无我成就他人生命的崇高。陪伴的高度是能替他人着想的善良、不用他人提醒的自觉、乐于接受约束的自由。幸福的教育思考是在创建好家庭、实施好家教、传承好家风中提升家文化素养。

一、生命的至高境界

每一个生命都十分脆弱,当生存环境突变时,生命又都可以变得十分强大,那是生命的至高境界。人类正是在生命的陪伴中得以生存和发展。

当新型冠状病毒突然肆虐起来时,社会神经系统似乎一下子紧张起来,那是自然反应的机理。然而，随后的社会免疫系统被迅速激活，一切又都变得有条不紊。

中国人民解放军和百姓心中的最美医生冒着自己被感染的危险，冲进病房去救人，奏响了一曲生命陪伴的凯歌。从他们身上，我们发现了生命的至高境界，找到了人生的价值和意义。他们是一群有优秀家文化素养的人。这种素养体现在：

身处险境仍能顽强奋斗的坚毅；

心有目标又能脚踏实地的执着；

我将无我成就他人生命的崇高。

这是生命的境界，这是精神的支撑。有这样一群最可爱的人陪伴着我们前行，再大的疫情我们也能扛过去。

疾病可以人传人，精神可以人感人。在不怕牺牲、冲锋在前的最美医生的奋斗中，一批批患者找到了主心骨，内心也变得强大起来。他们在生命的陪伴中打好了抗击疫情的战役，在卓绝的抗争中提升着自身的家文化素养。

对于大多数人来说，这次疫情是一次考验和唤醒。我们会更敬畏大自然、敬畏生命。

二、陪伴的美学高度

生命之所以强大，是因为它们能够和谐共存。当生存的危机骤然来临时，恐慌和难堪在所难免。然而，由于自身的科学人文素养不同，面对危机的反应也大相径庭。正是：环境突变人有难，千姿百态众生相。

最先发现疫情的医生立刻上报疫情，并很快采取隔离措施，避免交叉感染。从那时起，这群医务人员就投身到治病救人中。随着疫情的发展，越来越多的医生和护士加入到"战斗"中。抢救病人的艰辛，让他们在"无我"的奋斗中一个个彻夜难眠。他们是病人的希望，是病人心中最可爱的人。

武汉的疫情得到了党中央的高度重视，全国上下有序开展防控工作。湖北及其他各省都积极采取防控措施。在这场防控疫情的战斗中，涌现出一大批优秀的党员干部，带领着百姓进行战斗。每一个老百姓也都心系疫区，做着力所能及的工作，从主动戴口罩、维护社区秩序到主动远离聚会和串门等。

我们发现，在疫情来临之际，许多人的行为彰显的是一种高雅的家文化素养。这是一种植根于内心深处的修养，需要通过家庭教育和家文化建设去修炼。

然而，我们也不得不承认，有些人在疫情面前似乎不那么认真。他们不戴口罩串门、接触发烧病人，自以为没事，还在聚会、打牌、喝酒、聊天；还有人明知自己从疫区来，却不顾别人受感染的可能，去公共场所游玩；甚至有的人不仅不听劝，还对劝诫的人大打出手。

这种不替他人着想的自以为是、提醒了都不自觉的任性、拒绝约束的我行我素，暴露的是缺乏家教、缺乏家文化素养。

人类本身是一个命运共同体，生存求善爱相随。只有共同提升家文化素养，才能在差异化生存中实现共生发展。因一己之任性而不惜毁掉他人的生存状况，破坏的是共同的生存环境。

显然，在未来的发展中，通过教育，特别是家庭教育，提升全民的人文素养，不仅能让社会和谐、人人幸福，更能在突发灾难时，通过社会免疫系统的重新唤醒，使更多的病患早日康复。

苦难必将过去，环境需要改善。教训能否吸取，关键学会反思。

三、幸福的教育思考

　　人生中都曾有鲜花和掌声的陪伴，那不过是天地一时的宠爱，花开就有花落。花开的时候，个个艳丽多彩；花落的时候，情况却浑然不同。

　　因为隔离，我们过了一个特殊的春节，不仅不串门拜年、聚会娱乐，上班时间也推迟了。而在这种情况下，却出现了一个新的问题。

　　一位朋友说："我还没这么闲过。突然觉得无所事事，生活变得无聊起来。"家里的孩子也不能出去玩了，更参加不了假期培训班，于是有的孩子在家里玩起了游戏，一玩就是一整天。终于有了时间陪伴孩子的家长说教似乎也多了起来，不是批评老大没让着老二，就是嫌他们玩游戏收不住手。

　　我们总说工作忙，没有时间陪伴孩子，没有时间读书学习，可真的有了时间陪伴时，却冲突不断；真的有了时间读书学习时，却学不进去。

　　叔本华认为，痛苦和无聊是人类幸福的两大天敌。正是由于灵魂内在的空虚，人们才追求五花八门的社交、娱乐、消遣和奢华，这些东西引诱很多人穷奢极欲，最后落得悲惨的下场……因此，最好的就是拥有内在的精神财富。因为精神越富有，留给无聊的空间就越小。

　　一个内心充实的人面对"闲暇"不仅不会感到无聊，而且会充分利用这一机会享受自己应有的精神生活。于是他们开始创造更多的"闲暇"，去读书、去思考、去成长，在生态和谐、关系和谐、身心和谐的环境塑造中成为家庭、社会和谐文化的激励源。一个有智慧的父母，也会在陪伴孩子时成为有爱、有情、有慧的文化人。

　　读书成长做好人，幸福人生"梦—家—路"。一个融入时代环境不断学习着的人具有优秀的家文化素养，这种素养不是"山登绝顶我为峰"的高傲，而是"山外有山，人外有人"的大家风范。体现在：

　　既有自尊又不伤害他人尊严的高贵；

既有学识又能谦虚谨慎做人的低调；

既能独处静思又能用心陪伴的和美。

如今，科技发展了，经济发达了，而我们的精神田园却荒芜了。我们似乎经不住功利心驱使的飞快旋转的车轮，因此，我们需要停一停，等待心灵跟上来。在疫情面前，我们不得不想一想：我们能否和孩子一起学会读书和反思，一起走上学习化生存、智慧化生活、意义化生命的幸福人生道路。

疫情之后，人们将更重视健康习惯的养成，全民阅读的习惯也将会来临。人们会在变"无聊"为"觉悟"中，成为科学人文素养高的时代创新人才。

幸福人生"梦—家—路"

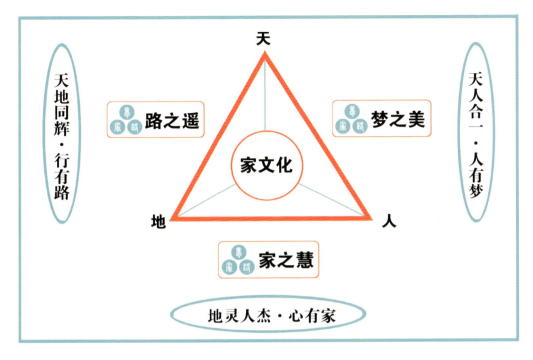

人生有梦"情"相伴（家国情）

人生有家"爱"支撑（智慧爱）

人生有路"合"发展（文化合）

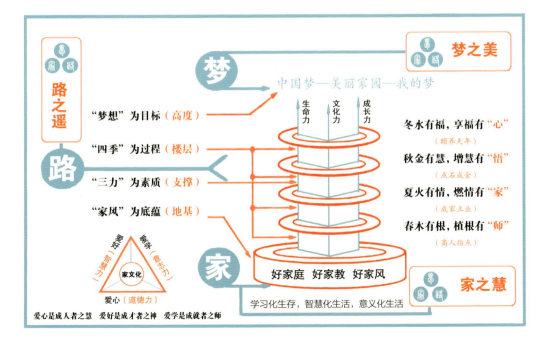

幸福人生"梦—家—路"

梦之美
自然情趣是生命之真
人文情感是生存之善
心灵情操是生活之美

天人合一人有梦
仰望星空，脚踏实地
美丽家园，幸福人生
虚极静笃，厚积薄发

家之慧
爱心是成人者之慧
爱好是成才者之神
爱学是成就者之师

地灵人杰心有家
生态和谐好家园
关系和谐好家道
身心和谐好家境

路之遥
合道而行人发展
合德而为人向善
合心而美人幸福

天地同辉行有路
尊道：自强不息
贵德：厚德载物
正心：知行合一

读懂人生"四部书"
读懂自己心灵这部书
读懂孩子成长这部书
读懂家庭文化这部书
读懂人生科学这部书

实现人生"四季"成长
春木有根，植根有"师"
夏火有情，燃情有"家"
秋金有慧，增慧有"悟"
冬水有福，享福有"心"

提升"三力"智慧
用成长力面对岗位成才
用文化力创造幸福生活
用生命力追寻人生目标

走好"三生"之路
学习化生存之路
智慧化生活之路
意义化生命之路

幸福人生始于"家"
好家庭是所好学校
好家教成就好家风
好家风创造好人生

和谐之家会成长
懂"分"会"合"好夫妻
有"情"会"爱"好孩子
能"读"会"悟"好父母

亲情相处会"三多"
多些宽容中的接纳
多些赏识中的发现
多些关爱中的付出

化解冲突懂"三少"
少些狭隘中的拒绝
少些审视中的挑剔
少些敌对中的索取